JN124440

教育のイデア

教職・保育士を志す人のために

改訂版

武安 宥 監修

塩見剛一・成山文夫・西本 望・光成研一郎 編

昭和堂

はじめに

　教育基本法が改正されて10年となるとともに、『幼稚園教育要領』『小学校学習指導要領』『中学校学習指導要領』『高等学校指導要領』ならびに『特別支援学校教育要領・学習指導要領』が改訂され施行されることとなりました。そこには教育課程や保育の計画についての接続や共有化が示されています。それによって幼児教育から高等学校までの教育課程の見通しにおいては、資質能力の三つ柱が共通化されて、一貫した教育が図られることとなります。半世紀前までは、各家庭と地域社会による村落共同体的な子育てによって、社会秩序や知的学力が支えられてきたことがありました。そのため公教育について増強する必要性を充分には考慮してきませんでした。諸外国からも評価されるように、日本は経済活動が安定し治安が行き届いている、という幻想に囚われていたのかもしれません。

　新聞や雑誌、テレビ番組などの報道では、学校園では定員があふれ増設・新設がなされ、保育所に入所できない待機児童が多数いるとクローズアップされています。しかしながら、これらは都市近郊など一部地域に限られるのです。国土の大部分を占める地方の都市や農山村では人口が流出して、各学校園は定員を充たさず統廃合ともなっています。また、不適切な子育てを防ぐための子ども・子育て家庭への支援、幼児教育の義務化・無償化、後期中等教育や高等教育の無償化、放課後支援事業の充実、教師の長時間労働や加重負担の解消など、課題が山積しています。

　40年ほど前、海後宗臣と仲新は著書のなかで「地球は狭くなりつつある……ジェット機を利用すれば……」と述べていました（海後・仲 1979：1）。ところが今や、世界中のあらゆる情報が、フェイクな噂も含め、インターネット上で舞っています。このような技術の発展に私たちの生活が負うところは大きいのですが、情報はたくさんあれば良いというわけではありません。とくに教育や保育を必要とする人びとには、精選した内容や方策でなければなりませ

ん。そのために貢献するイデアとして、本書の内容が資することとなれば幸い
です。つまり本書は、時代の推移によって生活構造や社会情勢が変容したとし
ても、生物種霊長目ヒト科ヒトが、この世に生まれ社会的人間となっていくま
でに、どのような教育・保育の過程を辿って、どのように学んでいくのかを扱っ
ているのです。

　本書は3部構成で、各部は7〜8章から成っています。各章の執筆には、そ
れぞれの専門に卓越した者たちがあたり、教育の伝統的な基盤となるものから
最先端の知識・技術まで記述してもらっています。ただし、時間的制約のある
なかで限られた紙面に収めていただいたことから、各執筆者の力のすべてを発
揮していただくまでは叶わなかったところもあります。

　なお本書は、教育や保育に携わる世のあらゆる方々にご高覧いただきたいも
のです。本書を学びの契機としていただくとともに、ここからさらなる飛躍を
していただきたいと願っています。それに基づいて、皆様の働きが、社会の形
成者である子どもの人格の完成と最善の利益に資する一助となることを切望し
ております。

　なお、人名など固有名詞や種々の用語につきましては統一するとともに、全
体の内容の整合性も図っております。ただし、各執筆者の専門的な見解から、
独自の表記に委ねているところもあります。刊行すると同時に、最新の知
も過去のものとなります。ご高覧いただきました方々とともに、私たちも日々
研鑽を積みながら、互いに協働で持続的に改善していきたいと思います。本書
の内容に誤謬等があるときには、代表に責任があるところです。皆様方からの
御批判を仰ぎたいと考えているしだいでございます。

　編集にあたりましては、光成研一郎氏と塩見剛一氏に多大なる労力と時間と
を割いていただきました。文章の論理構成や重要な根拠資料となる引用参考文
献の確認にも誠実に取り組んでいただきました。成山文夫氏には、これまで多
くの書籍編集に携わってこられた経験から種々のご助言をいただきました。恩
師武安宥先生には、本書の方向性を俯瞰していただきました。昭和堂の松井久
見子氏には、本書の執筆編集の機会をお与えいただくとともに、膨大な校正作
業においても懇切で細やかなご対応をいただきました。松井氏とは、武安宥先
生が編纂された書からのお付き合いです。それは本書の構成のもととなりまし

て、そのときの編者から要請があって著して、それを援用してきたものです。松井氏のお力がなくては、本書は成り立たなかったところがあります。感謝の意を評します。

  2018 年 1 月

編者を代表して 西本 望

参考文献

海後宗臣・仲新 1979『教科書でみる近代日本の教育』東京書籍。

目　　次

第 I 部　教育の方法・内容と指導

第Ⅱ部　教育の意義と思想

第Ⅲ部　教育の背景と発達・評価

第Ⅰ部

教育の
方法・内容と指導

第1章

教育方法

1　教育方法の基礎理論

　教育方法について考えるとき、教育目的および教育内容との関連を無視することはできない。方法は断片的なものではなく、目的、内容とつながった一つの体系である。目的ないし目標を達成するために、学習者がいかにして精選・厳選した教育内容を効果的かつ効率的に習得していくことができるかを追求する学問が、教育方法学といえる。教育方法を狭義に捉えた場合、教え方や教授法の問題と考えることができるが、広義に捉えると人間形成の方法と考えることもできる。ここで、現代に求められる教育方法のあり方について示唆を与えてくれる先人たちの教育方法について紹介する。

　教育方法の歴史をひもとけば、「無知の知」などの有名な言葉で想起される古代ギリシアの哲学者ソクラテス（Sokrates 紀元前 469-399）までさかのぼることができる。彼の教育方法は、相手に知識を教え込むのではなく、対話や問答を通して相手の知識や考え方の誤りを意識させ、真理に導く方法であり、対話法や問答法といわれる。教化や注入ではなく、対話や問答を通して相手を真理に導く方法は、現在の教育方法にも示唆を与えている。このように古代ギリシアより、教育方法の原型ともいえる対話法、問答法の手法は散見されるが、教育方法論が組織化、体系化されるのは、近代に入ってからといえる。

　近代教育学の父といわれるコメニウス（Comenius, J. A. 1592-1670）は、著書『大教授学』の冒頭において「あらゆる事物をあらゆる人々に教え、しかも決して失敗することのないように、確実にこれを教えるところの、全き教授法を提唱

しようとする」(コメニウス 1969：15) と記し、教授学、教授法を体系化した。彼の教授法、教育方法の特徴は、感覚主義と直観主義に基づいていることである。言語主義を批判し、子どもたちの感覚、直観に訴える教育方法の必要性を主張した。感覚や直観を教育の基礎とする彼の教育観が、世界初の絵入り教科書『世界図絵』によって具現化されている。子どもの感覚、視覚に訴え、事物から認識そして言語へと導く彼の教育方法は、現代の視聴覚教育にも大きな影響を与えている。

　児童中心主義といわれる、子どもの自然性や個性に着目し、それらの育成に配慮した教育方法を考案した教育思想家として、ルソー (Rousseau, J. J. 1712-1778) を挙げることができる。彼の教育学的主著『エミール』の冒頭の文章「万物をつくる者の手をはなれるときすべてはよいものであるが、人間の手にうつるとすべてが悪くなる」(ルソー 1962：23)はあまりにも有名である。ルソーは、「自然を観察するがいい。そして自然が示してくれる道を行くがいい」(ルソー1962：42)、「初期の教育はだから純粋に消極的でなければならない」(ルソー1962:132) と述べ、合自然的な一種の消極教育といわれる教育方法を提唱した。彼は子どもの自然な発達を保障する環境を整えることの重要性を唱え、大人とは異なった存在であるからこその子どもの価値に着目した。子どもは子ども自体としてかけがえのない価値をもち、大人や社会の束縛から解放されるべき存在であることを主張した。こういったことからルソーは子どもの発見者と呼ばれている。

　ペスタロッチ (Pestalozzi, J. H. 1746-1827) は、コメニウスの感覚主義、直観主義に基づく教育方法を継承、発展させた教育実践家である。感覚的な基礎をもたない教育方法は、空虚な知識伝授の方法にとどまり、概念のない直観は、混乱した知識にとどまると考え、感覚的な直観を明瞭な概念にまで高める直観教授法を提唱した。またペスタロッチは、全人的な調和的発達を達成するために、暗記中心の注入主義的な教育方法を批判し、直接経験を通して子どもに内在する諸能力を開発し、自己形成させる開発教授法も提唱した。

　ルソーやペスタロッチに代表される児童中心主義の考え方に立つ教育方法が、デューイ (Dewey, J. 1859-1952) によって結実したといえる。彼は、『学校と社会』のなかで、「子どもが太陽となり、その周囲を教育の諸々のいとなみ

が回転する。子どもが中心であり、この中心のまわりに諸々のいとなみが組織される」（デューイ 1957：50）と「教育のコペルニクス的転回」を宣言している。学校教育は、教師や教科書を中心とする教育から、子どもの生活や経験を中心とする学習に、重心を移動させなければならないと考えたのである。彼が重要視した教育的経験とは、偶発的、衝動的経験ではなく、起こるべき出来事を知性や思考によって予見しながら行動できる反省的経験のことである。この反省的経験を習得するためには、子ども自身が思考する過程を経験する学習が必要であると考えた。子どもが生活のなかで直面する問題に気づき、その解決の方法を思考し、反省的経験を形成することを目的とした問題解決学習は、デューイの教育実践に由来する。

2 現代に求められる教育・学習方法

教育から学習へのパラダイムシフト

前述した教育方法の歴史的経緯から、教育から学習へというコペルニクス的転回が、主張されるようになった。そして現代において「教育から学習へのパラダイムシフト」が世界的に叫ばれている。それはなぜだろうか。このパラダイムシフトが求められるのは、21 世紀の社会が、国際化、情報化、科学技術の高度化の加速に伴い、社会状況がめまぐるしく変化する知識基盤社会であり、こうした変化に対応していく力や意欲の育成が求められる生涯学習社会であるからにほかならない。

『21 世紀を展望した我が国の教育の在り方について』（中央教育審議会第一次答申）のなかで、「生きる力の育成を基本とし、知識を一方的に教え込むことになりがちであった教育から、子供たちが自ら学び、自ら考える教育への転換を目指す」（文部科学省 1996 年 7 月）と「受動的な教育から能動的な学習へ」のパラダイムシフトを宣言している。そして『新たな未来を築くための大学教育の質的転換に向けて――生涯学び続け、主体的に考える力を育成する大学へ』（中央教育審議会答申）のなかで、現代社会で求められる力、学士力について以下のように言及している。「知識や技能を活用して複雑な事柄を問題として理解し、答えのない問題に解を見出していくための批判的、合理的な思考力

をはじめとする認知的能力、人間としての自らの責務を果たし、他者に配慮しながらチームワークやリーダーシップを発揮して社会的責任を担いうる、倫理的、社会的能力、総合的かつ持続的な学修経験に基づく創造力と構想力。想定外の困難に際して的確な判断をするための基盤となる教養、知識、経験」（文部科学省 2012 年 8 月）。

　さらに上記答申において、「生涯にわたって学び続ける力、主体的に考える力をもった人材は、学生から見て受動的な教育の場では育成することができない。従来のような知識伝達・注入を中心とした授業から、教員と学生が意思疎通を図りつつ、一緒になって切磋琢磨し、相互に刺激を与えながら知的に成長する場を創り、学生が主体的に問題を発見し解を見出していく能動的学修、アクティブ・ラーニング（Active Learning）への転換が必要である。すなわち、個々の学生の認知的、倫理的、社会的能力を引き出し、それを鍛えるディスカッションやディベートといった双方向の講義、演習、実験、実習や実技等を中心とした授業への転換によって、学生の主体的な学修を促す質の高い学士課程教育を進めることが求められる。学生は主体的な学修の体験を重ねてこそ、生涯学び続ける力を修得できるのである」（文部科学省 2012 年 8 月）とアクティブ・ラーニング（以下 AL と略記する）について言及し、双方向型学修（学習）方法の必要性についても提言している。さらに学士課程にとどまらず、能動的な学修（学習）推進の緊急性から、2017 年 3 月に小学校学習指導要領および中学校学習指導要領も改訂された。学習指導要領とは、文部科学大臣が告示し、初等・中等教育において、学校が教育課程を編成する際の基準となるものである。次に学習指導要領の変遷を振り返り、教育から学習へのパラダイムシフトについて考える。

学習指導要領の変遷

　学習指導要領は 1947 年に『学習指導要領一般編（試案）』として公布され、修身、地理、日本歴史が廃止され、社会科が新設された。1951 年の改訂では、教科課程が教育課程に変更され、1950 年代は、戦後の民主主義社会の実現を基底とし、当時のアメリカの経験主義教育の影響を多大に受けて、子どもの生活や経験が重視される問題解決学習が主流となった。

1958 年に学習指導要領は全面改訂され、高度経済成長期の 1960 年代は、「基礎学力の充実」と「科学技術教育の向上」が目指されることとなる。教科主義に基づく系統学習が求められ、教科の系統性や学問の構造が主要テーマとされた。日本経済の急速な発展に伴い、教育水準のレベルアップが求められ、1968 年の改訂では、理数系の教科で学習内容の増加が図られるなどした。1970 年代前半は、教育内容の系統性がいっそう重視され、「教育内容の現代化」が押し進められた。この教育内容の現代化および高度化は、詰め込み教育につながり、いわゆる落ちこぼれ問題や非行に走る子どもたちの増加を招き、社会問題化した。1970 年代後半には、このような社会状況を受けて、知・情・意・体の調和のとれた人間性尊重に基づく人間中心カリキュラムが唱道されるようになり、系統学習を柱とした学問中心カリキュラムからの転換が図られるようになる。

　1977 年の改訂では、「人間性豊かな児童・生徒の育成」や「ゆとりと充実の学校生活」がキーワードとなる。教育内容の精選や授業時間の削減が図られるとともに、ゆとりの時間が設けられ、教育課程の基準が弾力化されるようになった。1989 年の改訂は、基本的に 1977 年の改訂の流れを踏襲する改訂であったが、「個性重視の原則」や「国際化への対応」といった時代の流れに呼応する内容を含んでいる。カリキュラム上の特徴は、小学校 1・2 学年の社会と理科を統合して「生活科」を新設し、子どもの具体的な活動や生活体験学習を重視した点にあるといえる。評価に関しては、知識や技能の習得に加えて、関心、意欲、態度が重視され、思考力、判断力、表現力などの育成を目指す「新学力観」に基づく教育が目指された。

　1998 年の改訂の大きな特徴は、完全学校週 5 日制の実施によって教育内容の約 3 割を削減し、「総合的な学習の時間」を新設、必修化したことといえる。自ら学び、自ら考える力、すなわち「生きる力」を育成するために、総合的な学習の時間などを活用して、問題解決学習が積極的に導入されたが、学習成果を総括、組織化することの困難さから学力の低下につながるとの批判が生じた。80 年代から 90 年代にかけては、系統学習か経験学習（問題解決学習）かといった二者択一の議論ではなく、それぞれの長所を生かした教育、学習方法のあり方が模索されてきたといえる。

2008 年の改訂では、教育基本法改正などで明確になった教育理念を踏まえ、引き続き、生きる力の育成を教育の柱としていたが、知識・技能の習得と思考力・判断力・表現力などの育成のバランスを重視して、授業時間数の増加が打ち出された。前述したように、21 世紀の社会は、知識基盤社会、生涯学習社会である。それゆえ、知識や技能の習得を基礎にして、それらを運用する思考力や判断力・表現力などの育成の必要性が確認された。

　2017 年の改訂では、学習指導要領を「学びの地図」として、何ができるようになるか（学習評価）、何を学ぶか（学習内容）、どのように学ぶか（学習指導・方法）、を明確にし、子どもたちに求められる資質・能力とは何かを家庭・学校・社会が共有し、連携する「社会に開かれた教育課程」の実現が求められた。そして上記 3 点に関わる事項を各学校が組み立て、家庭や地域と連携・協力しながら実施し、目の前の子どもたちの姿を踏まえながら不断の見直しを図る「カリキュラム・マネジメント」の実現にも言及している。

　この改訂では、学習指導及び方法と学習評価の関連を明確化し、「主体的・対話的で深い学び」、AL の視点に立った授業改善を重視し、「知識及び技能」「思考力・判断力・表現力など」「学びに向かう力、人間性など」を含めた資質、能力を育成することをねらいとしている。次節では、学習指導と学習評価について考える。

3　学習指導と学習評価

学習指導の原理と学習形態

　学習指導とは、教育目的や教育目標に基づいて、教材を媒介として、子どもが自発的に学習に取り組めるように、子どもの活動を指導、援助する教師の活動といえる。学習指導において、子ども、教師、教材は基本的な 3 要素であり、3 つの要素が相互媒介的な教育作用を有するところに特質がある。

　いうまでもなく学習の主体は子どもであるが、子どもは教材、教師の指導、援助を通して、知識および技能などを獲得することによって、新しい行動傾向を獲得し、認識を変容させ、自らの経験を組織化、再組織化していく。この過程が学習であり、効果的な学習指導を行うためには、子ども、教師、教材をは

じめ、その他さまざまな要因が相互補完的に効果的に作用する必要がある。子どもの視点に立つと、子どもの資質、経験、学習意欲、態度、レディネスなど、教師の視点に立つと、教師の資質、教師適性、経験、指導技術、子ども理解などが要因とされる。そのほか教室内の教師と子ども、子ども同士の人間関係、学校や教室の学習環境など、数多くの要因が相乗的に作用することで、学習指導は成立する。佐藤学は「学習という実践は、対象との関係と意味を構成する認知的・文化的実践であると同時に、教室の他者との対人関係を構成する社会的・政治的実践であり、自分自身の自己内関係を構成する倫理的・実存的実践でもある」（佐藤 1996：69）と『教育方法学』のなかで述べている。

　また効果的、効率的な学習指導を行うためには、学習指導の原理を理解しておくことに加えて、学習形態にも注意を払う必要がある。学習形態は、一斉学習、グループ学習、個別学習に分類されるが、今回の学習指導要領の改訂により、グループ学習と個別学習の方法について、とりわけ関心が高まっている。学習指導の基本となる原理には、自発性の原理、直観の原理、個性化の原理、社会化の原理などが挙げられる。

　自発性の原理、社会化の原理に基づく学習形態が、グループ学習である。少人数のグループに分けて、グループごとに協同で学習する形態をいう。子どもたちが、受動的、消極的になる傾向が強いとされる一斉学習と比較して、能動的、自発的に学習に取り組むことができる学習形態といえる。また、子ども同士が協力、協調して学習を進めることができれば、社会性や協調性を育成することができる学習形態といえる。課題としては、グループ内の子どもの能力格差が顕著な場合、特定の子どもに過重負担が生じる可能性があり、個々の子どもたちの思考が発展することが難しいことが考えられる。また、学級全体の目標を絶えず明確にしておかなければ、グループごとに進度や内容理解に格差が生じ、学習に不統一が生じる恐れも考えられる。

　個性化の原理に基づく学習形態が、個別学習である。個別学習は、個人の能力差に対応することが難しいとされる一斉学習の短所を補うために考え出された、一人ひとりの子どもの能力や特徴に応じた学習の成立を意図する学習形態である。個別学習は、一人ひとりの能力や興味、関心に対応することが可能で、個に応じたきめ細かやかな指導ができる反面、社会性や協調性を育成することが

難しいという短所もある。

指導と評価の一体化

　学習指導や学習方法の形態の変化に合わせて、学習評価の方法も多様化してきている。評価は、主として教師によって行われることが多いが、評価は教師によってのみ行われるものではない。学習者自身による自己評価や学習者同士によって行われる相互評価も「主体的・対話的で深い学び」を実現するために、重要な評価方法となる。自己評価とは、学習に対する自らの取り組みを評価することであり、自らが評価の主体となるところに特徴がある。自身の変化や内面について評価できる一方、客観性に欠ける評価になることもある。相互評価は、教師とは異なった視点で他の学習者を評価し、学びあいにつながることも多い。学習方法の変化に応じて、教師による評価、学習者自身による自己評価、学習者同士による相互評価などをバランスよく取り入れていく必要がある。また今回の学習指導要領の改訂で目指される「主体的な学び、対話的な学び、深い学び」を評価するために、ポートフォリオ評価やルーブリック評価が、注目されるようになった。

　ポートフォリオとは、テストやレポート、学習者が収集した資料、制作物など学習の過程や成果を計画的にファイルしたものである。ポートフォリオを評価に活用することで、子どもの学習状況を把握し、教師は次の学習指導計画に役立てることができる。「ルーブリックとは、ある課題について、できるようになってもらいたい特定の事柄を配置するための道具である。ルーブリックは、ある課題をいくつかの構成要素に分け、その要素ごとに評価基準を満たすレベルについて詳細に説明したもので、様々な課題の評価に使うことができる」（スティーブンス／レビ　2014：2）。

　このような子どもたちの学びのプロセスやパフォーマンスの到達状況を評価するなど多面的、多角的な評価が、2017年の改訂でより求められる。知識基盤社会、グローバル化社会で必要とされる主体的・対話的で深い学びを習得するためのALの定着に向けて、学習評価を次の学習指導につなげていく、いわゆる計画（P）、実践（D）、評価（C）、改善（A）といった、「PDCAサイクルの構築」及び「指導と評価の一体化」が、これまで以上に重要になるといえる。

参考文献

コメニウス、J. A. 1969『大教授学』稲富栄次郎訳、玉川大学出版部。

佐藤学 1996『教育方法学』岩波書店。

スティーブンス、D.／A. レビ 2014『大学教員のためのルーブリック評価入門』佐藤
　　浩章監訳、玉川大学出版部。

デューイ、J. 1957『学校と社会』宮原誠一訳、岩波書店。

文部科学省 1996「これからの学校教育の在り方」『21世紀を展望した我が国の教育の
　　在り方について』(中央教育審議会第一次答申)。

文部科学省 2012 a「検討の基本的な視点」『新たな未来を築くための大学教育の質的
　　転換に向けて──生涯学び続け、主体的に考える力を育成する大学へ』(中央教育
　　審議会答申)。

文部科学省 2012 b「求められる学士課程教育の質的転換」前掲『新たな未来を築くた
　　めの大学教育の質的転換に向けて』。

ルソー、J. J. 1962『エミール(上)』今野一雄訳、岩波書店。

第2章

教育工学・情報リテラシー・ICTと教育

この章は、3節で構成されている。「情報リテラシー」や「ICTと教育」は、最近の教育工学の中心的な研究分野である。ICTとは、Information and Communication Technology（情報通信技術）の略語である。なお、「情報リテラシー」と「ICTと教育」の節は、できるだけ新しい情報に基づいて記述しているが、この分野は進展が著しいので、読者自身の力で最新の情報に更新することも試みてほしい。

1 教育工学のアプローチ

教育工学とは

教育工学の定義は定まっておらず、これまでさまざまになされてきた。『教育工学事典』（日本教育工学会編 2000）では、「教育工学は、教育改善のための理論、方法、環境設定に関する研究開発を行い、実践に貢献する学際的な研究分野であり、教育の効果あるいは効率を高めるためのさまざまな工夫を具体的に実現し、成果を上げる技術を、開発し、体系化する学である」と定義している（坂元 2000：142）。この定義は、教育工学がどんな学問領域であるかを端的に述べており、次の3点を特性として読み取ることができる。①教育の実践に貢献するものであり、教育の効果を高めるための工夫を具体的に実現して成果を上げることを目指している。②学際的な研究分野である。③教育改善のための理論、方法、環境設定を研究して、成果を上げる技術を開発して体系化する

学問である。

　以下に、解説を加える。教育工学が研究の対象としているのは、教育の現場で生じる実際の問題や課題であり、その解決や改善のための方法を研究し、得られた成果を教育に適用することで、教育の成果を上げることを目指している。すなわち、きわめて実践的な学問だということが何より大きな特性である。また、そのための研究のアプローチはきわめて学際的であり、広範な学問領域を対象として、それらの学問領域で構築された理論や技術を、教育現場で生起する問題や課題の解決に適用できるように取り組んでいることも特性である。

　近年の動向では、関連する学問分野として、人文社会系分野では、教育学、心理学、社会学、言語学、人間科学、理工系分野では、電気電子工学、通信工学、制御工学、情報工学、人間工学、人間の活動に関する分野では、生理学、統計学、システム科学が挙げられている（日本教育工学会編 2000）。こうした多くの学問分野の知見を活かして教育成果の向上に取り組み、その成果を体系化しているのが教育工学である。

教育工学の知見の活用

　前項で述べたように、教育工学の知見は教育現場の実践に適用して活用できるものである。よって、教育実践の場で何らかの問題や課題が生じたとき、その解決策や改善策はすでに教育工学の取り組みによる知見として、どこかで公表されている可能性がある。例えば、科学研究費（科研費）における研究分野の区分である「小区分、中区分、大区分」では、教育工学の研究分野の内容例として、カリキュラム開発、教授学習支援システム、メディアの活用、ICTの活用、教師教育、情報リテラシーという語がリストアップされている。これを見れば、ここ最近の課題となっている ICT の教育における活用や情報リテラシーに関連する分野から、これまで不断の努力が積み上げられてきたカリキュラム開発やメディアの活用といった分野までが含まれており、実に幅広い分野に教育工学が取り組んでいることが分かる。教育現場で生じた問題や課題が、こうしたキーワードに関連がありそうな場合は、教育工学の知見が活用できる可能性が高いことになる。

　成果は、すでに書籍として出版されている場合も多数あるが、比較的最近に

初めて生じたような問題や課題の場合は、まだ書籍にはなっておらず、研究論文として公表されていることも考えられる。その際には、課題と考えている内容をそのままの言葉で検索しても、関連する文献に到達しないこともある。ポイントとなる語句や概念などを抽出して、それをキーワードに置き換えて検索すると結果が得られる。一度の試みで思うような検索結果が得られない場合は、キーワードを変えて検索すると、目的の論文が見つかることがある。逆に結果が多すぎるときは、キーワードを増やして検索範囲を絞ることも必要である。なお、日本語で文献の検索を行う際には、国立情報学研究所が提供している「CiNii Articles」（http://ci.nii.ac.jp/）のサービスが広く利用されている。このサイトでは、ダウンロード可能な論文についてはリンクが貼られているので、論文のフルテキストを閲覧することも可能となっており、有用である。

　文献検索による情報収集の一例を挙げる。ここでは2017年に告示された学習指導要領から導入された、小学校段階のプログラミング教育について調べてみよう。「CiNii Articles」で「プログラミング教育」をキーワードとして検索すると、すでに全国の教育大学を中心に研究がなされており、知見が集まり始めていることがわかる。例えば、「プログラミング教育の教材としてロボットプログラミングが非常に優れている」という成果を発表している論文があり（萩原 2017：307-315）、プログラミング教育の教材には何が適しているのかという課題に、一つの方向を与えてくれる。このように、教育工学の知見は、現実の問題や課題に対して具体的な解決策を示唆してくれることが多い。

教育工学のすすめ

　教育工学はさまざまな学問領域で構築された理論や技術を、実践レベルでの課題解決に活かすことを目指している。そのため、これまでの知見を活用することで解決できる問題や課題もあるが、例えば新しく生じた課題などでは解決策がない場合も考えられる。その際は、自身で教育工学の手法を活かした研究に取り組むことを望みたい。

　教育工学の研究方法に関しては、複数の書籍が出版されており、情報を発信・入手する場として教育工学に関連する学会や協会も複数ある。入門書として赤堀（2013）や坂元他（2012）、ロスとモリソン（2002）がお薦めである。また、

学協会については、以下にいくつかを紹介する。「日本教育工学会」は、教育工学研究の中心的な学会の一つであり、研究対象の幅も広い。「日本教育メディア学会」は、視聴覚教育の研究を始まりとした歴史の長い学会である。「日本教育工学協会」は、主に現職教員が中心となって活動しており、長い歴史がある。ここに紹介した以外にも、関連する学協会があるので、自身が目指す方向と一致するところを選んでほしい。

2　情報リテラシー──情報を活用する

情報リテラシーとは

　情報リテラシーにはさまざまな定義があるが、国立大学図書館協会は「課題を認識し、その解決のために必要な情報を探索し、入手し、得られた情報を分析・評価、整理・管理し、批判的に検討し、自らの知識を再構造化し、発信する能力」と定義している（国立大学図書館協会 2015：8）。なお、ここでいう「情報」とは、必ずしも ICT で扱う情報だけでなく、以前より用いられてきた紙媒体による情報も対象としている。つまりこの能力は、PC やネットワークを活用する能力に限定されるものではなく、それをも含んだより広義な能力であると捉える必要がある。

　先に示した定義は、そのまま課題解決のプロセスを示している。国立大学図書館協会では、①課題を認識する、②情報探索を計画する、③情報を入手する、④情報を分析・評価し、整理・管理する、⑤情報を批判的に検討し知識を再構造化する、と進み、最後に得られた結果を発信する段階、⑥情報を活用・発信しプロセスを省察する、の6段階に整理している。情報リテラシーは、ここに示された課題解決のプロセスにおける、各段階で必要となる力を総合した概念ともいえる。

　これからの社会は、変化がますます速くなることが予想されており、今後我々はあらかじめ答えがないさまざまな課題に次々に直面するであろうことが予測されている。次世代を生きる子どもたちにとって必須の能力となる、解法が未知の課題に対応できる力を育成できる保育者・教育者となるために、情報リテラシーが重要な能力の一つとなる。

保育者・教育者に求められる情報リテラシー

　中央教育審議会答申（2015）では、これからの教員に求められる情報活用能力に関して、「情報を適切に収集し、選択し、活用する能力や知識を有機的に結びつけ構造化する力を身につけること」と述べている。中教審では、その背景として、「変化の激しい社会を生き抜いていける人材を育成していくためには、教員自身が時代や社会、環境の変化を的確につかみ取り、その時々の状況に応じた適切な学びを提供していくことが求められる」といっている。これは、先に述べた課題解決の6つの段階における「①課題を認識する」の「課題」の内容を具体的に述べているとも考えられる。つまり、変化の激しい社会に対応した学びを自らの力で生み出していくことが、これからの保育者・教育者にとって重要な課題であり、そのために情報リテラシーを身につけることを求めているのである。

　情報リテラシーについて、詳細に述べたいが紙幅の制限もあるので、特に重要と考えるポイントを述べる。まず「①課題を認識する」の段階では、社会の変化を把握することを求めているが、社会の変化を把握するには、現時点でICTが社会にどのような影響を与えており、それが社会をどのように変えようとしているのか、そこで新たに求められる能力は何かといった知識をひとかたまりの知識として体系的にもっている必要がある。それがなければ、新しい情報を得ても（新しい知識は、しばしば断片的なものが入ってくるので）、これまでの知識を更新して再構築することはできない。

　次に、「②情報探索を計画する、③情報を入手する、④情報を分析・評価し、整理・管理する、⑤情報を批判的に検討し知識を再構造化する」の各段階に共通して、理解しておくべきことがある。それは情報の確かさを常に確認する必要があるということである。インターネットの普及率が高くなり、個人がインターネットにアクセス可能な端末を常時携帯するようになった現代社会では、情報は大手メディアだけでなく、個人レベルも含めてWebサイトやSNS等をつうじて無尽蔵に発信できるようになった。その結果、情報は一人の人間の能力では、すでに全容を把握することが困難なほどの量が発信され、蓄積されている。また情報はインターネットだけでなく、紙媒体である新聞、雑誌、書籍等や、放送媒体であるテレビ、ラジオなど、従来のメディアからも供給されて

いる。さらに現代では、そうした従来メディアもデジタル化されており、インターネットアクセスが可能となりつつある。誰もが、簡単に、自由に、迅速に情報を発信できるようになったからこそ、フェイクニュースによって世論が形成された事例に代表されるような問題が起きており、確かさがきわめて重要となる。この点に関して、一つひとつの言動が子どもに与える影響が大きい保育者・教育者は特に配慮してほしい。

中教審答申では、「⑥情報を発信する」段階は含まれていなかったが、先にも述べたように、SNSなどにより簡単に情報が発信できるようになったこともあり、情報発信に関しても細心の注意を払うべきことがある。それは、SNS等で発信する情報は自分が思っている以上に社会に与える影響が大きいものであり、発信には責任が伴うということである。特に保育・教育を志す者として、このことは十分に配慮して欲しい。

3　ICTと教育

ICTに関する教育

ここでは、保育者・教育者に求められる情報に関する能力を考える。それには、次の3つの段階がある。第1段階は職務効率化の視点から、情報処理能力や情報セキュリティに関する知識である。第2段階は保育や教育における教育効果向上の視点から、ICTを効果的に活用して教育効果を向上させることができる能力である。第3段階は幼児や児童・生徒に対するICT教育の視点から、子どもたちが学びの場面で効果的にICT活用できるように指導できる能力や情報セキュリティに関する教育を指導できる能力である。なおこれらは、教育におけるICT活用とは表裏一体の関係にあり、この能力が修得されていることを前提として、保育・教育の場におけるICT活用が可能となる。

各段階でどのような能力が求められるのか、以下に説明する。第1段階で求められるのは、いわゆるOffice系のアプリケーションや校務処理のために開発されたアプリケーション、あるいは電子メールなどを、セキュリティに配慮しながら活用できる能力である。Office系アプリケーションは、その特性を理解して活用すれば、校務処理の効率を大幅に向上させることができる。また最

近では、そうしたアプリケーションで作成した情報を園内・校内、あるいは行政等とネットワーク上で共有できる機能をもつアプリケーションが開発され活用されるようになっている。これからは、単に使えるだけでなく、こうしたアプリケーションやシステムの効果的な活用法を考えて、校務の効率化を推進できる力が求められる。コミュニケーション手段として LINE 等が広く活用されるようになってきたが、実社会では電子メールが主要な手段として活用されている。そのためメールに関するマナーを修得するとともに、メールの安全な利用に関する知識（フィッシングメールや悪質な添付ファイルへの対処など）が必須の知識となっている。

　第2段階で求められるのは、保育・教育のために開発されたさまざまな ICT 機器やアプリケーション、学習支援システムなどの特性や使用方法をよく理解した上で、それをどのように適用すれば教育効果をより向上させられるかを判断できる能力である。新しく開発された機器やアプリケーションが提供する機能は、子どもたちにとって目新しく好奇心を誘うものであるが、そうした楽しさは、すぐに飽きてしまうこともまた事実である。「ICT ありき」ではなく、それはあくまでも学びの効果を増幅させてくれるものであることを認識しておかなければならない。ICT を効果的に活用するためには、まずは効果的な教育実践ができて、その上で、ICT の特性を理解して効果的な活用方法を考えられることが基本である。なお、この分野の技術革新はきわめて速いので、常に最新の知識に更新する努力を続ける必要があることも忘れてはならない。

　第3段階で求められるのは、ICT は子どもたちにどのような効果をもたらすのかという知識と共に、子どもの特性を理解して適正に指導できる指導力である。新学習指導要領等でも取り上げられている「アクティブ・ラーニング」においても、問題・課題の発見の段階から解決方法の提案、振り返りに至るまでの各場面において、ICT の活用により学習効果の向上が期待できる。そこでは、情報の共有、情報収集、シミュレーション、プレゼンテーション、学習成果の記録等に ICT の活用を考えることができ、それぞれの場面に適したアプリケーションや学習支援システムの活用方法を指導することが求められている。

教育における ICT 活用

　最近になって、EdTech（エドテック）という言葉を耳にするようになった。この言葉は、Education（教育）と Technology（テクノロジー）を合わせて作られた造語であり、教育効果を向上させるために開発されたさまざまなテクノロジーを意味している。今、世界では、教育効果を向上させるものとして EdTech に大きな注目が集まっている。この分野では、日進月歩に新しい技術が開発されており、その進展の速さには目を見張るものがある。

　このところ注目を集めている技術では、VR（Virtual Reality：バーチャルリアリティ）や AR（Augmented Reality：拡張現実）といった視聴覚に関する技術や、AI（Artificial Intelligence：人工知能）を活用した学習支援技術、遠隔授業や反転授業などを可能にするネットワークとそれに関連する技術などがある。これらの技術の活用は、日本では小学校段階以降の教育を中心になされようとしているが、世界を見ると幼児教育段階においても 3 歳以降の活用とその効果の検証が継続して行われている。全米乳幼児教育協会は「意図的かつ適切に使用される場合、テクノロジーとインタラクティブメディアは、学習と発達をサポートする効果的なツールである」との見解を示しており、「その可能性と効果について、継続した研究と専門的な開発が求められる」と述べている（NAEYC, Fred Rogers Center 2012）。

　今後も、教育効果向上のための ICT に関して、科学技術の進展に伴う技術革新が次々に起こることが想定される。グローバル化が進む昨今、教育効果の向上は国を挙げての課題となっている。それ故に、新しい情報の入手を怠ることなく、その一方で新しい技術に目を奪われることなく、冷静にその効果を判断していくことが求められる。

参考文献

赤堀侃司　2013『教育工学への招待（新版）』ジャムハウス。
国立大学図書館協会　2015「高等教育のための情報リテラシー基準」http://www.janul. jp/j/projects/sftl/sftl201503b.pdf（最終閲覧 2017 年 6 月 12 日）。
坂元昂　2000「教育工学」日本教育工学会編『教育工学事典』実教出版、142-144 頁。
坂元昂・岡本敏雄・永野和男　2012『教育工学選書 1　教育工学とはどんな学問か』ミネルヴァ書房。

中央教育審議会　2015「これからの学校教育を担う教員の資質能力の向上について──学び合い、高め合う教員育成コミュニティの構築に向けて」http://www.mext.go.jp/component/b_menu/shingi/toushin/_icsFiles/afieldfile/2016/01/13/1365896_01.pdf（最終閲覧2017年6月12日）。

日本教育工学会編　2000『教育工学事典』実教出版。

萩原克幸　2017「小学校におけるロボットプログラミングの実践について」『三重大学教育学部研究紀要　自然科学・人文科学・社会科学・教育科学・教育実践』http://hdl.handle.net/10076/00016868（最終閲覧2017年6月20日）。

ロス、S. M.／G. R. モリソン　2002『教育工学を始めよう──研究テーマの選び方から論文の書き方まで』向後千春・清水克彦・余田義彦・鈴木克明訳、北大路書房。

NAEYC, Fred Rogers Center 2012. Key Messages of the NAEYC/Fred Rogers Center Position Statement on Technology and Interactive Media in Early Childhood Programs. http://www.naeyc.org/files/naeyc/12_KeyMessages_Technology.pdf（最終閲覧2017年1月18日）。

第3章

保育内容と
指導法

　我が国における保育内容及び指導法の変遷の過程においては、これまでもさまざまな議論がなされてきた。例えば、教育の機会均等の理念に基づき、質的差のない共通の保育内容をカリキュラムに盛り込むという平等主義について、子ども一人ひとりの可能性や素質、個性を存分に伸ばすため、子ども自らが選択可能なカリキュラムを編成するという能力主義について、この両概念の相違から捉える保育の在り方について、などである。

　そこで、本章では保育内容と指導法との関係を具体的に省察していくことで、一人ひとりの子どもの成長発達を踏まえたアプローチの方法を検討していく。

1　保育者の役割と指導法

指導的立場からの役割と指導法

　幼稚園や保育所など、公の機関において行われる教育では、子どもの発達を見通した上で教育目標を体系的に設定することが求められ、なおかつ、頻繁に移り変わる社会のニーズにも合わせることが必要とされる。すなわち、決して無計画で保育が行われるということはない。そこで、指導的立場、見守る立場、参加する立場の三つの立場から、それぞれの役割と指導法を考えていく。

　まず、指導的立場から保育に参加する場合の指導法について考えてみる。

　昨今、乳幼児教育においては、遊びの重要性が叫ばれ、子どもの主体性や自

発性を重んじるあまり、保育者の指導性を前面に発揮する指導法はあまり歓迎されない[*1]。確かに、子どもの成長や発達、学びに向かう力や人間性などを無視した形で指導性を発揮することに意味を見いだすことは難しい。とはいえ、小学校へのスムーズな移行という課題の重圧から、不本意ながらもそのような方向に向かってしまう保育者の心理を、すべて否定することはできない。結局、何を目指し保育をするのか、という視点が重要になる。例えば、基本的な生活習慣や安全への教育、文化の伝承や人権に関する教育、さまざまな知識や技能の基礎など、保育者の「伝えたいこと」を意図とした見通しをもつことである。

また、保育のなかで子どもたちがより多くの面白さに出会うためにも、保育者のもつ系統的な見通しは必要である。この見通しがあるからこそ、子どもの主体性を尊重し、生活や遊びの深まりを系統的に支えることができる。そして、これにより子ども自身の学びも深められていくのである。

見守る立場からの役割と指導法

次に、見守る立場から保育に参加する場合の指導法について考えてみる。

この指導法を行うためには、それに対する保育者の深い理解と認識とが必要になる。例えば、すべての遊びの原点は子ども自身の自発的な行動にあるということ、子どもの行うすべての遊びの教育的価値は等価であるということ、などである。そのため、保育者は、子どもの可能性と能力とを絶対的に信頼し、子ども自らが遊びを選択し充実させていくという過程を見守ることになる。

つまり、子どもの主体性や発達の特性を考慮し、自由な選択を重んじるという考えである。そのため、子ども自身が遊びを選択し展開していくまでの一切をゆだね、保育者はそのための保育環境を整え、側面的援助を通して見守る立場で保育に参加する。この指導法の根底には、子どもの可能性を信じるという信念が必要とされるが、そこが曖昧なままで実践に臨むと「放任」との批判も受けやすくなる。それゆえ、子どもが環境に能動的に関わり、自発的遊びが十分に行えるよう、また、自由に創意工夫を行えるよう、一人ひとりの興味や関心に即した豊かで多様な環境を準備することが保育者には求められる。

現在、遊びを通しての総合的な指導を行うなかで、子どもの学びに向かう力や人間性などを育てることが叫ばれている。子どもは本来、生きることにおい

て貪欲であり、未知なるものに対して知りたいとの欲求をもっており、知的好奇心旺盛な存在である。そのため、保育者は目の前にいる子どもの実態を把握し、子ども自らが主体的に関わる環境を構成し、子どもを励ましつつも理解を深める存在として、見守るという立場での役割を担うのである。

参加する立場からの役割と指導法

最後に、保育者が子どもの遊びに積極的に参加するという立場からの指導法について考えてみる。

ここでは、保育者自身の知識に基づき、子どもと相互に「対話」を繰り返しながら、積極的に保育へ参加するということが重視される。子どもの側から周りの環境との相互作用を展開させようとする指導法においては、参加する立場と見守る立場との相違はあまりない。しかし、保育者の関わり方に特徴が見られる。それは、一人ひとりの子どもの可能性や能力を、保育者自身が最大限に信頼し、それに基づき、より具体的な保育展開を行うというものである。その際、保育者は子どもの自発性を引き出すよう、自分自身の知識に基づいた積極的な参加をする。つまり、主体は子どもであるが、保育者は子どもの遊びに自然な形で参加することにより、さらに遊びを深め展開させていくという方法である。そのため、保育者の人的環境としての十分な知識と経験は必要不可欠である。また、物的環境として、子どもが自由に自発的に遊びを選択し、自己実現や自己充実を目指した遊びの展開ができるよう、側面からの環境援助も非常に重要となる。さらには、子ども自身が提案した遊びのスケジュール（遊びの見通しや発展）を、自ら実践し達成できるよう、保育者の適切で積極的な参加の在り方も問われる。

このように、保育者の明確な意識の下で初めて、的確な保育への参加の仕方が可能となる。そのため、子どもをよく観察し、質問や助言、ヒントやアイディアなどの「対話」を行うことのできる保育者が求められるのである。

2　これからの保育内容と子どもを捉える視点

連携の視点から捉える保育内容

　今回、改訂となった幼稚園教育要領、保育所保育指針、幼保連携型認定こども園教育・保育要領などでは、保幼小接続のための大きなキーワードとして①カリキュラム・マネジメント、②非認知的能力（スキル）、③アクティブ・ラーニングの３つが挙げられる。

　まず、①カリキュラム・マネジメントについてである。ここでは、乳幼児教育と小学校との学びの姿の連続性が重視される。そのため、「生きる力」を具体化するために「知識・技能の基礎」「思考力・判断力・表現力等の基礎」「学びに向かう力・人間性等」の３つの柱（資質）が設定された。この資質をどのように育てるかは、総合的な指導や子どもの関わる環境を構成する視点としての５領域「健康」「人間関係」「環境」「言葉」「表現」が中心となる。さらに、５領域の内容は、幼児期の終わりまでに育ってほしい具体的な10の姿に整理された（表1-3-1）。これらは決して到達目標ではなく、育ってほしい具体的な姿であることを確認しておきたい。

　次に、②非認知的能力（スキル）についてである。これは、認知能力とは違い、目に見えにくいものであるが、学びに向かう力や姿勢、目標や意欲、興味や関心をもち、根気強く仲間と協調して取り組む姿や姿勢を指している。社会情動的スキルとも呼ばれているが、単に子どもの気質や性格と考えるのではなく、教育可能なスキルとして捉えることが重要である。そのため、保育者は対話を通して子どもの発想を豊かにし、考えを深めていけるような教育的援助が求められる。

　最後に、③アクティブ・ラーニングについてである。これは、主体的・対話

表 1-3-1　幼児期の終わりまでに育ってほしい具体的な 10 の姿

①健康な心と体　　②自立心　　③協働性　　④道徳性・規範意識の芽生え		
⑤社会生活との関わり　　⑥思考力の芽生え　　⑦自然との関わり・生命尊重		
⑧数量・図形・文字への関心・感覚　　⑨言葉による伝えあい　　⑩豊かな感性と表現		

出典：文部科学省 2017：6-7。

的な深い学びのことであり、能動的な活動により、思考を活性化させる。保育においては、子どもが疑問に思ったことや不思議に思ったことを実際に「やってみる」、「試してみる」という経験が大切になってくる。この経験を通して、さらに深く考えたり、お互いに意見を出し合ったりするのである。また、わかりやすく情報をまとめるという活動も思考を活性化させることにつながる。

子どもを捉える視点と記録

　子どもの姿を捉えるとき、複数人からの視点で多角的に捉えることが大切である。また、そこに共通認識が可能となるドキュメンテーション（documentation）があると、さらに効果的である。例えば、文字や図、写真や録音、ビデオなどにより記録されたさまざまな関係性を、保育者間のみではなく、子どもや保護者、地域の方々など、広く開かれたなかで用いるのである。なぜなら、作成されたドキュメンテーションを多くの人の目に触れやすいところに掲示することで、そこにコミュニケーションが生まれ、それをきっかけに保育に対する理解や子どもを捉える視点にまで発展させることが可能になるからである。つまり、ドキュメンテーションは豊かな保育実践を創り上げていくための大切なツールである。

　ドキュメンテーションと同様にポートフォリオ（portfolio）の存在も、子どもを捉える視点を豊かに育む。これは、対象とした子どもがどのような経験をしてきたのかを綴った記録である。そこには写真を用いたドキュメンテーションも含まれるが、なかには子どもの絵や作品なども盛り込まれることがある。1年経ったときに、その子どもがどのような経験を積み重ねてきたのかがわかる記録となっている。

　また、ニュージーランドの保育カリキュラム「テ・ファリキ[*2]（Te Whāriki）」では、ラーニングストーリー（learning story）と称する記録が用いられている。これは、子どもの学びを理解するための一つの方法として始められたものである。

　テ・ファリキとはマオリ語で絨毯という意味であり、さまざまな模様に織られた絨毯のように、子どもとは多様な存在であるとの考えが根底にある。それゆえ、子どもの発達も統一尺度で測るようなことはしない。そこでは、一人ひ

とりの子どもが経験していることを丁寧に記録することで、どのような学びがあるのかを読み取っているのである。このような子どもの姿を点ではなく線で捉えていく記録をラーニングストーリー（学びの物語）として蓄積することで、面としての子ども理解へと広がりを見せていくのである。

　プロジェクト活動と子どもの育ち
　ドキュメンテーションを中心に展開されるプロジェクト活動として、イタリアのレッジョ・エミリア市で展開されている保育は、「レッジョ・エミリア・アプローチ[*3]」と呼ばれ、世界的にも注目を浴びている。ここでは、子どもの驚きや発見、興味や関心から、子ども同士、保育者や保護者、地域をも巻き込み、「対話」を通して具体的な実践が繰り広げられる。例えば、登園途中に子どもが摘んできた花に対して、保育者は「どんな匂いがする？」「どんな形？」「柔らかさは？」など、子どもとの「対話」を通し、それをドキュメンテーションに残しながら、興味を示している花を中心にさまざまなプロジェクト活動が始まるのである。また、人とのつながりを重視するレッジョ・エミリア・アプローチは「繋がりの教育」「聞く教育」とも呼ばれ、常に子どもの才能や可能性を最大限に引き出す姿勢が、プロジェクト活動を支える基盤となっている。
　ここで、レッジョ・エミリア・アプローチの教育理念となっているローリス・マラグッツィ[*4]の詩の一部を紹介する。彼は、レッジョ・エミリアで最初の市立幼児学校開校に貢献した教育学者であり、その後、市立乳児保育所誕生にも尽力した。また、「子どもたちの100の言葉」の展示会の考案者でもあり、革新的な教育哲学を推進し続けた。現在では、ローリス・マラグッツィ・インターナショナル・センターが設立され、レッジョ・チルドレンの活動の拠点となっている。

　　　　「でも、百はある[*5]」
　　子どもには　百通りある。百の言葉　百の手　百の考え　遊び方や話し方
　　百いつまでも百の　聞き方　驚き方　愛し方　歌ったり、理解するのに　百の喜び
　　発見するのに　百の世界　発明するのに百の世界　夢見るのに　百の世界がある。
　　子どもには　百の言葉がある（それからもっともっと）

けれど九十九は奪われる。（以下省略）

　ここでの子どものさまざまな百とは、無数の知識や表現方法の可能性を詩って（うた）いる。つまり、子どもの興味や関心が学びへと発展していく営みこそ、プロジェクト活動であるという。しかし、保育の在り方によっては、その多くが奪われることにもなるとマラグッツィはいう。これは、保育者の資質の問題にも関わってくるが、子どもの興味や関心に、常に関心を寄せることのできる保育者の姿が求められる故であろう。

　結局、プロジェクト活動において重視される、子ども自ら日常生活のなかで遊びを通してさまざまな物事を不思議に感じること、わからないことを面白いと感じること、興味や関心をもった物事について「どうなっているのか」と探究すること、物事に対して粘り強く取り組むこと、仲間と共に活動について考え省察することなど、そのすべては前述した「幼児期の終わりまでに育ってほしい具体的な 10 の姿」につながっていく。

　今後、子どもの未来に思いを馳せ、今、何ができるのかを常に吟味しながら、居心地のよい環境を子どもたちへ提供し、興味や関心に基づくさまざまな自己表現を可能にさせることが、現在の保育者に求められる資質であるといえる。

注
＊1　内田信子（2012：8-9）は、長年の調査から、小学校の準備教育として行う一斉指導のなかでは、さまざまな知識や技術を伝授しても、その後の成長過程において、全くその影響はないという。その一方で、子どもの興味や関心を中心に保育環境を整えることで、子どもは自発的に遊びを通して自然に読み書き計算の意味や意義などを感得していくという。
＊2　ニュージーランドで統一されているカリキュラムのことである。このカリキュラムは4つの原則と5つの要素が織り込まれ、それが具体的な保育実践へとつながっている。クラスの全員が同じことをするというよりも、子どもがやりたいことをそれぞれサポートするという、子どもの個性を伸ばすことに重点をおいた教育方針である。
＊3　特徴として挙げられるものの一つとして「プロジェッタツィオーネ（プロジェクト活動）」と呼ばれる、4〜5人程度のグループで展開される活動がある。これは決まったカリキュラムに沿って大人が子どもに教えるのではなく、子どもと大人が

協同でプログラムを創造し、子どもの興味や関心と探究を深化させていくものである。

＊4　レッジョ・エミリア・アプローチの起源は、市民が主体的に独立した幼児学校を設立・運営したところにあり、その中心にローリス・マラグッツィの存在があった。彼は、教育の可能性を広げることに尽力し、彼自身が名づけた「文化プロジェクト」という壮大な計画のリーダーとして活動した。イタリア政府文部省からは相談役に任命され、さらには『0歳から6歳（Zerosei）』『子どもたち（Bambini）』といった教育雑誌の編集長も務めていた。

＊5　レッジョ・チルドレン（2012：5）より。1994年、ローリス・マラグッツィが亡くなった数ヶ月後に誕生した「レッジョ・チルドレン」では、彼の詩が教育理念として掲げられ、教育哲学としてその基盤を支えている。

参考文献

今井和子　2013『遊びこそ豊かな学び』ひとなる書房。

内田信子　2012「日本の子育て格差」内田信子・浜野隆編『世界の子育て格差』金子書房、1-18頁。

大宮勇雄　2009『保育の質を高める』ひとなる書房。

大宮勇雄　2010『学びの物語の保育実践』ひとなる書房。

厚生労働省　2017『保育所保育指針　平成29年告示』フレーベル館。

ジェフ・フォン・カルク／辻井正編『プロジェクト幼児教育法』オクターブ。

内閣府・文部科学省・厚生労働省　2017『幼保連携型認定こども園教育・保育要領　平成29年告示』フレーベル館。

広岡義之　2013『新しい保育・幼児教育方法』ミネルヴァ書房。

森眞理　2013『レッジョ・エミリアからのおくりもの――子どもが真ん中にある幼児教育』フレーベル館。

文部科学省　2017『幼稚園教育要領　平成29年告示』フレーベル館。

レッジョ・チルドレン　2012『子どもたちの100の言葉』田辺敬子・木下龍太郎・辻昌宏・志茂こづえ訳、日東書院本社。

第4章

小学校における
教科と指導法

1 教材研究の意義

教材研究の基本

　小学校現場では、「授業は準備が8割」といわれるほど、授業成功の鍵は準備段階にある。「何をどのように」指導するのかは、教材研究の段階で綿密に行っておく必要がある。児童にとって1回の授業が「わかった」「できた」「楽しかった」ものでなければ、その後の学習意欲や学力にも影響する。授業はその都度、真剣勝負であり、そのためにも教材研究でさまざまな角度から研究することが求められる。教材研究で行う内容は各教科によって特色があるが、共通することは次の4点である。

① 本単元で指導する内容の確認

② 既習事項と本単元で習得する事項の関連性の確認

③ 児童のつまずきの予測

④ 本単元の指導目標の設定

　まず、本単元で指導する内容の確認である。本単元でどのような学力を身につけるのかを明確にする。そのために各教科の「小学校学習指導要領解説」（文部科学省、平成29年6月）の該当項目を確認する必要がある。

　国語科第4学年「ごんぎつね」の教材を例にする。小学校学習指導要領国語「C　読むこと」では次の項目が挙げられている（「小学校学習指導要領解説　国語編」）。

　「ア）段落相互の関係に着目しながら、考えとそれを支える理由や事例との関

係などについて、叙述を基に捉えること。

イ）登場人物の行動や気持ちなどについて、叙述を基に捉えること。

ウ）目的を意識して、中心となる語や文を見付けて要約すること。

エ）登場人物の気持ちの変化や性格、情景について、場面の移り変わりと結び付けて具体的に想像すること。

オ）文章を読んで理解したことに基づいて、感想や考えをもつこと。

カ）文章を読んで感じたことや考えたことを共有し、一人一人の感じ方などに違いがあることに気付くこと。」

　文学的文章の指導に関わる項目は、イ、エであり、考えの形成に関わる項目がオ、共有に関わる項目がカである。例えばイの項目についての「小学校学習指導要領解説　国語編」を読むと、「登場人物の行動の背景には、そのときの、あるいはその行動に至るまでの気持ちがある場合が多い。そうした登場人物の気持ちを、行動や会話、地の文などの叙述を基に捉えていくことが求められる」とある。「ごんぎつね」の教材文を読み、どの会話文から登場人物の気持ちが出ているか、あるいは情景描写から読み取れる心情は何かを分析することが教材研究である。また、エの項目を見ると、「場面の移り変わりと結び付けて」とある。「ごんぎつね」がどのような場面構成なのかを確認し、登場人物の心情がどのように変化したのかを把握することも大切である。このように指導内容に照らし合わせて、教材を分析することが指導計画立案や授業展開づくり、発問づくりなどに効果的にはたらく。

学習のつながりと学びの把握

　次に、既習事項と本単元で習得する事項の関連性の確認を行う。本単元以前に児童がどのような学習をしていたのか、どのような力を身につけていたのかを確認する。各教科の単元は単独で成り立っているものではなく、前単元－本単元－次単元の系列のなかに位置づけられる。また、その教科の関連性だけではなく、他教科との関連も意識する。例えば、国語科で環境問題についての説明的文章を読む学習の際には、社会科で環境問題を取り上げている単元についても確認する必要がある。このように教科横断的に教材研究することで立体的な指導につながっていく。そして、当該学年だけではなく、前学年や次学年の

指導内容も確認しておくと、学びの系統がより明確になる。

　このように系統的に既習事項を把握したのち、既習の力を本単元のどこで活用させるのかを見極めることが重要である。例えば、算数では問題解決で解法や解の予想を立てる学習場面がある。その際に既習の知識の活用が求められる。どの教科でも既習の力を意識的に活用することで、課題解決力や日常に生きてはたらく力が育成されるのである。

　さらに、児童のつまずきの予測を行う。どの項目、箇所で児童が「難しい」と感じるかを児童の立場になって考える作業である。難しさを判断する観点としては、①単元で扱う内容（課題）が児童にとって身近であるかどうか、②児童が興味・関心をもちやすい内容であるかどうか、③抽象的な思考力が必要であるかどうか、などがある。この観点をめやすに判断し、難しい、つまずきやすいと判断した項目については、提示の仕方、発問の工夫等に努めるとよい。

　最後に、本単元の指導目標の設定である。教師にとってはその単元で指導して身につけさせなければいけない目標であり、児童にとっては学びの到達目標である。いわば「単元のゴール」である。「単元のゴール」を明確にするためには、前項の①〜③の教材研究を入念に行い、指導事項を精選しておく必要がある。ゴールが複数あったり、ゴールが授業のたびに変わったりする授業実践では、児童は「何のために学ぶのか」を意識できない。この単元で身につける力は何か、そのために必要な学習活動は何か、を盛り込んだ単元目標を設定するべきである。単元目標が精選されれば、それに向かって「本時の指導目標」をそれぞれ設定していく。「単元のゴール」に向かって、段階を踏んだ目標を立てるのである。

2　指導計画と学習指導案の立案

指導計画の必要性

　指導計画には大きく分けて2種類ある。年間指導計画と単元指導計画である。年間指導計画は各教科、領域の標準指導時数に基づき、学年－学期－月の単位で到達目標と指導内容を設定していくものである。年間指導計画を立てることで、学校行事との関連、学年間の関連、教科間の関連、単元間の関連が明

確になり、きめ細かい指導が可能となる。小学校ではほぼすべての教科・領域を担任が指導することが多いが、教科間、単元間の関連が意識化されていると、ある教科で習得したことを他教科で活用を図ることができたり、どの単元でつまずいているのかを把握したりすることができる。

　単元指導計画は、その単元全体について１時間ごとの指導目標と内容、評価規準について示している。この単元の指導構成をより具体化したものが「学習指導案」である。単元指導計画を作成することによって、単元における到達目標に向かってどのような指導を積み重ねていくとよいかが明確になる。ここでは、学習指導案の立案の方法を詳述する。

　学習指導案の立案

　教材研究を終え、次は学習指導案の立案作業である。学習指導案の形式は各教科や研究団体、学校でそれぞれの形式がある。ここでは、共通する項目について説明する。

①　単 元 名　　その単元で扱う題材名である。

②　単 元 目 標　　その単元で身につけるべき力を具体的に記述する。

③　指導にあたって　　本単元で指導するにあたって、教師が把握し理解していることや教材の価値について述べる部分である。一般的に、児童観、単元観（教材観）、指導観の３つについて記述することが多い。

　　・児童観　　この単元に至るまでの児童の実態を記述する。その教科の学習意欲、既習事項の定着度、児童の興味・関心、特に手立てを必要とする児童の割合やその手立ての内容などについて考察する。必要とあれば、レディネステスト（事前に既習事項の到達度を確認したり、児童の実態を把握したりするためのテスト）を実施し、本単元に関連する既習事項についての定着度を測ることもある。児童観がきちんと把握できていると、各授業の「指導上の留意点」が具体的になり、児童にとって「わかる」授業が実現できる。

　　・単元観（教材観）　　教材研究や学習指導要領の内容を踏まえ、この単元（教材）で指導する意義や、この単元で身につける力、前単元－本単元－次単元の関連性について記述する。

・指導観　　児童観や単元観を踏まえ、学習展開や授業構成、指導方法の工夫、児童への支援の方法、児童の実態に応じて開発した教材、教具等について記述する。

④　単元指導計画　　年間指導計画に照らし合わせ、本単元にかける指導時数を設定する。そして１時間ごとの指導目標や内容、評価について記述する。

⑤　本時の授業　　本時の授業目標と展開（導入−展開−まとめ）について記述する。またその授業の評価規準についても明確にしておく。

主体的・対話的で深い学びにつながる指導計画

　学習指導案について説明してきたが、学習指導案は形式に終始するのではなく、実際の授業に効果的に運用できるものでなくてはならない。「小学校学習指導要領（平成29年）」では、主体的・対話的で深い学びの実現が求められている。主体的な学びのためには、導入や展開の工夫が不可欠である。主体的な学びを重視するあまり、教師の指導がおろそかになることもある。児童の自主的な活動をコーディネートし、ときとして指導していくことが効果的な指導である。その組み合わせや比率をよく検討し、学習指導案に反映しておくことが重要である。

　次に、対話的な学びを実現するために、各教科で指導目標に応じた効果的な言語活動を設定する必要がある。単に、ペアトークやグループでのディスカッションを設定するだけでは「対話的な学び」にはつながらない。単元のどの段階で対話する場面を設定するのか、あるいは児童どうしが話し合い、認め合い、高め合う活動を授業のどの場面でどのくらい設定するのかも検討することが大切である。

　また、「深い学び」の実現には、一単元や一単位時間の授業だけでは及ばないこともある。他教科に生きて働き、また日常生活に反映することを考慮していく。そのためには、「見方・考え方」を重視することである。今回の指導要領では各教科に「見方・考え方」が取り入れられ、物事を捉えたり考えたりする視点や思考の方法が各教科で挙げられている。小学校の教師は一人で複数の教科を指導することが多い。本単元の最終の児童のあるべき姿、そして本単元

以降の児童の姿をイメージして学習指導案や単元指導計画を立案することは、小学校の教師の専門性である。

3　授業の展開

めあての明確化

　各授業では学習目標を児童に明示する。いわゆる学習の「めあて」である。この「めあて」は児童が理解できるように具体的なものでなくてはならない。第5学年社会科でわが国の国土の気候や特色を理解するという単元がある。この単元の一時間のめあてに「沖縄の暮らしを調べよう」と設定した場合、児童はこの時間で「何を学ぶのか」「どのように学ぶのか」「何が身についたのか」が理解できるだろうか。児童が主体的に学び、その学びを振り返って自己評価し、他の学習場面や日常生活で学んだ力を活かせるようになるためには、より具体化しためあてが必要になる。「昔の沖縄の家から沖縄の自然条件を予想し、本やインターネットで調べ、沖縄の気候についてまとめよう」とすれば、「何を学ぶのか」「どのように学ぶのか」「何が身についたのか」がめあてに組み込まれている。このような具体的なめあてであれば、導入の段階から児童は今日の学習活動がイメージでき、主体的に学習する準備が整う。さらに、授業の振り返りでは、このまとめと照らし合わせて自己評価を行う。図書資料やインターネットで目的に応じた検索をし、検索した事柄をまとめ、沖縄の気候について理解できたという、「何を学んだのか」「学び方」についてメタ認知ができる。このように指導目標は教師のみが把握するのではなく、児童と共有することが大切である。

児童が主体的に学ぶ発問と板書

　教師の指導技術のなかでも重要視されるのが発問と板書の技術である。発問や板書の良し悪しで児童の学習の態度や理解度が決定されるといっても過言ではない。

　発問は「クローズド・クエスチョン（閉じられた発問）」と「オープン・クエスチョン（開かれた発問）」に分類される。クローズド・クエスチョンは教師の

発問に対し、回答が一つだけの発問である。正解が一つのみであるので、児童が理解しているか、していないかの把握は容易であるが、これが高じると「一問一答式」の授業に陥る。一問一答式の授業では多様な考えがでたり試行錯誤をしたりすることがなく、教え込み型の授業や停滞した授業になりがちで、児童が主体的に学ぶことが難しくなる。

　一方のオープン・クエスチョンは、一つの発問からさまざまな考え方が出され、その意見を広げたり深めたりすることができる。主体的・対話的で深い学びに導く発問は、オープン・クエスチョンである。オープン・クエスチョンをつくる上で考慮すべきは、その発問でどのような内容の発言があるかを予想することである。発言の予想をすることで、どのくらい幅のある意見が出されるか、授業のなかでその意見を広げる方がよいのか、集約していく方がよいのかもあらかじめ検討しておくことである。

　板書は発問と深く関わっている。小学校における板書は、導入－展開－まとめという1時間の授業の流れが一目でわかるものが効果的である。つまり1時間に1面の板書である。

　導入では、授業のめあてを最初に板書し児童に意識化させる。展開では、児童の意見などを板書していく。このとき、児童の発言順に板書することが多いが、対話的な学びを目指すためには、板書は立体的でありたい。すなわち発言順ではなく、発言の内容を「反対」「賛成」などカテゴリーに分類し、書き留めていくのである。このようにすることで、児童が話し合った内容がまとまり、自分がどの意見に近いのか、どの意見に納得したのか等が視覚的によくわかるようになる。カテゴリーに分類するためにも、児童の発言の予想をしておくことは大切である。

4　評価の意義

　評価には自己評価、相互評価、指導者からの評価がある。自己評価については、学習目標を具体化し明示することで児童が「何を学んだのか」「学び方」についてメタ認知できることを第3節で述べた。児童が自身の学習についてメタ認知することは、次の学習でなにを努力すればよいのかがわかり、自己の学

習目標を立てることにつながる。また、学習し身につけたことを意識化することで、他教科や日常生活で「生かしてみよう」「やってみよう」というモチベーションにもつながる。各授業の最終にはわかったことやできたこと、次にがんばりたいことを文章化させる振り返り活動も重要である。

　次に指導者からの評価である。指導と評価の一体化とよくいわれる。評価は、その授業の評価基準に則って児童の到達度を「A よくできている」「B できている」「C できていない」と絶対評価したり、クラスの集団のなかでどの位置づけかを判断する相対評価をしたりする。しかし、教師の行う評価は児童を「できる子」「できない子」に分類することが目的ではない。その単元や各授業において児童の理解度や定着度を測り、次の指導に反映することが重要である。評価の結果に基づいて、教師自身の指導のあり方を反省し、改善策を出すことが求められる。このときに単元に入る前に作成した学習指導案に固執する必要はない。学習指導案はそれに従わなければならないものではなく、あくまでも授業準備段階の案であり、柔軟に改変していくものである。また、児童一人ひとりの良い点や可能性、努力の形跡などを見取る個人内評価も忘れてはならない。個人内評価を行うことで、その児童の良さを知り、認め励ますことができる。苦手な教科であっても教師に認められたり励まされたりすることによって、学習意欲が湧き学びに向かう姿勢が高められることがある。

　完璧な授業などない。プロの教師とは、自身の授業を客観的に振り返り、児童の実態を何度も把握し、次の授業の改善策を立てることができる教師である。こうした一連の作業は、教師一人ひとりが行うものであるが、経験値の影響も非常に大きい。学習指導案の検討や発問や板書の計画、評価のあり方などについては、学年や学校で相談する場を設定し、さまざまな経験を交流しながら、指導技術を伝達することも大切である。学校文化はそうした活動の積み重ねで成熟していく。

参考文献

文部科学省　2017『小学校学習指導要領解説　国語編』。

第5章

中学校・高等学校における
教科と指導法

1　中学校・高等学校における教科

教科担任制の中学校・高等学校

　本章では中学校と高等学校における教科と指導法について取りあげる。義務教育である中学校と、義務教育ではない高等学校（以下、高校）を同一の章で扱うことには異論もあろう。近年の教育改革の動向はいわゆる小中一貫教育である義務教育学校や小学校での英語必修化など、義務教育である小学校と中学校の一体化を推し進めるものだから[*1]だ。

　だが、小学校が学級担任制であるのに対し、中学校・高校は教科担任制であることからすれば、中学校と高校を同一に扱うことは自然に受け入れられるだろう。初等教育である小学校とは違い、中等教育である中学校・高校は学ぶ内容が高度化し、教師にはより高い専門性が求められる。それゆえ中学校・高校の教員免許は「国語」「音楽」といった教科ごとに分かれ、教師のアイデンティティも校種より教科に置かれる場合が多い。

　実際、教員免許取得のために大学や短大で学ぶ学部・学科も、小学校と中学校・高校とでは大きく異なってくる。小学校の教員免許は、学級担任制であるため、教育学部や教育学科といった名称に代表される目的養成型、すなわち小学校教員免許取得を主とした課程で全教科を学ぶ形が基本となる。

　それに対し、中学校と高校の教員免許は、やはり教育学部や教育学科で学ぶ場合もあるが、主流なのは文学部や理学部など学部での専門の学びを主体として教員免許取得のための教職課程を履修し、その学部に関係した教科の免許を

取得する形である。[*2]中学校と高校の教員免許を同時取得する場合も多く、それゆえ中学校と高校を同一の章で扱うことにするのである。

多種多様な教科

では実際に中学校と高校にはどのような教科があるのだろうか。日本の学校教育で教育課程として教える教科は学校教育法施行規則で規定されており、そのうち中学校と高校についてまとめたのが表 1-5-1 である。

中学校の教科と、高校での各学科共通の教科は似ていることがわかるだろう。違いは中学校の社会が高校では地理歴史と公民に、中学校の音楽と美術が高校では芸術に、中学校の技術・家庭が高校では家庭になり、さらに高校では情報が加わることである。

高校では各教科がさらに科目に分かれる。この科目は学習指導要領の改訂のたびに少しずつ変化しているが、例えば理科なら「科学と人間生活」「物理基礎」「物理」「化学基礎」「化学」「生物基礎」「生物」「地学基礎」「地学」などに分かれる。

高校は専門学科での教科もある。農業、工業、商業、水産のように各学科共通の教科にはない教科もあれば、理数、音楽と美術、体育、家庭、英語のように各学科に共通する教科に対応する教科もある。

教科の変遷

表 1-5-1 で「外国語」という表現に気づいただろうか。中学校や高校で学ぶのは「英語」だと一般的に思われているが、正式には「外国語」であり、そのなかでも英語を中心に学ぶということになっている。したがって英語以外の外国語を開設している中学校や高校もある（中央教育審議会 2016a）。

表 1-5-1　日本の中学校と高校における教科

中学校		国語	社会		数学	理科	音楽	美術	保健体育	技術・家庭	外国語						
高校	各学科共通	国語	地理歴史	公民	数学	理科	芸術		保健体育	家庭	外国語	情報					
	専門学科				理数		音楽	美術	体育	家庭	英語	情報	農業	工業	商業	水産	福祉

注：学校教育法施行規則（2017 年最終改正）をもとに筆者作成。

文部科学省の調べでは、中学校での英語以外の外国語の開設はごくわずか
で、しかもほとんどが私立である。言語は韓国・朝鮮語や中国語、それにフラ
ンス語やドイツ語などのヨーロッパ言語が主である。高校では、英語以外の外
国語を開設している学校では複数言語を学べる場合が多く、延べ数ではあるが
1000 校を超える。言語数はアジア系が加わって全部で 15 言語に及ぶ。

　ところで中学校において外国語が学習指導要領で必修教科となったのは
1998 年改訂からだった（2002 年から実施）。実際には 1958 年改訂で選択教科と
しての外国語は「第 1 学年から履修することを原則とする」とされて実質的に
必修科目となっていたものの、形式上日本の中学生全員が外国語を学ぶように
なったのは 21 世紀に入ってからである。

　では、外国語（英語）が選択科目だったとしたら、当時の中学生は英語では
なく何を学んでいたのか？　実は最初の学習指導要領である 1947 年の試案で
は中学校の必修教科のなかに「職業」という教科があった。当時の高校進学率
はまだ 50% を切っており、卒業と同時に就職する中学生の方が多く、その準
備としての教科「職業」はおおいに意義があったのである[*3]。当然、「職業」と
いう教員免許も存在した。

　この教科「職業」は、その後 1951 年改訂で「職業・家庭」になり、さらに
法的拘束力をもつようになった 1958 年改訂で「技術・家庭」となって現在に
至る。一方「職業」の内容は選択教科として「農業」「工業」「商業」「水産」
などとなったが、1977 年改訂で消滅した。当初は中学校と同じだった高校の
社会科が 1989 年改訂で地理歴史と公民科に分かれた。このように教科はその
時代状況に合わせて変化している。

2　新たな時代に求められる教科

教科担任制における総合的な学習の時間

　では 21 世紀に求められる中学校・高校の教科とは何だろうか？　現代を象
徴する事象の一つは環境問題である。環境問題を考えるにあたっては科学的な
側面を扱う理科、社会への影響を扱う社会・公民、人体への影響を扱う保健体
育、さらに有吉佐和子による小説『複合汚染』に代表されるようなインパクト

を与えた文学作品を扱う国語、と複数の教科にまたがる。環境問題を訴える芸術家も多い。これからの時代は既存の教科の枠組では捉えきれない問題に向き合わなければならないのである。総合的な学習の時間の新設理由は複数あるが、大きな理由の一つはこうした教科を超えた横断的総合的な課題に児童生徒が取り組むことにある。そして総合的な学習の時間の実施にあたっては教師も一人ではなくチームで取り組むことが前提とされている。

　しかし、学級担任制である小学校と比べて教科担任制である中学校や高校において総合的な学習の時間のために教師同士が協力することは容易ではない。各教科はそれぞれ背景とする学問があり、場合によっては理念的に相反する場合もあるからである。

　例としてよく挙げられるのは、小数と分数の問題である。質量を扱う理科にとって小数ですべてを扱うことは基礎の基礎である。1/3g ということはありえない。あくまでも 0.3333…g である。一方で数学の世界において分数は人類が発明した大きな功績の一つである。この発想からさまざまな可能性が生まれてきた。総合的な学習の時間は個々の教員にこのような近代科学の相克を乗り越えるよう迫る面がある。学習内容が小学校よりも専門的になるため、中学校、高校と学校段階が高くなるにつれてこの問題はさらに難しくなる。それはとりもなおさず、それぞれの教科に閉じこもりがちな教師自身に変革を迫るものでもある。

中学校における選択教科

　21 世紀は「混迷の時代」とも呼ばれる。そのような時代にあって重要なことは他者と共生しながら自らの意見を主張しつつ民主主義社会を築いていく力を身につけることである。その基本となるのは「選択」である。言われたまま、受動的に学ぶのではなく、主体的に、自分から学びたいことを選ぶ。その点からも教科を選択する経験は大きい。自我が芽生える中学生、そして多様な進路を前にした高校生が、自分とは何者かと心のなかで自分自身と対峙しながら学ぶ教科を決める経験を与えることが、21 世紀の学校には求められる。

　高校では、先に述べたように教科のうちどの科目を選択するかでその経験を積むことができる。ただ単位制高校のように非常に選択の幅が広い高校もあれ

ば、進路に応じたコース制や専門学科であるために科目の選択が限られている高校もあり、学校間格差が大きいのが現実である。

　それに対して、科目がない中学校では選択教科という形が導入されていたが、実際に選択しているのは学校であって（「学校選択」と呼ばれる）、生徒自身に選択させている学校は少なかった。そのため特に学習指導要領の1998年改訂において選択教科を強化し、生徒に選択の機会をあたえようとした。

　ところが、その次の2008年改訂では選択教科の扱いは大きく後退して、開設しなくてもよい形となった。これは多様化が進めば進むほど、むしろ社会の一員として共有すべき教養の重要性が増すというジレンマが生じたからである。選択する機会をあたえることは重要だが、一方で共通に学ぶ内容も増加するのである。学校が多忙を極める現状にあっては、教育課程が複雑になる選択教科を縮小することはやむをえない面があったが、本来は教師を増員するなどして選択の機会も保障すべきであった。今後の課題といえよう。

高校における新設教科

　1998年改訂では高校で新しい教科が誕生した。それが情報と福祉である。これは二つの点で日本の教科の歴史において画期的なことである。一つは中学校には対応する教科がない情報が必修教科として新設されたことである（表1-5-1参照）。既存の学問体系に依るのではなく、21世紀を生き抜くために必須の学習内容として新しい教科が作られた。1998年当時はインターネットの常時接続は大学などごく一部に限られて一般家庭での普及はまだまだ低かった。携帯電話によるメールもカタカナ数百字程度の送受信がやっとだった。それからおよそ20年が経ち、情報リテラシーを中心に、情報という教科が扱う内容の重要性は比較にならないほど増している。SNSなどネット上のいじめといった問題への対応という側面もある。ただ、新設ゆえに教員免許の交付状況は芳しくなく、数学などの他の教科の教師が情報の免許も取得しての出発となっている。今後は大学で情報の教職課程を受けた教師が全国津々浦々の高校に配置されることが求められる。

　もう一つは、伝統的な専門学科とは異なる形で新たな時代に求められる教科として福祉が新設されたことである。高度経済成長とともにホワイトカラー層

が増大し、それまで社会で重んじられてきた工業高校や商業高校などの専門学科の高校よりも普通科の高校が重視される世の中になった（理科教育及び産業教育審議会 1998）。一方で日本社会は世界でも類をみない超高齢社会に突入し、福祉分野での人材育成や福祉に関わる知識は必須のものとなっている。福祉という教科はそういった時代の要請に高校教育が応えるべくつくられたものであり、普通科と専門学科、それに第3のタイプである総合学科の区別を問わず、期待がかかっている教科である。ただ福祉も、情報と同様に、教員を養成している大学がまだ少ないという難点がある（小黒 2017：156-157）。

　また 2022 年実施予定の新しい学習指導要領では、高校について総合的な学習の時間を総合的な探究の時間と改める計画となっている。これは高校生という発達段階を踏まえて「学習」よりももっと深い学びを実現するために「探究」という形に変えるものである。高校生が部活動などで国際的な科学コンクールの表彰を受ける事例があるが、高校生にはそれだけのポテンシャルがある。すべての高校がその高校の生徒に合わせた形で、生徒のグループによる探究的課題を用意していく必要がある。

3　中学校・高校における指導法と教科の未来

中学校・高校における教科の指導法

　以上のように中学校・高校における教科の現状を踏まえた上で、実際にどのように生徒たちに教えていくか。むろん中学校・高校であろうと小学校であろうと指導法において根本的な違いはないといっていい。どのような教科であれ、学習指導要領をもとに、検定教科書を用い、年間の授業計画を作成し、単元内容にふさわしい授業方法を選択し、クラスの生徒たちの状況を踏まえて指導案を作成し、授業を行い、生徒たちへの評価を行う。同時に自らの反省点を洗い出し、次回以降の改善につなげていく。

　いわゆる PDCA サイクルであり、P=Plan、D=Do、C=Check、A=Act を「サイクル」として回し続ける[*4]。指導法としては、どうしても授業そのものであるDo に注視してしまいがちであるが、まずは Plan である優れた計画、特に指導案がなければ Do は成り立たない。また Check である振り返りがなければ、

授業はただのやりっぱなしになってしまう。それはプロフェッショナルがすることではない。ここまでサイクルを回してきても、よく指摘される問題はCで終わってしまってAがない、というものである。実際にAct、すなわち改善がなければ教師としての成長はない。近年の教師改革でも「学び続ける教師像」が推進されているが、学びを教える教師には常に高みを目指す姿勢が求められる。

　小学校と違って中学校・高校の場合は教科担任制であるため、一学年一学級でなければ同じ単元を複数クラスに教えるのが一般的である。したがって各クラスの特徴に気をつける必要はあるが、例えば1年1組で教えたときの反省（Check）をすぐ翌日に1年2組で改善（Act）していくことが可能、という特長がある。もちろん生徒たちにとっては同じ時間は二度とやってこないため、1年1組の生徒たちに対する次回以降のフォローも重要である。このようにしてきわめて短時間の間に工夫を凝らしていくことができるのも、中学校・高校での授業の醍醐味といえる。

　中学校・高校と小学校の違いでもう一つよく指摘されるのは、当然のことではあるが学問的に高度になっていく、ということである。一つのことを教えるには、実際にはその周りにある相当な量の学問的知識が必要になる。これは芸術系教科や実技系教科でも同様である。教える内容が難しくなればなるほど、教える側の学問的な深さが問われていくことになる。

　その意味からも、教材研究に終わりはない。ある程度極めたと思っても新しい学問的成果が出てくることもあるので、最新の成果を学び続けることも必要である。一人でその全てを把握することは難しいため、同じ教科の教員どうしでそれぞれ得意分野をもち、助け合うことも重要となってくる。インターネットの普及によって新しい学問成果に接することも学校の枠を超えて教員どうしが連携することも格段に実現しやすくなった。各都道府県教育委員会がデータベースの整備なども進めていて、さらなる優れた教育実践が期待される。

教科が抱える課題
指導法について現在注目を浴びているのがアクティブ・ラーニング[*5]（以下

AL）である。AL は定義が曖昧で、これまでの授業は「机に座って教師の話を聞くだけの受動的なスタイル」だとし、そこからの脱却を意図して使われることが多い。[*6]

　具体的には生徒同士のグループワークや討論、調べ学習の発表、校外に出ての体験学習、タブレット端末をはじめとする ICT 機器の使用、などを指す。狭義に想定されているのは反転授業である。これまでは学校で新しい知識を学んで板書をし、それを宿題など学校外で復習する、という形が主流だった。これに対し、反転授業はインターネット配信される動画などで授業までに個別学習をして知識を身につけておき、授業では討論や実験、グループワークなどを主体とする。「話を聞く」という受動的なスタイルから生徒一人一人が発言したりする積極的（アクティブ）なスタイルへの「反転」、復習中心から予習中心への「反転」である。

　この AL が求められている理由は複数ある。一つは豊かな社会の到来により、子どもたちに学びの意味が見えなくなってしまっていることだ。「学校でがんばれば豊かな生活が待っている」という明確な展望があった時代では子どもたちはたとえ内心では「つまらない」と思っていてもおとなしく授業を受け続けた。しかし豊かさが実現してきたのなら、学校での学びはそのためではなく本来の学びの楽しさを伝えていく方向に変わっていく必要がある。また第二次産業よりも第三次産業の方が中心の時代になり、テストで正解を答える力よりもコミュニケーション力や問題解決型の力が求められていることも非常に重要だ。科学技術の急速な進展から知識の陳腐化が早まり、学校で知識を覚えることよりも生涯にわたって自ら学び自ら考える力がこれから必要ということもある。それらの理由から、これからの学校には生徒自らがただ机に座っているだけでなく、主体的に課題に取り組む学習を推進することが求められているのである。

　ところが日本の中学校・高校と AL は今のところ相性が悪い。まず AL を行うには一クラスあたり 40 人の生徒数では多すぎる。また、中学校・高校が現状のマークシート型の試験に代表される一問一答式の入試問題に授業内容を合わせることを主眼としている問題がある。

　本来は中学校・高校での学びは受験のためにあるわけではなく、大学入試改

革の議論も進んではいる。ただ少子化や私事化社会の進行（志水 2000）、諸外国と比してあまりにも少ない教育予算などのために、それぞれの中学校・高校が進学実績だけで評価を受けることになってしまっている。そのため積極的にALに取り組もうという機運に欠けている。先駆的にALに取り組んだ事例もあるが、これまでの受動的なスタイルに慣れてきた保護者から戸惑いの声があがって進展しない場合もある。ALが注目されることは時代の流れからみても必至だ。一方で中学校・高校でALの導入が進みにくい現実も踏まえれば、生徒全員の関心を引きつけることができるようにその教科の専門性を磨いておくことこそが重要だ。

　だが、問題は本当にそこにあるのだろうか。一斉授業で教師の話をじっと机に座って聞くだけでは、生徒たちの学びはアクティブにはならないのだろうか？　その教科、単元のおもしろさを伝えることで、生徒たちの興味を引きつけ目を輝かせることは可能ではないだろうか？　筆者は出前授業で高校に出向き、一斉授業型で複数クラスに講義をしたことがある。「現代社会」での「ジェンダー」の回にゲストティーチャーという形で50分話し続けた。講義の後に見せていただいた感想からは、どのクラスも生徒たちがみな強い関心をもって内容を聞き続け、私が話のなかに織り交ぜていた今後考えるべきことに気づいてくれていた。「はじめは興味なかったけど」という生徒も少なからずいたにもかかわらず、である。

　たとえ従来のようなスタイルの授業でも、生徒たちの学ぶ意欲を喚起し、考える力を育てるきっかけを与え、今後の進路選択の糧とすることは可能なのである。

　小学校と違って中学校・高校になれば生徒それぞれの教科の得意・不得意や好き嫌いがはっきりしてくるため、40人全員が一律に関心をもつというのは難しいかもしれない。そうであったとしても、中学校・高校の教師は冒頭に述べたとおり教科ごとに免許を取得しているからにはその教科が得意だったり好きだったに違いない。だからこそその教科が苦手だったり嫌いだったりする生徒に、その教科の素晴らしさを伝えていってもらいたい。

注
＊1　義務教育学校は学校教育法の改正により 2016 年度に制度化された。小学校学習
　　　指導要領の改訂によるこれまでの外国語活動だけでなく教科としての英語の必修化
　　　は 2020 年度に予定されている。
＊2　中央教育審議会（2012）によれば、免許取得者のうち一般学部出身は中学校で
　　　71%、高校で 80.3% である。
＊3　「平成 29 年度学校基本調査」の「総括表 8」の図「就園率・進学率の推移」参照
　　　（https://www.e-stat.go.jp/stat-search/files?page=1&layout=datalist&tstat=00000
　　　1011528&cycle=0&tclass1=000001021812&second2=1 最終閲覧 2018 年 3 月 13 日）。
＊4　学習指導要領と PDCA サイクルの関係は、中央教育審議会答申（2016a）を参照。
＊5　アクティブ・ラーニングという表現は、中央教育審議会答申（2016b）で取り上
　　　げられた。しかし、その意味するところがはっきりしないということで 2017 年 3
　　　月 31 日に公表された 2020 年度以降実施の新しい学習指導要領からは削除され、「主
　　　体的・対話的で深い学び」という表現だけが残った。
＊6　例えば溝上は「アクティブ・ラーニングを『学生の自らの思考を促す能動的な学
　　　習』とゆるやかに最広義で定義」する（溝上 2007：271）。

参考文献

経済協力開発機構（OECD）　2014『図表でみる教育 OECD インディケータ（2014 年
　　　版）』明石書店

小黒恵　2017「普通科高校福祉コースにおける専門教育の地域間比較」『日本教育社会
　　　学会第 69 回大会発表要旨集録』156-157 頁。

志水宏吉　2000「教育をめぐる環境変化」西林克彦・近藤邦夫・三浦香苗・村瀬嘉代子
　　　編『教師を目指す』新曜社、8-13 頁。

中央教育審議会　2012「免許状取得者数及び教員採用人数」中央教育審議会答申「教職
　　　生活の全体を通じた教員の資質能力の総合的な向上方策について」（2012 年 8 月 28
　　　日）。

中央教育審議会　2016a「教育課程を軸に学校教育の改善・充実の好循環を生み出す『カ
　　　リキュラム・マネジメント』の実現」中央教育審議会答申「幼稚園、小学校、中学
　　　校、高等学校及び特別支援学校の学習指導要領等の改善及び必要な方策等につい
　　　て」（2016 年 12 月 21 日）。

中央教育審議会　2016b「主体的・対話的で深い学びの実現（「アクティブ・ラーニング」
　　　の視点）」中央教育審議会答申「幼稚園、小学校、中学校、高等学校及び特別支援
　　　学校の学習指導要領等の改善及び必要な方策等について」（2016 年 12 月 21 日）。

中央教育審議会教育課程部会外国語ワーキンググループ　2016「英語以外の外国語を開

設している学校の状況について（平成 26 年 5 月 1 日現在)」（2016 年 3 月 22 日)。

溝上慎一　2007「アクティブ・ラーニング導入の実践的課題」『名古屋高等教育研究』7:
　　269-287 頁。
理科教育及び産業教育審議会　1998「今後の専門高校における教育の在り方等につい
　　て」（1998 年 7 月 23 日)。

第6章

特別活動と
総合的な学習の時間

　学習指導要領[*1]によれば、教育課程は、国語や社会といった「各教科」、「特別の教科 道徳」（小学校、中学校のみ）、「外国語活動」（小学校のみ）に加えて、「特別活動」「総合的な学習の時間」（高等学校学習指導要領では「総合的な探究の時間」）から編成される。それゆえ特別活動や総合的な学習の時間には、教科の活動と同じように年間指導計画を立て、適切に指導していくことが求められる。

　だが、特別活動や総合的な学習の時間は学校での経験を通して体験的に知られている一方で、そこでの目標や意義については経験者による印象論の域を出ず、あまり認知されていない。そこで本章では、これらの活動の目標や内容を学習指導要領から概観するとともに、学校現場における実践事例を紹介する。

1　特別活動の目標と内容

特別活動の目標

　特別活動の目標とはどういったものであろうか。小学校学習指導要領(2017)では、「集団や社会の形成者としての見方・考え方を働かせ、様々な集団活動に自主的、実践的に取り組み、互いのよさや可能性を発揮しながら集団や自己の生活上の課題を解決することを通して、次のとおり資質・能力を育成することを目指す」（文部科学省 2017a : 183）と記されている。つまり、集団活動を通してさまざまな取り組みを経験し、より良い社会や集団、個々の生活につながる力を育てることが、そこでの大きなねらいである。

さらに特別活動の目標では、次の３つに整理される資質・能力を育成することを求めている。「(1) 多様な他者と協働する様々な集団活動の意義や活動を行う上で必要となることについて理解し、行動の仕方を身につけるようにする。(2) 集団や自己の生活、人間関係の課題を見いだし、解決するために話し合い、合意形成を図ったり、意思決定したりすることができるようにする。(3)[*2]自主的、実践的な集団活動を通して身に付けたことを生かして、集団や社会における生活及び人間関係をよりよく形成するとともに、自己の生き方についての考えを深め、自己実現を図ろうとする態度を養う」(文部科学省 2017a：183)とある。すなわち、集団で活動する意義やそこでの振る舞い方、課題解決に向けた集団や個々の意思決定にいたるプロセスを重視し、集団や個の生き方の質を高め、自己実現を図る態度が身につくように指導する、そうした取り組みが必要とされている。

　こうした特別活動の目標のもと、学習指導要領では４つの領域が設定され、それぞれの領域における目標と内容が定められている。

学級活動

　学級活動の領域[*3]は、①学級や学校における生活づくりへの参画、②日常の生活や学習への適応と自己の成長及び健康安全、③一人一人のキャリア形成と自己実現、から構成される。これらの活動は、「学級や学校での生活をよりよくするための課題」(文部科学省 2017a：183) 解決に向けたプロセスに関する経験的な学習を生かし、「自己の課題の解決及び将来の生き方」(文部科学省 2017a：183) につながる意思決定や実践に重きを置きながら自主的・実践的に取り組み、特別活動の目標に掲げる資質・能力を育成するためにある。特に、③にある生涯にわたるキャリア展望とその実現に向けた日々の実践を求める項目は、特別活動が学校教育全体でキャリア教育の要としての役割を担う。小学校・中学校・高等学校を通して段階に応じたキャリア教育の重要性が認識され、小学校でも強調されるようになったのである。こうした点に留意し、学級活動の指導に当たることが重要である。

児童会活動

児童会活動の領域は、①児童会の組織づくりと児童会活動の計画や運営、②異年齢集団による交流、③学校行事への協力、から構成されている[*4]。これらの活動は、「異年齢の児童同士で協力し、学校生活の充実と向上を図るための諸問題の解決に向けて、計画を立て役割を分担し、協力して運営することに自主的、実践的に取り組」（文部科学省 2017a：185）み、特別活動の目標に掲げる資質・能力を育成するためにある。

クラブ活動——小学校のみ

クラブ活動の領域は、①クラブの組織づくりとクラブ活動の計画や運営、②クラブを楽しむ活動、③クラブの成果の発表、から構成されている。これらの活動は、「異年齢の児童同士で協力し、共通の興味・関心を追求する集団活動の計画を立てて運営することに自主的、実践的に取り組」（文部科学省 2017a：186）み、特別活動の目標に掲げる資質・能力を育成するためにある。

児童会活動、クラブ活動に共通しているのは、同年齢におけるヨコの集団ではなく異年齢から成るタテの集団によって、より良い学校生活あるいは興味・関心を追求する組織づくり、計画、運営に関わる点である。ただし、これらの活動について、児童会活動は「主として高学年」（文部科学省 2017a：186）が計画・運営する、クラブ活動は「主として第 4 学年以上」（文部科学省 2017a：186）が組織すると示されているのは、全校的な視野で活動ができる発達段階にあるかどうかや、「主として」とあるように小規模校や地域の事情を考慮したものであり、留意する必要がある。

学校行事

学校行事の領域では、①儀式的行事、②文化的行事、③健康安全・体育的行事、④遠足・集団宿泊的行事[*5]、⑤勤労生産・奉仕的行事、から構成されている。具体的には、（1）入学式や始業式、終業式、卒業式など、（2）学芸会や学習発表会、音楽鑑賞会など、（3）健康診断や避難訓練、運動会、球技大会など、（4）遠足や修学旅行、野外活動など、（5）飼育栽培活動や校内美化活動、地域社会の清掃活動などが挙げられる。これらの行事は、「全校又は学年の児童で協力

し、よりよい学校生活を築くための体験的な活動を通して、集団への所属感や連帯感を深め、公共の精神を養いながら」（文部科学省 2017a：186-187）、特別活動の目標に掲げる資質・能力を育成するためにある。それゆえ、それぞれの行事の意義を理解させるとともに、体験活動を充実させ、行事の特性に応じて振り返りの活動を取り入れるなど、各行事の充実を図る必要がある。

　このように特別活動は、集団生活を通して種々の活動をし、主体的に取り組むことを核として指導していくことが重要になる。そうした活動は、単に特別活動の目標にあるような資質・能力を身につけさせるだけでなく、「活動それ自体が学校生活を豊穣で意義あるものにするとともに、さらに楽しく、喜びあふれるものへと変化させる」（山田 2014：2）。それゆえ教師は特別活動が学校生活全体のなかで果たす機能を理解し、子どもの自主性が発揮できるように働きかけたり環境を整えたりする必要がある。

2　総合的な学習の時間の目標と内容

学習指導要領における目標と内容

　総合的な学習の時間は、1998 年の小学校学習指導要領改訂を皮切りに各校種で順次創設された教育活動である。当初は学校現場での指導にあたりさまざまな混乱があったが、導入から 20 年が経ち、現在は社会的にも認知されるようになっている。

　では、総合的な学習の時間の目標とはどのようなものだろうか。小学校学習指導要領（2017）では、「探究的な見方・考え方を働かせ、横断的・総合的な学習を行うことを通して、よりよく課題を解決し、自己の生き方を考えていくための資質・能力を次のとおり育成することを目指す」（文部科学省 2017a：179）と記されている[*6]。つまり、各教科での基礎基本の習得を土台に「横断的・総合的な学習」を通して問題解決に取り組み、自己の生き方に向けた汎用的な力を育てることが大きなねらいなのである。

　さらに総合的な学習の時間の目標には、次の 3 つに整理される資質・能力の育成がある。「(1)探究的な学習の過程において、課題の解決に必要な知識及び技能を身につけ、課題に関わる概念を形成し、探究的な学習のよさを理解する

ようにする。(2)実社会や実生活のなかから問いを見出し、自分で課題を立て、情報を集め、整理・分析して、まとめ・表現することができるようにする。(3)探究的な学習に主体的・協働的に取り組むとともに、互いのよさを生かしながら、積極的に社会に参画しようとする態度を養う」（文部科学省 2017a：179）とある。すなわち、探究的な学習により物事の本質に辿り着くことを理解し、知識・技能やそのためのプロセスに関わる方法や考え方を身につける活動をする。そうした活動が社会との関わりのなかで育まれ、活動を通じて社会の一員として自らの生き方に対する探究へ向かうように指導する必要があろう。

各学校における目標と内容

　そうした総合的な学習の時間の目標のもと、学習指導要領では各学校において目標や内容を定めるように規定している。このことは、総合的な学習の時間では地域や学校の実態に応じた課題設定が求められていることによる。具体的には、「国際理解、情報、環境、福祉・健康などの現代的な諸課題に対応する横断的・総合的な課題、地域の人々の暮らし、伝統と文化など地域や学校の特色に応じた課題、児童の興味・関心に基づく課題など」（文部科学省 2017a：180）が想定されている。こうした課題設定による探究的な学習の過程においては、「他者と協働して課題を解決しようとする」（文部科学省 2017a：181）「言語により分析し、まとめたり表現したりする」（文部科学省 2017a：181）学習活動や、「コンピュータや情報通信ネットワークなどを適切かつ効果的に活用して、情報を収集・整理・発信するなど」（文部科学省 2017a：181）の学習活動、さらには「自然体験やボランティア活動などの社会体験、ものづくり、生産活動などの体験活動、観察・実験、見学や調査、発表や討論などの学習活動」（文部科学省 2017a：181）に取り組むことが必要とされている。そのほかに「学校図書館の活用、他の学校との連携、公民館、図書館、博物館等の社会教育施設や社会教育関係団体等の各種団体との連携、地域の教材や学習環境の積極的な活用などの工夫を行うこと」（文部科学省 2017a：181-182）など、学校内部の活動にとどまらず学校外の諸機関と連携した活動も求められる。

　このように総合的な学習の時間では、学校におけるさまざまな教育活動だけでなく地域の教育資源を取り入れ、探究して学んできたことが身の回りの生活

における課題解決に資することへの理解を通して、今後の学習生活に弾みをもたせるような指導をすることが重要であると思われる。

3　学校現場における事例——X小学校の学習記録

総合的な学習の時間——「未来を生きる」

　以上見てきたように、教科外の活動である特別活動や総合的な学習の時間は、児童生徒に主体的な創意工夫を求めると同時に、教師にとっても児童生徒への指導に対する総合的な力量が問われる場面である。そこで、以下では、筆者が調査した関西地方に所在する公立X小学校で2016年度6年生だったY君の学習記録から、学校現場での実践を紹介する。

　X小学校は都市部に位置し、周辺には国立総合大学があることから留学生や外国人研究者、及びその関係家族が多く住んでいる。そうした地域の特性を活かし、6年生の総合的な学習の時間では、中学校への進学という節目を意識した「未来に生きる」が設定され、学習が行われた。

学習の記録内容

　表1-6-1は、具体的な学習が始まった6月以降の内容をまとめたものである。最初の授業では、世の中がどのような人たちで構成されているのかについて、まず個人で考え、その後クラス発表により意見をまとめる活動をしている（6月）。それにより、外国人が多く生活しているという地域の生活事情が焦点化され、「外国と私達の生活がどのように関わっているのか、将来私達はどのように関わっていくべきか」という課題が設定される。そうしてまずは、子どもにも身近な関心事であったリオデジャネイロ・オリンピック（2016年8月開催）に関連したテーマについて、外国の社会や文化の事情を調査・分析する学習に移る（7月・8月）。学習記録によると、過去4大会の開会式の映像やオリンピックの開催誘致を行っている国の産業構造・市民生活などに関する情報を調べ、どの候補地がオリンピックの開催に相応しいかグループ討論し、発表をしている。そうして広がった外国に対する関心を深めるため、さらなる調べ学習が始まる（9月・10月）。ここでは各自の関心に基づき一つの外国を選び、図書やイ

表 1-6-1　X 小学校 6 年生の総合的な学習の時間の記録

	テーマ	内容	活動事項
6 月	日常とつながる いろんな世界	・外国と日本の違いを知る	留学生の話、視聴覚教材の視聴、図書・インターネットによる調べ学習、グループによる情報共有、まとめ
7 月　　　8 月	オリンピックに 見る世界の文化	・開催国の文化を知る ・東京オリンピックで発信すべき日本のメッセージを考える ・オリンピック誘致と地域の産業を調べる	外国人英語指導助手の話、視聴覚教材の視聴、新聞記事による調べ学習、グループによる情報共有、まとめ
9 月 —— 10 月	外国を探求する	・外国のなかから一つの国を深く知る ・一つの視点から各国を知る	学習計画の立案、図書・インターネットによる調べ学習、グループによる情報共有・発表、高校生との発表交流、まとめ
11 月 —— 12 月	日本を探求する	・外国から見た日本を深く知る ・日本人の知らない日本の姿を調べる	図書・インターネットによる調べ学習、外国人への該当インタビュー、アンケート調査・分析、グループによる情報共有・発表、クラス間交流による情報共有・発表、プレゼンテーション、まとめ
1 月 —— 2 月	わたしの未来の かたち	・学習を総括し、世界とつながりを深めていく社会においてどのように生きるか見通しを立てる	レポート作成、学校行事で発表

出典：Y 君の学習記録および X 校校内資料より筆者が作成。

ンターネットを使って情報収集、まとめ、発表をする。その際、児童は発表方法についてもポスター発表が良いか、レポート発表が良いのかを検討する。学年には 50 名程度の児童が在籍しているが、教師の指示がないにもかかわらず、ほぼ全員が違う国を選択し調べ学習に取り組んだ。そこでの成果は、同じ市内にある高校生との交流活動で発表され、生徒との意見交換を通してまとめられ、考察される。こうして広がり深まった外国への関心は、次に日本や地元地域へと移る（11 月・12 月）。そこでは、外国から見た日本をテーマに、街角で外国人にインタビュー調査をしている。X 小学校は外国語教育を先取りして取り組んできた経緯があり、インタビュー時にはすでに英語による挨拶や簡単な単語を使った質問文を学習していた。そこでの学習を生かし、児童は外国人に声をかけ彼らが捉える日本の姿を聞き取った。そこで得られたデータはインタ

ビューデータと統計データで整理され、グループ発表や学年発表を踏まえてレポートにまとめられる。最後にこうした一連の学習を総括するため、卒業後の自分の姿を思い浮かべ、これからの生き方を展望し、その成果をクラスや学習発表会で発表する（1月・2月）。

　ここで紹介した事例は、町中にある一般的な小学校での取り組みであるが、そこにはさまざまな教科の要素が組み込まれている。すなわち、国語で習う文章を書く力、社会で学んだ地理・歴史・公民的な知識、算数で学んだ計算力、図画工作で学んだポスターの構成力など、横断的な学習から一つの課題を掘り下げ、最終的には自らの生き方や課題に取り組むプロセスの学習へ繋がっている。そうした学習は、これからの中学校生活での学び方や今後の進路選択に大きな示唆を与えることになるだろう。

4　特別活動と総合的な学習の時間における共通点と相違点

　以上、特別活動と総合的な学習の時間を概観したうえで、学校現場での事例を取り上げ検討してきた。

　紙幅の関係で事例は総合的な学習の時間に関してしか取り上げられなかったが、特別活動の実践（例えば尾場（2014）など）を見ればわかるように、両者は「なすことによって学ぶ」という自立性や知識の理解だけにとどまらず、共感性といった共通する原理から構成されている（新富2010）。一方で、特別活動はさまざまな集団における自主的、実践的な取り組みを基調とし、総合的な学習の時間は探究的に物事を捉え横断的な総合学習を軸に据えるなど相違点もある。

　このように特別活動と総合的な学習の時間は、双方の共通する原理を土台にそれぞれの目標や内容に即した指導計画を立て、両者の学習が各教科や道徳等の学習活動場面での「主体的・対話的で深い学び」への還元に結びつく指導をしていかねばならない。そのためには、指導理論に対する理解と自らの教育実践、あるいはさまざまな実践報告の検討を往還し、「学び続ける教師」を自明にすることが必要だろう。

注

＊1　本章では小学校を中心に記述する。

＊2　注釈は筆者による加筆。中学校学習指導要領では「自主的、実践的な集団活動を
通して身に付けたことを生かして、集団や社会における生活及び人間関係をよりよ
く形成するとともに、人間としての生き方についての考えを深め、自己実現を図ろ
うとする態度を養う」、高等学校では「自主的、実践的な集団活動を通して身に付
けたことを生かして、主体的に集団や社会に参画し、生活及び人間関係をよりよく
形成するとともに、人間としての在り方生き方についての自覚を深め、自己実現を
図ろうとする態度を養う」となる。

＊3　高等学校学習指導要領では「ホームルーム」となる。以下、同様。

＊4　中学校学習指導要領、高等学校学習指導要領では「生徒会活動」となる。内容に
ついても、中学校・高等学校では「異年齢集団による交流」に代わって、「ボランティ
ア活動などの社会参画」がある。留意されたい。

＊5　中学校学習指導要領、高等学校学習指導要領では「旅行・集団宿泊的行事」となる。

＊6　高等学校学習指導要領の「総合的な探究の時間」では「探究の見方・考え方を働
かせ、横断的・総合的な学習を行うことを通して、自己の在り方生き方を考えなが
ら、よりよく課題を発見し解決していくための資質・能力を次のとおり育成するこ
とを目指す」となる。詳細については、紙幅の関係上省略するが、高等学校学習指
導要領を確認されたい。

参考文献

尾場友和　2014「教師にとっての特別活動」山田浩之編『教師教育講座　第8巻　特別
活動論』協同出版、211-225頁。

新富康央　2010「特別活動と総合的な学習の時間」相原次男・新富康央・南本長穂編『新
しい時代の特別活動』ミネルヴァ書房、92-106頁。

文部科学省　2017a『小学校学習指導要領』http://www.mext.go.jp/component/a_menu/
education/micro_detail/__icsFiles/afieldfile/2019/03/18/1413522_001.pdf（最終閲覧
2019年9月15日）。

文部科学省　2017b『小学校学習指導要領解説特別活動編』http://www.mext.go.jp/
component/a_menu/education/micro_detail/__icsFiles/afieldfile/2019/03/13/
1387017_014.pd（最終閲覧2019年9月15日）。

文部科学省　2017c『小学校学習指導要領解説総合的な学習の時間編』http://www.mext.
go.jp/component/a_menu/education/micro_detail/__icsFiles/afieldfile/2019/03/
18/1387017_013_1.pdf（最終閲覧2019年9月15日）。

文部科学省　2017d『中学校学習指導要領』http://www.mext.go.jp/component/a_menu/

education/micro_detail/__icsFiles/afieldfile/2019/03/18/1413522_002.pdf（最終閲覧
　2019 年 9 月 15 日）。

文部科学省　2018『高等学校学習指導要領』http://www.mext.go.jp/component/a_menu/
　education/micro_detail/__icsFiles/afieldfile/2018/07/11/1384661_6_1_2.pdf（最終閲
　覧 2019 年 9 月 15 日）。

山田浩之　2014「はしがき」山田浩之編『教師教育講座　第 8 巻　特別活動論』協同出
　版、1-2 頁。

第7章

道徳教育

1　学校における道徳教育の変遷

学制と教科「修身」の誕生

　日本における近代学校制度は、1872（明治5）年の学制公布とともに始まる。学制の趣旨を説明した「学事奨励に関する被仰出書」によれば、立身や殖産興業のためには「其身ヲ脩メ智ヲ開キ才芸ヲ長スル」こと、すなわち修身、開智、才芸の伸長が必要であり、そのための場所として学校設立が謳われたのである。このうちの修身が現在の道徳教育に相当するものとなる。換言すれば、日本の近代学校における道徳教育は学制とともに開始されることになったといってよい。

　ここで注目すべきは、修身がはじめから「教科」として位置づけられていた点である。ただし当初は下等小学（6～9歳）の低学年（現在の小学校の1～2学年に相当）の6番目の教科「修身口授（ギョウギノサトシ）」としてのみ存在した。その授業方法も「口授」、すなわち教師から子どもに文字通り口で言って聞かせる方式をとり、その授業内容も、例えば文部省正定『小學生徒心得』（明治6年6月）に見られるように、起床後の身支度、登下校時の挨拶、授業時の態度などの心得を扱う程度のものであった。

「修身」の終焉と全面主義の道徳教育

　ところがその後、この修身が著しく重視されていくことになる。1880（明治13）年の教育令改正では、尊皇愛国の心を養成するものとして、小学校におい

て修身が筆頭教科とされた（第3条）。さらに1890（明治23）年の「教育ニ関スル勅語」の発布から第二次大戦が終結するまで、教科・修身は我が国の教育において中核的位置を占めてきたのである。それゆえに修身は敗戦後敵視されることになる。1945（昭和20）年12月31日、GHQ（連合国軍最高司令官総司令部）が「修身、日本歴史及ビ地理停止ニ関スル件」の指令を出し、「軍国主義的及ビ極端ナ国家主義的観念」を生徒の頭脳に埋め込むものとして、日本歴史や地理とともに修身の授業を停止した。日本歴史と地理は翌年に再開を許可されるが、道徳教育を担う修身だけは結局のところ、再開を許可されることはなかったのである。

　では戦後日本において道徳教育はその後どのように扱われることになったのか。当初は公民科のなかで道徳教育を行おうとしたが実現せず、教育基本法および学校教育法のもとで新設された社会科において道徳教育も行うこととされたのである。文部省は小学校と新制中学校の教育に関する新しい法令を規定し、その具体的・実践的な指針として、1947（昭和22）年3月20日、「学習指導要領一般編（試案）」を発表した。そのなかで、修身・公民・地理・歴史の教科をなくして「社会生活についての良識と性格」の育成を目的とする社会科を新設し、この社会科のなかに修身・公民・地理・歴史の内容を融合することが示されたのである。これによって社会科において道徳教育も実施されることとなった。

　しかし1950（昭和25）年8月27日に来日した第二次アメリカ教育使節団が、その報告書のなかで「道徳教育は、たゞ社会科だけからくるものだと考えるのはまったく無意味である。道徳教育は、全教育課程を通じて、力説されなければならない」（文部省 1950：203）と手厳しく批判し、これ以後、道徳教育は学校の教育活動全体を通して行われることになっていく（全面主義の道徳教育）。

特設「道徳の時間」から「特別の教科　道徳」へ

　1957（昭和32）年8月4日、松永東文相が道徳教育に関する独立の教科の設置に関わる発言をし、同年9月14日、教育課程審議会に「小学校・中学校教育課程の改善について」の諮問を行った。この動きに対して、日本教育学会教育政策特別委員会が「道徳教育に関する問題点（草案）」（同年11月）を発表す

るなど、教育界をはじめ諸方面から多くの批判が出された。しかし、こうした批判にもかかわらず、1958（昭和33）年3月18日、文部省通達「小学校・中学校における道徳の実施要領について」が出され、同年4月1日から教科ではないものの「道徳の時間」が特設されることになった（特設主義の道徳教育）。

　しかし「道徳の時間」の特設に留まらず、さらに道徳の教科化が進められた。2013（平成25）年2月26日に教育再生実行会議がいじめ問題等への対応との関連で道徳の教科化を提言し、2014（平成26）年10月の中央教育審議会が道徳教育の充実を図る観点から「道徳に係る教育課程の改善等について」を答申し、そのなかで「道徳の時間」を「特別の教科　道徳」（仮称）として位置づけるなど、学習指導要領の改善方針を示した。この答申を踏まえて、2015（平成27）年3月27日、学校教育法施行規則が改正され、「道徳」を「特別の教科である道徳」にするとともに、小学校・中学校及び特別支援学校小・中学部の学習指導要領の一部改正が告示された。ここに「特別の教科　道徳」（以下、「道徳科」と表記）が誕生することとなった。これによって日本の道徳教育は道徳科を要として学校の教育活動全体を通して行うものとされたのである。

2　道徳教育の目的・目標

人間教育としての道徳教育

　道徳教育を最広義で捉えた場合、道徳教育は教育における特定の一分野を指し示すものではなく、むしろ教育そのものと同義で捉えることができる。人間文化の一つである教育の分野が目指しているのは、「人間を人間にまで」導くことである。生物としての「ヒト」が社会的・文化的な存在の「人間」になることへ向けて「助成的介入」（中内 1988：8）を行うのが教育である。この教育の最終目的をわが国では「人格の完成」に置いている。つまり教育とは子どもたちを人格者へ向けて導こうとする営みといえる。

　第二次大戦後の日本の教育を方向づける根本法は教育基本法（1947年3月31日公布・施行）である。この法律の制定に関わった田中耕太郎は、当初の草案で「人間性の開発」となっていた文言を「人格の完成」へと転換した。「人格の完成」は到達しがたい究極の目的であるが、これをわが国の教育の羅針盤と

することで、教育が単なる知識・技能の伝達活動の次元を超えて、人間として優れた人格者養成を本義とするものであることを明確に示したのである。したがって、教育基本法は法律でありながら、他の法律とは異なる準憲法的な性格をもち、また「『道徳的・倫理的な性格』の強い特殊な法律」（田中 1961：53）と位置づけられている。このように教育が人格者養成のコンテクストで捉えられるとき、教育はそのまま最広義の道徳教育となる。

　ただし、通常われわれは、そのような教育のことを「道徳教育」というよりはむしろ「人間教育」と表現したりする。教育は人間にのみ存在するのであるから、人間教育という表現は重複表現的ではあるが、しかし、例えば教育という名のもとに知育偏重が生じ、教育が歪められたりした場合は、むしろ「人間教育」という表現は教育本来の在り方を示す指標として尊重されるであろう。ペスタロッチ（Pestalozzi, J. H. 1746-1827）やフレーベル（Fröbel, F. W. A. 1782-1852）といった著名な教育思想家たちが「人間教育（Menschenerziehung）」という表現を使用しているのは、教育は本来、人間教育であることを言わんがためである。

　　「教育の根本精神」と道徳教育の位置づけ

　最広義の道徳教育は人間教育と同義であることを確認したが、次に学校の教育課程に見られる道徳教育の目標を確認することにしよう。前述したように、日本の道徳教育は道徳科を要として学校の教育活動全体を通して行うものとなった。このような道徳教育の目標はどのように定められているのか。2017（平成 29）年 3 月 31 日に公示された小・中学校の新学習指導要領第 1 章総則には共通して、「道徳教育は、教育基本法及び学校教育法に定められた教育の根本精神に基づき、自己の生き方を考え、主体的な判断の下に行動し、自立した人間として他者と共によりよく生きるための基盤となる道徳性を養うことを目標とすること」（文部科学省 2017a：3；2017b：3）と記されている。

　ここに見られる「教育の根本精神」は、さらに平和主義、主権在民、基本的人権の尊重などを包含する日本国憲法の精神に則っており、日本が「民主的で文化的な国家」としてさらに発展し、「世界の平和と人類の福祉」の向上に貢献してほしいという日本国民の願いと結びついている。したがって、ここには

戦前・戦中に見られた国家主義的な道徳教育を脱却した戦後の民主主義的な道徳教育の在り方が示されているのである。それゆえにまた、引用箇所における「自己の生き方」「主体的な判断」そして「自立した人間」といった文言も民主主義の基盤となる個人の立場から見られているのであって、常に民主主義という枠組みを踏まえなければならない。

基盤としての道徳性

　前述の道徳教育の目標には、「基盤となる道徳性を養う」とある。これが狭義の道徳教育の目標の中核となるものであるが、しかし、いったい道徳性とは何であるか。文部科学省は、それを「人間としてよりよく生きようとする人格的特性」（文部科学省 2017c：20；2017d：17）と説明している。さらにこの「人格的特性」を構成する諸要素として、「道徳的判断力、道徳的心情、道徳的実践意欲と態度」が挙げられているのである。このように道徳性がまず「人格的特性」と表現されている点に着目したい。

　ところで「人格」というものは、「人が統一的な姿としてあることを強調する言葉」「知情意の総合体」などと説明されるように（細谷他 1990：237）、各人を統一的・総合的に捉える表現である。「あの人は人格者だ」や「あの人は人格的におかしい」などといわれる場合に、それはその話題の人物の部分的な何かについていわれているわけでないことは明らかである。また、「あの人は頭がいい」や「あの人は感情が豊かだ」といった場合も、その特性を直ちに「人格的特性」とまで見なすことはできない。したがって「道徳的判断力」（知）、「道徳的心情」（情）、「道徳的実践意欲と態度」（意）のいずれか一つだけで人格的特性としての道徳性を語ることはできないし、道徳教育をこれらいずれかの様相だけから捉えることはできない。これらは本来わけられない全一のものとして見られるべきものである（このように道徳性が人格全体に関わるがゆえに、その評価も数値などによって不用意に行うことはできないとされている）。したがって道徳資料の心情の読み取りに終始したり、資料をめぐって感想を述べ合うような授業、心に響く感動体験を求めるだけの道徳教育では不十分なことはいうまでもない。しかし、かといって教科化された道徳科が扱おうとする「考え、議論する道徳」も単に「道徳的判断力」に着目すればよいわけではないという

ことになる。

　日本最初の独創的な哲学者・西田幾多郎は、真の人格を「知情意の分別なく主客の隔離なく独立自全なる意識本来の状態」（西田 2012：199）と捉え、このような意識状態をもたらす「根本的統一作用」を、人間の内面的要求から生じる「意志」のなかに見いだした。西田は、これまでの道徳家が人間の内面的要求から道徳について語ろうとせず、それを抑圧してきたことを批判し、その内面的要求から出発しようとするのである。前述の文部科学省による道徳性の説明のなかでも、「人間としてよりよく生きようとする」（傍点筆者）道徳的行為を可能にする「人格的特性」として道徳性を語っており、道徳教育の内実は少なくとも「〜しようとする」という各人の内面的要求に接続するものでなければならない。

　さらに道徳教育の要となる道徳科の目標を見ることにしよう。2017（平成29）年３月に改訂された小学校学習指導要領において、道徳科の目標は「よりよく生きるための基盤となる道徳性」を養うため、「道徳的諸価値についての理解を基に、自己を見つめ、物事を多面的・多角的に考え、自己の生き方についての考えを深める学習」を通して、「道徳的な判断力、心情、実践意欲と態度」を育てることにあると規定された（文部科学省 2017a：146）。なお中学校の場合は「多面的・多角的に」の前に「広い視野から」が挿入され、「自己の生き方」は「人間としての生き方」に入れ替えられている（文部科学省 2017b：139）。ともあれ、小中ともに「自己を見つめ」と記されているように、道徳科の授業においては、道徳的諸価値の問題を「自分のこと」として理解し、多面的・多角的に深く考えたり、議論したりする「道徳教育の充実」が求められている。つまり道徳をめぐって、いかに多面的・多角的に授業展開をしても、深く考え、議論したとしても、学習指導要領が求めているように、それが子どもたち当人にとって「自分のこと」として理解されなければ、そして西田が求めるように子どもたち自身の内面的要求に結びつかなければ無意味であろう。

3 道徳教育の内容と実践方法への手がかり

道徳教育の内容を捉える4つの視点

すでに述べたように、道徳教育は今日、「学校の教育活動全体」を通して行うものとされている。例えば小学校においては、道徳科はもちろんのこと、各教科、外国語活動、総合的な学習の時間及び特別活動など、学校教育の全体が道徳教育を実践する場として機能することが期待されているのである。一方、「特別の教科」である道徳科の授業には「学校の教育活動全体」を通して行う道徳教育を「補ったり、深めたり、相互の関連性を考えて発展させたり統合させたりする」要としての役割が期待されている。このように日本の道徳教育は「学校の教育活動全体」と「要である道徳科」とを両輪とする点に特色が見られる。

また、「学校の教育活動全体」であれ「要である道徳科」であれ、いずれにせよ、日本の道徳教育は、その内容を次の4つの視点から整理して捉えている点も見逃せない。その4つとは、「A 主として自分自身に関すること」「B 主として人との関わりに関すること」「C 主として集団や社会との関わりに関すること」そして「D 主として生命や自然、崇高なものとの関わりに関すること」である。ここで明らかなように、戦前・戦中とは異なり、日本の道徳教育は現在、自分自身、他者、集団や社会、そして生命や自然、崇高なもの（例えば自他の生命、人間の力を超えたもの、美しいものなど）との「関わり」を重視した内容となっているのである。

道徳教育の実践方法への手がかり

では、このように「関わり」を重視した道徳教育はいかに実践したらよいのか。新学習指導要領は「主体的・対話的で深い学び」を求めているが、そのために特定の教育方法や特定の「指導の型」の導入を促しているわけではない。むしろ道徳教育を実践するにあたっては、その学びの主体である子ども自身の実生活における具体的な「関わり」が出発点となり、学びの成果はまたその「関わり」へと還元されることが求められているのである。道徳教育の目標に「自

己の生き方」、「主体的な判断」、そして「自立した人間」が挙げられ、道徳科の目標に「自己を見つめ」が明記されているとおり、そこでの鍵となるのは「自分のこと」としての自覚である。このことは換言すれば、子どもたち自身が自らの実生活とのつながりを実感できない、その意味で興味・関心をもつことのできない、単に「他人事」にしか感じられないような教材や題材は避けるべきであることを意味している。

　例えば、道徳的な葛藤場面を取り上げるモラルジレンマ資料は、道徳的諸価値について「自分のこと」として学ぶための優れた教材となりうるものである。その嚆矢となるのはコールバーグ（Kohlberg, L. 1927-1987）による有名な「ハインツのジレンマ」資料であろう。これは妻の命を救うため、薬を盗んだハインツの行為について、そうすべきだったか、そうすべきでなかったか、その理由は何かを問うものである。これによって「生命の尊重」（小中共通）と「規則の尊重」（小学校）・「遵法精神、公徳心」（中学校）との価値葛藤（ジレンマ）が扱われる。このようなモラルジレンマ資料においては、そもそも価値葛藤が適切に設定されているか（しばしば葛藤場面が葛藤になっていない場合がある）、授業に参加する子どもたちがその葛藤場面に興味・関心をもてるか（そもそも興味・関心をもてないような場面設定では、それを「自分のこと」としていくことも不可能であろう）など、よく吟味しておく必要がある。

　道徳科の代名詞ともいえる「考え、議論する道徳」の場合も、その「考え、議論する」活動が子どもたちそれぞれの「自分のこと」から切り離されたものとなってはならない。したがって、例えば、ハーバーマス（Habermas, J.）に依拠したディスクルス（討議）による合意形成や、トゥールミン（Toulmin, S.）の論証モデル（トゥールミン・モデル）を用いた議論なども、日本の道徳教育においては単に合意形成や議論の向上を目的としているわけではないことに注意して取り扱うべきであろう。

　さらに、新学習指導要領に示された新しい道徳教育を評して、従来の「読む道徳」から「考え、議論する道徳」への転換とされることについても注意を促したい。確かに単に読み物教材の登場人物の心情や判断を理解するだけでは不十分なことはいうまでもない。しかし、登場人物の心情や判断を読み取るだけでなく、その登場人物と同じ状況に身を置いた場合、自分ならどのように感じ

判断するかを考えるならば、それは他人事ではなく「自分のこと」として道徳的諸価値の理解を深める契機となる。そのように「読む道徳」を捉え直すならば、すでにケイ（Key, E. K. S.）や小原國芳、そして片上伸といった新教育運動の関係者たちが指摘してきたように、種々の文芸を「生きた教材」とし、読書経験を積むことも重要になってくるといえよう。

　　道徳教育において教師に求められること
　最後に、道徳教育の担い手としての教師には何が求められているのか述べることにする。例えば文部科学省は小学校の道徳教育に関して、「教師自らが児童と共に自らの道徳性を養い、よりよく生きようという姿勢を大切にし、日々の授業のなかで愛情をもった児童への指導をすること」が重要であるとしている（文部科学省 2017c：89）。中学校の場合も「児童」の文言が「生徒」に変わるだけで内容は同様である（文部科学省 2017d：89）。道徳教育という全人格に関わる教育においては、教師自身、単に知識・技能の伝達者としての資質・能力の有無以上に、教育者として自らの生き方・姿勢が問われることになる。西田幾多郎の高弟・高山岩男は、道徳教育の場においては、教師も子ども同様、人格的に未完成不完全であるという謙虚な自覚と自省を常に堅持し、子どもとともに道徳上の精進努力をすべきであると説いている（高山 1976：242）。ただし「よりよく生きよう」という姿勢は決して外面的・義務的に理解されるべきではなく、内面的・主体的に捉えられるべきであろう。
　では「よりよく生きよう」とするその内面的要求の先にあるものは何か。西田幾多郎は、それを次のように捉えている。すなわち、「我々が自己の要求を充たすまたは理想を実現するということは、いつでも幸福である。善の裏面には必ず幸福の感情を伴う」（西田 2012：190）と。このことからすれば、道徳教育は突き詰めれば各自の幸福への願いと結びつくものであり、教師に求められる道徳上の精進努力とは、教師自らも自分の幸福を願って、よりよく生きようとすることである。現代ドイツ教育学の泰斗ボルノー（Bollnow, O. F. 1903-1991）は、「幸福になるという要求」が今日では「義務思想や業績原理の強調」によって多くの場合、恥ずべきこととされていると指摘しつつ、しかし、それに対して次のように述べている。「教育者自身がまず幸福な人間でなければならない。

自分が幸福な者だけが、他人を幸福にすることができるからである。……子供たちを幸福にするために、輝かしい雰囲気を生むためにも、自分が幸福になるという、課題が現れる」と（ボルノー 1973：206-207）。この主張は、現代日本の道徳教育のみならず、教育一般に関わる人々に重要な示唆を与えるだろう。

参考文献

高山岩男　1976『教育哲学』玉川大学出版部。

田中耕太郎　1961『教育基本法の理論（復刻版）』有斐閣。

中内敏夫　1988『教育学第一歩』岩波書店。

西田幾多郎　2012『善の研究（改版）』岩波書店。

細谷俊夫他編　1990『新教育学大事典』第4巻、第一法規。

ボルノー、O. F.　1973『哲学的教育学入門』浜田正秀訳、玉川大学出版部。

文部科学省　2017a『小学校学習指導要領（平成29年3月）』http://www.ext.go.jp/component/a_menu/education/micro_detail/__icsFiles/afieldfile/2017/05/12/1384661_4_2.pdf（最終閲覧2017年7月9日）。

文部科学省　2017b『中学校学習指導要領（平成29年3月）』http://www.mext.go.jp/component/a_menu/education/micro_detail/__icsFiles/afieldfile/2017/06/21/1384661_5.pdf（最終閲覧2017年7月9日）。

文部科学省　2017c『小学校学習指導要領解説　特別の教科　道徳編（平成29年6月）』http://www.mext.go.jp/component/a_menu/education/micro_detail/__icsFiles/afieldfile/2017/06/27/1387017_12_1.pdf（最終閲覧2017年7月9日）。

文部科学省　2017d『中学校学習指導要領解説　特別の教科　道徳編（平成29年7月）』http://www.mext.go.jp/component/a_menu/education/micro_detail/__icsFiles/afieldfile/2017/11/02/1387018_11_3.pdf（最終閲覧2018年1月9日）。

文部省　1950「第二次訪日アメリカ教育使節団報告書」『文部時報』第880号。

第8章

学校の
安全・事故防止

1　社会問題化する「学校安全」

教員養成課程で求められる安全教育

　学校は、子どもたちが毎日安心して通うことができる、安全な場所でなくてはならない。しかし、残念なことに、学校や学校関連の場所で子どもの命が失われる事故が毎年起きている。部活動や運動会、学校外での課外活動中の事故のほか、登下校中の交通事故もある。さらには、いじめ等が原因と考えられる自殺や、災害時の避難の遅れによる被災死も起きている。近年、そういった学校や保育・幼児教育施設での「事故」が、報道でも大きく取り上げられるようになり、社会問題化している。

　事故の件数は決して少なくない。例えば学校での事故に関しては、文部科学省の関連団体である独立行政法人日本スポーツ振興センターが支払った「災害共済給付金」の件数から、学校で起きたおおよその事故件数を把握することができる。「災害共済給付金」には、治療にかかった医療費と、死亡・障害に対して支払われる見舞金の2つがあり、全国の学校で起きたどのような事故に対して給付金を支払ったかという統計となっているのである。それによれば、医療費の支払いは、2015（平成27）年度には210万7667件、2016（平成28）年度には207万8964件あった。また、障害見舞金は2015年度には431件、2016年度には381件、死亡見舞金は2015年度には63件、2016年度には47件支払われている（独立行政法人スポーツ振興センター学校安全部 2017:3）。表1-8-1は、2015年度に死亡見舞金が支払われた63件の事故についての詳細である。

表 1-8-1　学校管理下の死亡の状況

場合		競技種目	小学校		中学校		高等学校・高等専門学校		特別支援学校			幼稚園・保育所等		総計
各教科等	体育（保健体育）	持久走・長距離走	1	①	1	①	1	①						3
	図画工作				1									1
	技術・家庭						1	①						1
	その他の教科		1						高	1	①			2
保育中												3	①	3
特別活動（除学校行事）	学級（ホームルーム）活動		2	①	1		1	①						4
	給食指導		1											1
	その他						1							1
学校行事	競技大会・球技大会	持久走・長距離走	1	①			1	①						2
		サッカー・フットサル					1	①						1
	修学旅行								高	2	②			2
	その他集団的宿泊行事						1	①						1
課外授業	体育的部活動	体操（その他）					1							1
		サッカー・フットサル					1							1
		テニス(含ソフトテニス)			1	①								1
		野球（含軟式）			1	①	2	①						3
		バスケットボール					1	①						1
		卓球					1	①						1
		柔道			1		1							2
	その他				1	①								1
休憩時間	休憩時間中				3		1	①						4
	昼食時休憩時間中						1	①	中高	2	②			3
	始業前の特定時間中		1	①	1									2
	授業終了時の特定時間中				1									1
寄宿舎にあるとき					1		2							3
通学中	登校（登園）中				5	②	2							7
	下校（降園）中		2		2		3		中	1	①			8
	通学（通園）に準ずるとき				1		1							2
総計			9	④	22	⑦	23	⑫		6	⑥	3	①	63

出典）独立行政法人スポーツ振興センター 2016：14。
注）学校の管理下の死亡の発生件数（平成 27 年度　給付対象事例）。丸数字は突然死数で内数。

　また、保育施設[*1]での事故については 2004 年分（1 月 1 日から 12 月 31 日まで
で区切っている）から厚生労働省（2015 年以降は内閣府）が発表している。2016
年には保育施設で 13 名の乳幼児が死亡している。毎年、10 〜 20 名程度の乳
幼児が死亡しており、この報告が始まった 2004 年から 2016 年までの 13 年間
で、190 名が死亡したことがわかっている（内閣府 2017）。

　日々の学校生活や保育現場にはさまざまな危険がある。危険には、悪い結果
になるかもしれないと事前に予測してあらかじめ取り除くことができる危険
（リスク）と、事前に予測が付かない危険（ハザード）の 2 種類がある。子ど
も自身が予測して回避することができる危険（リスク）は、子どもが自ら危険

を察して避ける力を身につけていくために、多少残してもよいだろう。しかし、子どもには予測がつかない危険（ハザード）は、教員や保育者など周囲の大人の責任で排除しておく必要がある。リスクとハザードは子どもの年齢によって異なるため、学校や保育施設では、子どもの年齢や場面によって必要な安全対策を講じる必要がある。

「児童生徒等が心身ともに健やかに育つことは、国や地域を問わず、時代を越えて、全ての人々の願いである」。これは2017年3月31日に閣議決定された『第二次学校安全の推進に関する計画』（文部科学省2017：1）の冒頭に掲げられた言葉である。教員の学校での最大の責務は、子どもたちの命を守ることである。現在、教員養成課程に「安全教育」に関する科目はないが、戸田らの調査（2012）で、教員養成課程で学ぶ学生および現職教員の96％が「教員養成課程での安全教育が必要」と答えている。本章が教員を目指す人々にとって学校安全の基礎を知るものとなれば幸いである。

学校安全に関する基礎知識

学校での「安全」についてのルールは、「学校保健安全法」に集約されている。この法律は、1958年に施行された「学校保健法」に始まり、2009年に「学校保健安全法」と名称を変えて改正された。病気やケガに関する「保健」分野のほか、子どもの栄養、発達、食育に関する「給食」分野についても含まれている。教育現場で子どもの安全を守ることを目的に、定められた法律である。

「学校保健安全法」により、学校で行われる「安全」についての指導や対策などすべてが「学校安全」という用語で、体系化、構造化されている。構造

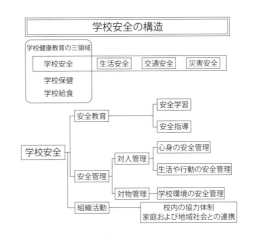

図1-8-1　学校安全の構造
出典）文部科学省 スポーツ・青少年局学校健康教育課 2014：2。

については、図1-8-1に示す通りである。「学校安全」は、「学校保健」「学校給食」とともに学校健康教育の3領域を構成し、「生活安全」「交通安全」「災害安全」の3つの領域で構成されている。「生活安全」とは毎日の学校生活のなかでの安全、「交通安全」は登下校中などの交通に関する安全、そして「災害安全」は大震災など災害時の安全である。

さらに「学校安全」は、「児童生徒等が自らの行動や外部環境に存在する様々な危険を制御して、自ら安全に行動したり、他の人や社会の安全のために貢献したりできるようにすることを目指す安全教育、児童生徒等を取り巻く環境を安全に整えることを目指す安全管理、両者の活動を円滑に進めるための組織活動という3つの主要な活動から構成されている」（石川県 2013：1、下線筆者）。つまり教員には、「安全教育」とともに「安全管理」を行い、さらに地域や保護者の協力を得て職員全体で安全を構築するための「組織活動」を行うことが求められている。

2　学校事故はどこでどのように起きているのか

学校安全の歴史と課題

前述のように、日本の「学校安全」は1958年に成立した「学校保健法」からスタートした。従来の感染症防止などの「保健」分野に、2009年に「安全」分野を加えて「学校保健安全法」として改正された。それには、2001年、大阪府池田市の大阪教育大学附属池田小学校で、侵入者によって児童8名が殺害され、教員と児童の計15名が負傷するという事件が大きく影響していると考えられる。この事件は全国の学校に大きなショックを与えた。

内田（2015：92）はこの「『附属池田小ショック』以降、『学校安全』の軸は大きく『不審者対策』へと傾倒した」と指摘する。文部科学省では『学校の安全管理に関する緊急対策と財政支援について』を作成し、「監視カメラの設置、防犯ブザー等の非常通報装置の設置、校門やフェンス等の整備、教室や職員室の配置等、学校現場でも予算を得て対応に乗り出さざるを得なくなった」（上北他 2008：119）。さらに2002年には「学校への不審者侵入時の危機管理マニュアル」が策定された。

実際に、日本の学校教育の歴史のなかで侵入者によって児童が殺害された事件は過去2件である。2001年の池田小学校での事件と、1999年に京都市の小学校で小学2年生男児が殺害された事件である。

　改めて表1-8-1を見ると、学校での子どもの死亡事故は、登下校中の交通事故に始まり、授業中や給食中、部活動などの課外活動中など、時間、場面、場所を問わず起きていることがわかる。不審者対策はもちろんきわめて重要であるが、学校での重大な事故を防ぐためには、より幅広い視点で安全対策を行うことが必要である。

実際の死亡事例から考える

　学校事故のうち、最も避けたいのは死亡事故である。保育所・幼稚園児から高校生まで、子どもの年齢によって発生場面や死亡原因には違いがある。死亡事故の状況を詳しく知ることは、死亡事故を避けるために、教員がどのようなことに気をつければ良いかを考えるきっかけになる。表1-8-1は、2015（平成27）年度に災害給付金を支給された死亡事故を、学校の種類別、発生場面別に一覧化したものである。同じデータの「第1編　死亡・障害事例と事故防止の留意点」（独立行政法人スポーツ振興センター2016：15；28）には、これらの死亡事故について、死因や状況が具体的に記されている。これらの資料をもとに、死亡事故を避けるためにどのようなことに気をつけるべきか考察してみよう。

①幼稚園・保育所（0〜5歳）

　死亡数は3名である。すべて保育中の死亡である。死因は、睡眠中に発熱しチアノーゼを起こして突然死したものが1名、窒息死が2名である。窒息死のうち、認定こども園で1歳児が食事中に誤嚥して窒息したものが1名、保育所のプールで4歳児が仰向けに浮いているのが発見されたものが1名であった。

　0〜5歳の子どもの死亡事故は、睡眠中、食事中、水遊び中に起こるものが最も多い。2018年から施行される「保育所保育指針」（厚生労働省2017：54）、および「幼保連携型認定こども園教育・保育要領」（内閣府他2017：70）では、第3章「健康と安全」のなかで、「事故防止の取組を行う際には、特に、睡眠中、プール活動・水遊び中、食事中等の場面では重大事故が発生しやすいことを踏

まえ、子どもの主体的な活動を大切にしつつ、施設内外の環境の配慮や指導の工夫を行うなど、必要な対策を講じること」と記されている。「幼稚園教育要領」にはこうした安全についての記載がないが、幼稚園教員も「幼保連携型認定こども園教育・保育要領」を読んでおくことが必要である。

　死亡事故を避けるために、次のようなことを守る必要がある。まず最も事故が多い睡眠中は、特に0〜2歳くらいまでは寝返りを打てる子であってもうつぶせ寝を避け、表情が見えるように明るい部屋で寝かせること。5分おきの呼吸チェックを行うことである。食事中は、子ども一人ひとりの嚥下発達に注意し、食べ物は喉に詰まりにくい形状、大きさにした上、急がせないで食べさせることである。プール活動や水遊びでは、子どもの体調に留意し、子どもと一緒に水に入る人のほかに、水に入らずに外から監視する人を必ずおかなければならない。おぼれて水に沈んでいる子どもがいないか見守るためである。

②小学校（6〜12歳）
　死亡数は9名である。突然死が4名、溺死が1名、窒息死が4名である。
　突然死では、小1男子が長距離走中に亡くなった例が2例ある。また既往症があった小6男子が泡や血を吐き、数日後に亡くなった事例がある。
　窒息死では、小4女子が給食に入っていたうずらの卵を飲み込み、喉に詰まらせて亡くなっている。食べ物による窒息は1〜2歳の乳幼児に多いが、小学生でもこのうずらの卵のほか、白玉団子を喉に詰まらせて亡くなった事例がある。子どもの噛む力（咀嚼）や飲み込み（嚥下）の発達には個人差が大きい。必要があれば保護者から発達の状況を聞きとり、生徒一人ずつについて注意することが必要である。また、特に小学校の給食時間は非常に短く、子どもたちは常に急いで食べることを求められている。それが窒息につながらないよう、教員は子どもを急かさないよう注意しなければならない。
　この年、登下校中に川に落ちて溺死した子、通学路の雪山が崩れて下敷きになって窒息死した子もいた。登下校では交通安全のみならず、周囲の自然や天候、気候などにも気をつけ、子どもたちに注意を与えることが必要である。

③中学校（13 〜 15 歳）

死亡数は 22 名である。死因は突然死が 7 名、頭部外傷が 6 名、窒息死が 3 名、内臓損傷が 1 名、全身打撲が 5 名である。

突然死では、体育の授業中に行った長距離走で中 1 女子 1 名が死亡している。部活動ではソフトテニスと野球の部活中に 1 名ずつが死亡している。ほかに家庭科の調理実習中に体調を崩して死亡した生徒、体育の補講として朝、プールで泳いだ後に部活動に参加してそこで死亡した生徒、また、登下校中に倒れて死亡した生徒が 1 名ずついる。

頭部外傷では、柔道の部活動で「大外刈り」をかけられて死亡した生徒が 1 名いる。また学校の校舎からの飛び降りにより外傷死した生徒が 1 名いる。全身打撲では、登下校中に周囲の建物からの飛び降りで死亡した生徒、校舎や校区内のビルなどから飛び降りた生徒、電車に飛び込んだ生徒が 1 名ずついる。飛び降り、飛び込みなどによる死亡はいずれも自殺ではないかと考えられる。

窒息死では、寮で禁止されているゲーム機で遊んでいるのを見つかって自室待機になった男子生徒 1 名がそのまま室内で首をつっており、自殺と見られる。他の 2 例は詳細が明らかではないが、学校内での休憩時間中の窒息である。

状況から、内臓損傷 1 名、頭部外傷 5 名、全身打撲 5 名、窒息死 1 名はいずれも自殺と見られる。

具体的な状況として、直前に教員に叱責され、マンションから転落して全身打撲で死亡、学校に遅刻して登校してきた生徒がそのまま校舎から飛び降り全身打撲で死亡、と記されている。中学生の学校での死亡で最も多いのが自殺であるということを教員は知っておく必要がある。思春期で不安定な中学生に対して、普段からていねいな言葉かけや関わり、指導をすることが求められる。

④高等学校・高等専門学校（主に 16 歳 〜 20 歳）

死亡数は 23 名である。死因は突然死が 12 名、頭部外傷が 1 名、溺死が 2 名、頚椎損傷が 1 名、熱中症が 1 名、全身打撲が 3 名、その他が 3 名である。

突然死では、持久走・長距離走中の死亡が男女各 1 名ずつ 2 名、球技大会の練習中が 2 名、野球・バスケットボール・卓球の部活動中が各 1 名ずつ 3 名、休憩時間中に 2 名、登下校中に 2 名、宿泊行事中に 1 名の死亡がある。

頭部外傷では、登校中トラックに衝突した交通事故による死亡が1名である。

　溺死では、部活動の一環で行った海浜公園での遊泳中に溺れた1名、登校中に大雨で冠水した用水路に流された1名がいる。

　頚椎損傷は体操部の部活動で段違い平行棒から落下した1名である。

　熱中症は、柔道部の部活中に、サイクリングコースを使ってランニングしていた男子が倒れ、数日後に亡くなった1名である。

　全身打撲は、1名が詳細不明だが、電車との衝突、ホームからの転落が1名ずつで、自殺の可能性がある。

　その他の死因は3名で、1名は詳細不明だが、カセットコンロのボンベを吸入したことによる急性ガス中毒が1名、薬の大量服用が1名で、いずれも自殺の疑いがある。

　8名の生徒が部活動中に亡くなっている。部活動の顧問の教員はそのスポーツの専門家ではない場合がほとんどである。もし部活動の指導をすることになった場合には、担当するスポーツでどのような事故が多いかをあらかじめ把握しておくことが必要である。そして、日々、生徒の体調や熱中症への配慮を行い、遠征など学校の外に出る際の安全にも万全を期さなければならない。

⑤特別支援学校（6 ～ 18歳）

　死亡数は小学校0名、中学校2名、高等学校4名である。

　死因はすべてが突然死である。持病がある生徒や、医療的ケアが必要な生徒も多いことから、安全に対しては一般の学校よりも注意を払う必要がある。医療的ケアの方法や発達障害児への対応に関しても常に最新の情報を学び続けることが求められる。その上で保護者はもちろん、医師や療育機関とも連携して生徒の安全を図ることが重要である。

3　子どもの安全について学校が果たすべき役割

「組織」が事故を引き起こす

　学校安全について考える上で特に重要なのは、「組織活動」である。2005年、埼玉県にある上尾市立上尾保育所で、4歳児が本棚の下の引き戸のなかに入り

込んで熱中症で死亡した事例がある（猪熊 2011）。当時、この保育所では、保育者同士、保護者同士、そして保育者と保護者の関係が良好ではなかった。本棚の下の引き戸のなかに子どもが出入りして遊んでいることを知っていた保育者は、保育所のなかで9名もいた。しかし、保育にかかわる職員の人間関係が良好でなかったために、その危険な本棚の情報が保育者の間で「共有」されず、改善されなかったのである。

「組織」の運営のまずさが事故につながったのは、上尾保育所事件だけではない。近年、重大事故の後には第三者委員会などによる事故の検証が行われるようになってきたが、そういった検証資料から事故当時の学校や保育施設の状況を一つひとつ見ていくと、運営上の問題があったのではないかと考えられることが多い。コンプライアンス（法令遵守）違反がある組織、組織としての正しい運営（ガバナンス）ができていない組織、ハラスメントが横行している組織では重大事故が起きやすい。教員自身が安全について考える機会が与えられず、同僚同士で危険箇所や、子どもの健康や発達状態についての情報を共有することができなくなるからだ。もし一人の教員がなにかミスをしたとしても、普段から同僚同士で情報を共有していれば、ほかの教員がその穴をカバーして事故を防ぐことができるかもしれない。日頃から良い人間関係を築き、スムーズなコミュニケーションを保つことが、重大事故の予防につながっていく。教員だけでなく、保護者、地域が一体となって、子どもの安全を守るために「組織活動」を進めていくことは、学校の大きな役割である。

いじめ自殺・「指導死」を防ぐ

全国でいじめを原因とする自殺が相次いだことから、国は 2013（平成 25）年に「いじめ防止対策推進法」（文部科学省 2013）を制定し、いじめ対策を本格化させている。この法律のなかで、いじめとは「児童生徒に対して、当該児童生徒が在籍する学校（小学校、中学校、高等学校、中等教育学校及び特別支援学校）に在籍している等当該児童生徒と一定の人的関係にある他の児童生徒が行う心理的又は物理的な影響を与える行為（インターネットを通じて行われるものを含む）であって、当該行為の対象となった児童生徒が心身の苦痛を感じているもの」と定義されている。教員は常に子どもに寄り添い、子どもの立場に立っ

て、いじめというハラスメントを防ぐための方策を考えなければならない。また、教員による叱責、ハラスメントなどが引き金となり子どもが自殺する、いわゆる「指導死」も後を絶たないが、これも同様に防がなければならない。

子ども一人ひとりの「命」を大切にする教育

わが子を亡くすということは、この世で最も悲しい出来事である。そして、学校事故や保育事故、あるいは学校生活に関する問題から子どもが自殺するなどして命を落とした場合、親は別の苦しみを負うことになる。「なぜその学校に行かせたのか」「なぜ子どもの苦しみに気づくことができなかったのか」といった感情から親は自身を責め続けるのだ。苦しむのは教員も同じである。教え子が命を落とすことは、教員にとっても耐えがたい出来事である。「なぜ救えなかったのか」という思いに苦しむことになる。

これから教員を目指す人々に、決してそのような悲しい思いをしてほしくない。子どもたちの命を守ることは、教員としての自分を守ることでもある。そのために、まずは学校でどのような事故が起きているのかを具体的に知った上で、自分なりに考え、学校という組織のなかでどのように行動すれば良いか考えておかなければならない。

文部科学省は、学校事故を未然に防ぎ、もし学校事故が発生した場合にも適切な対応を図ることを目的として「学校事故対応に関する指針」(文部科学省2016) を公表した。冒頭には「学校において、児童生徒等が生き生きと学習や運動等の活動を行うためには、児童生徒等の安全の確保が保障されることが最優先されるべき不可欠の前提」と記されている。優れた教育活動を行っても、子どもの命が失われては意味がない。教育現場において、教員が児童生徒の命を守るために最善を尽くすことは教育以前の「不可欠の前提」なのである。

命を守ることとは、ただ「生きていればいい」ということではない。「命」とは「一人ひとりの存在」であり、児童生徒がそれぞれの場で大切にされることを意味すると考えてほしい。「主体性」を伸ばすことが求められる時代でもある。教員はまず目の前にいる生徒一人ひとりを大切にし、特性を知り、個性の違いを認めることが必要である。そのことが、安全へとつながっていくのである。

注

＊1 2015年以前のデータには幼稚園が含まれていない。2015年以降のデータには「子ども子育て支援新制度」に入っていない幼稚園は含まれていない。

参考文献

石川県 2013「第1章総則」『石川の学校安全指針』（平成25年8月改訂版）石川県教育委員会保健体育課、1-2頁。

猪熊弘子 2011『死を招いた保育』ひとなる書房。

上北彰・狩野勉・戸塚唯 2008「学校安全と危機管理教育」『千葉科学大学紀要』1：119-133頁。

内田良 2015「教育実践におけるエビデンスの功と罪」『教育学研究』82（2）：91-100頁。

厚生労働省 2017「保育所保育指針」http://www.mhlw.go.jp/file/06-Seisakujouhou-11900000-Koyoukintoujidoukateikyoku/0000160000.pdf（最終閲覧2017年9月25日）。

戸田芳雄・佐藤喜代・早瀬健介・榎本竜二・小野田桂子・玉置正彦 2012「教員養成課程の学生及び現職教員の学校安全への意識及びニーズ」『東京女子体育大学女子体育研究所所報』8：11-18頁。

独立行政法人スポーツ振興センター 2016「学校の管理下の災害（平成28年版）第1編 死亡・障害事例と事故防止の留意点」2016年11月、学校安全Web、http://www.jpnsport.go.jp/anzen/Portals/0/anzen/kenko/jyouhou/pdf/H28saigai/H28saigai2.pdf（最終閲覧2017年9月25日）。

独立行政法人スポーツ振興センター学校安全部 2017「平成28年度（2016年度）災害共済給付状況」学校安全Web、http://www.jpnsport.go.jp/anzen/Portals/0/anzen/kyosai/pdf/h28kyuhu.pdf（最終閲覧2017年9月25日）。

内閣府 2017「『平成28年教育・保育施設等における事故報告集計』の公表及び事故防止対策について」http://www8.cao.go.jp/shoushi/shinseido/outline/pdf/h28-jiko_taisaku.pdf（最終閲覧2017年9月25日）。

内閣府・厚生労働省・文部科学省 2017「幼保連携型認定こども園教育・保育要領」http://www8.cao.go.jp/shoushi/kodomoen/pdf/kokujibun.pdf（最終閲覧2017年9月25日）。

文部科学省 2013「いじめ防止対策推進法」平成25年7月 http://www.mext.go.jp/a_menu/shotou/seitoshidou/1337278.htm（最終閲覧2017年10月15日）。

文部科学省 2016「学校事故対応に関する指針」（平成28年3月31日）http://www.mext.go.jp/a_menu/kenko/anzen/__icsFiles/afieldfile/2016/04/08/1369565_1.pdf（最終閲覧2017年9月25日）。

文部科学省 2017「第二次学校安全の推進に関する計画」初等中等教育局健康教育・食

育課防災教育係 http://www.mext.go.jp/a_menu/kenko/anzen/__icsFiles/afieldfi le/2017/06/13/1383652_03.pdf（最終閲覧 2017 年 9 月 25 日）。

文部科学省スポーツ・青少年局学校健康教育課　2014「学校安全について」平成 26 年 5 月 20 日 http://www.mext.go.jp/b_menu/shingi/chukyo/chukyo5/012/ gijiroku/__icsFiles/afieldfile/2014/07/07/1349373_02.pdf（最終閲覧 2017 年 9 月 25 日）。

第Ⅱ部

教育の
意義と思想

第1章

教育の
理念と意義

1　教育学

教育（学）を学ぶに当たっての心構え

　学問が本来めざすのは、人々の豊かで平和な世界、つまり幸せである。その実現に必要なのが正しい知識であり、それに基づく人間形成である。この一点に哲学が学問を統括し、教育学がそれを実践するのである。

　この哲学と教育学の関係を、ディルタイ（Dilthey, W. 1833-1911）は次のように述べている。「哲学者の最後の言葉は教育学である」（Dilthey 1974：203-204）、「あらゆる真の哲学がめざす精華と目標は、教育学、最も広い意味での人間形成の理論である」（Dilthey 1974：7）。

　ヘーゲル（Hegel, G. W. F. 1770-1831）は、ハイデルベルク大学での哲学史の講義のなかで、若き学生に、「真理を求める勇気をもち、精神の力を信じること」（ヘーゲル 1996：5）の重要性を熱っぽく説いている。「真理を求める勇気」とは、どのような誘惑や権力の圧力にも屈することのない真理の追究と結果の公表である。またカント（Kant, I. 1724-1804）は、「誠実・正直」（ごまかさない、嘘をいわない）が学問に必須であるとしている。この「勇気」と「誠実・正直」の背後には「真理」「人間」への深い愛がある。子どもの人間形成に携わる者にとって、この「ごまかさず、勇気をもって真理に立ち向かって行動する」ことがいかに大切かを学ばなければならない。

　さらに、教育を学ぶものは教育への「生きた関心」をもつことが必要である。教育への関心は、まず自らの教育体験を省察することによって生じる。教育体

験にも能動的・意図的な体験と受動的・非意図的な体験がある。しかし個人の体験だけでは、いかにも貧しく狭い。友と体験を語り合い、さらに、時代と社会の荒波に揉まれてもなおその輝きが失せない先人の体験が結晶した古典に学ぶことによって、教育への関心がさらに明確なものとなる。

教育の語義

　教育ほど、時代・社会のなかで、その内容・形式がさまざまに影響を受けてきたものはない。今でも人により、立場により、教育に対する解釈が異なる。まず、「教育とは何であるのか」を、教育の語源から考えよう。

　「教育」の語は、紀元前3世紀ごろの中国の古典『孟子』「尽心章句」（三楽）の章にある「得天下英才而教育之、三楽也」（孟子 1966：533）が始めとされている。

　「教」は、『大漢和辞典』では、「攴」（軽くたたいて注意する、上から施す）と「爻」（下からならう）と「子」からできている。つまり「上の施すところにして下の効うところ」とある。『漢字語源辞典』では、「教」の左側「孝」は「メ」（交じわり）と「子」を含み、右側は手に棒か道具をもって子どもに働きかけているおとなの姿を表している。文化継承者としてのおとなが身振り手振りを交えながら「おしえ」、子どもがそれを「まね」て学んでいる姿が窺える。

　「育」は、「子どもが逆さまになって母の胎内から出るさま」を、「月」は肉月で「肉がついて、大きくなるさま」をあらわし、子どもが成長する意味となる。また「育」の訓である「育つ」は『大言海』によれば「巣立つ」から派生し、ひな鳥が親鳥の庇護を受けながら大きくなり、巣を飛び立つことを意味している。

　英語、フランス語（éducation）、ドイツ語（Erziehung）では、ともに「中身を外に引き出す」いう意味があり、続いて「出産に立ち会う」「養育する」「教育する」と派生したと考えられている。ソクラテス（Sokrates 紀元前 469 頃～399）も教育を「助産術」と呼んでいる。言語形態が違っていても、漢字の「育」、日本語の「そだつ」と共通点が見られる。

　漢字「教」に合うものとしてドイツ語の Menschenbildung, Pädagogik, 英語の man-forming, pedagogy を挙げることができる。

洋の東西を問わず教育を表す言葉には、二つの相異なる働き、作用が内包されており、一方は、成長するものに対する外からの働きかけ、他方は成長するものに内在する素質の伸長展開が示されている。

　日本語の「おしえる」は『大言海』では、「をし（愛）」から派生しているとされ、教育とは、成長に必要な知識伝達の根底にわが子の自立（自律）を願う親の「愛」があるとされているところに他の言語には見られない特徴がある。

人間と教育

　カントは大学での晩年の講義『教育学講義』で「人間は教育されなければならぬ唯一の被造物である」（カント 1965：331）、「人間は教育によってはじめて人間となることができる」（前掲書：335）といっている。ルソー（Rousseau, J. J. 1712-1778）も『エミール』で、また世界初の絵入り教科書『世界図絵』を表したコメニウス（Comenius, J. A. 1592-1670）も主著『大教授学』で同様のことをいっている。さらにプラトン（Platon 紀元前 427-347）も、遺著『ノモイ（法律）』で、すべての生き物は、最初の芽生えがうまくいけば、それぞれの素質に応じて良い結果をもたらすが、温順な生き物と呼ばれている人間であっても「正しい教育を受け、幸運な資質に恵まれればこの上もなく神的な温順な動物となるが、十分な教育も受けず、美しく育てられなければ、地上で最も凶暴な動物となる」（プラトン 1974：44-45）と明言している。

　人間は、他の生き物とは違って、教育されなくても自然の素質によって成長し、時が来るとひとりでに人間になることが不可能な特別な生き物であるようだ。それは、猿から人間への進化（人間化）という気の遠くなるような時のなかで獲得していった人間の生物学的特徴と無関係ではない。

　このことは、地球環境の大変動による新世界への移動（森林からサバンナへ）とそれへの適応から始まり、二足歩行、道具の使用、集団生活、文化創造・依存による形質の変化、特に「脳髄化」（脳の肥大化、大脳新皮質の発達）と「本能の退化」、それらの繰り返しによって、人間は、本能としては生命維持に関わるものしか備えていない「欠陥存在」「未熟存在」へと変身した。その時々に応じて何をなすべきか、なすべきでないかを命令するもの（本能）に先天的に欠けているこの「頼りなさ」は、生きていく上で不利であるが、逆にさまざ

まな方面に開かれているという「豊かさ」と捉えることができる。このことを
ラントマン（Landmann, M. 1913-1984）は「非限定性」、シェーラー（Scheler, M.
1874-1928)、ポルトマン（Portmann, A. 1897-1982）は「世界開放性」と呼んでい
る。他の生物は本能に庇護されて、そのため住むべき世界に縛られているが、
人間は、本能から解放され、住むべき世界にも限定されていない「開かれた、
自由な生物」なのである。

2 教育が目指すもの

人間になる

　ことの真偽はともかく、狼に育てられたという子どもたちの話が数多く伝え
られているが、それは人間に相応しい教育がされなかった残念な結末を表して
いる。本能に庇護されていない未熟な、まるで笨のような赤子は、人間社会と
いう第二の「子宮」のなかで温かく養育され、身も心も周りの世界の色に染ま
りながら人間になっていくのである。

　人間は自らが属する人間世界のなかで、文化を受容し、人間になることがで
きる。この文化と人間の関係を、ロータッカー（Rothacker, E. 1888-1965）は「線
路と電車」に喩えて、レールの上では、電車はかなりのスピードを出すことが
できるが、レールから外れることはできないと言っている。そのように、人間
も人間世界のなかで、文化の有する法則性に従い、さらにこれを利用すること
によって、生物を超えた「人間になる」ことが可能となる。

　ところで「人間になる」といっても、教育はどのような人間をめざしている
のかが問題となる。三井浩は「教育は平たく言えば子供がよくなるようにする
働き、子供がよい子になるようにする働きである」（三井 1974：111）と言って
いる。

　では教育が目指す「よい子」とはいったいどんな人間なのかが問題となる。

教育のモデル

　教育の機能・役割をわかりやすく理解するために、まず教育の語源から始め、
教育には、「おとな中心」のものと、「子ども中心」のものがあることを指摘し

た。この「教育のモデル」も、現実の教育機能・役割を単純化、イメージ化して捉えたものである。

① 工作のモデル——作る／作られる——おとな中心の教育観

　教育を「物作り」に喩えたもので、ドイツ語では Bildung が、英語では making や forming が使われ、「精神の形成」(formatio animae) を意味する。日本語では人間形成（陶冶）と訳されている。このモデルは、子どもが加工されるべき単なる素材として考えられているため、人間としての子どもの主体性が考えられていない一面が存在する。人間は「物」と同様に扱われ、その性質は不変、したがって性能検査可能、結果的に代替可能、すなわち教育不可能という結果に至る。

②有機体のモデル——育てる／育つ—— 子ども中心の教育観

　これは、工作のモデルとまったく対照的で、人間の本性を「善」と考え、「人間は、随意に形成されるべき素材では決してなく、内部から、自己に固有な法則にしたがって、自己自身のうちに設定された目標に向かって発展する」（ボルノー 1970:21-22）という、子どもの存在とその成長に全幅の信頼を置いた「人間ロマン主義」の立場に立っている。

　子どもを植物と見なし、教育を植物の栽培に喩え、おとなが子どもに手を加え、干渉するのを控え、すべて子どもの成長に委ねようとする教育観である。ただ植物と捉えることによって、子どもの教育の可能性が生得的素質の範囲内に限定され、その主体性が考慮されないところが欠点となる。

③ 文化伝達のモデル——伝える／学ぶ——最も伝統的でおとな中心の教育観

　このモデルは、人間を「物」でも、単なる「生き物」でもなく、「文化的存在」であるとする考えで、前の二つよりも人間的なものといえる。しかし、教育の使命が「先立つ世代から後続の世代への理念的文化財の伝達」（村田 1954：14）となり、学びつつ育つ子どもへの観点が希薄化し、教育目的は、ただ客観的知識の伝達とされ、いきおい「詰め込み・丸暗記」へと向かうことになる。必要な知識を強制的に教え込まれたとしても、それに興味関心がなければ、一

時的に子どものなかに留まるとしても、やがて忘れ去られ、結果的に伝達されなかったことになる。何よりも恐ろしいのは、子どもの主体性の否定によって、おとなからの指示・命令がなければ行動しない〈指示待ち人間・ロボット人間〉になることである。結果的に、教育による人間否定となる。

④ 覚醒のモデル──目覚ます／目覚める
前の3つのモデルは、子どもの教育を、おとなと同じ人間として捉える視点が欠けている。シュプランガー（Spranger, E. 1882-1963）は、教育を「魂の覚醒」と捉え、子どもの自覚的な「学び」による育成を強調している。この「子ども観」は、子どもをおとなと等しく、独立した人格をもった個的主体と捉え、両者が一個の人間として上下の隔てなく、相対するときに本来の「教え - 学ぶ」という関係、教育関係が生じるとしている。
ボルノー（Bollnow, O. F. 1903-1991）は実存哲学を踏まえることで、この覚醒と教育との関係を、危機、苦悩、死の恐怖から思考、判断、実行、そして新たな自己の目覚めという形で展開し、より鮮明に、教育的に捉え直している。

3　教育の可能性と限界

遺伝に重点を置いた教育観
「蛙の子は蛙」「瓜の蔓には茄子はならぬ」といわれるように、人間は生物である以上、生命の連鎖から逃れようがない。DNA レベルにおいて子どもは両親からその形質を受け継いでいる。この遺伝子重視の考えを押し進めると、教育はただ遺伝された形質の制限範囲内においてのみ可能となり、極端な場合は教育不可能論・無用論が生じることになる。ゴルトン、ピアソンらがこの優生学の立場にある。しかし、人間の遺伝の方式を知ることは、科学が発展した今日でもきわめて難しい。
ただ 19 世紀初頭から、獲得形質遺伝の問題がラマルク、ミチューリンらによって取り上げられ、最近では DNA 内でのメチル化現象が基点となり、エピジェネティクス（後成遺伝）に脚光が当たるようになっている。

環境に重点を置いた教育観

「氏より育ち」、「天才は時代の子」、「非行少年や犯罪者は社会の罪である」といわれるように、環境に重点を置いた教育観で、この背景には、フランス革命の前に広まった、社会を改革することによって人間をよくすることができるという思想があった。代表的なものとして、エルベシウスの素朴な『環境万能論』、20世紀に入っては、「知能への環境の影響」を実証的に解明しようと試みた、フリーマン（Freeman, F. N. 1880-1961）らの著書『双生児——遺伝と環境についての研究』が挙げられる。また古くは『論語』の「子曰わく、性は相近し。習えば相遠ざかる」（孔子 1966：338）もある。

輻輳説

シュテルン（Stern, W. 1871-1938）によって教育における遺伝と環境の対立を統合しようとしたものである。人間の発達は、遺伝と環境の相互作用、つまり輻輳によって規定されるとした。

しかし、この遺伝と環境との相互作用とする輻輳説も、人間の精神作用を外面的かつ内面的に規定する考えとなり、人間の主体性、自由性を考慮の外に置いている。

人間の生まれながらにもっている「努力」

教育の目的は、自らの意志でもって、自らをよりよきものへと高めていくことであるとすれば、遺伝や環境に重点を置いた教育観や輻輳説の考え方は、機械論的、決定論的であり、教育とは本来相容れないものである。

人間の自発性、自由性こそが、その人の性質を変え、またその人への環境の働きかけそのものの質を変えるのである。主体的に生きられている環境は単なる外的環境ではなく、自己がそこにおいて生き、活動しているまさに「生きた現実」である。

自己が自己を自己の自由意志によって改め、よりよき、より高き方向に向かう、この自発的な自由な力を、一般に「努力」と呼ぶならば、これこそが人間の主体性、自由性、自主性を示す本質的なものである。

人間の本質と努力、失敗とその許容

　ゲーテ（Goethe, J. W. von 1749-1832）は畢生の大作『ファウスト』のプロローグで、人生の終局と自らの力の限界に直面し、苦悩するも、それでも努力を諦めない主人公ファウストに同情しながら、次のように声援を送っている。

　　「人間とは、努力する限り、誤るものだ」（Goethe 1981：317）。

　しかし、エピローグにおいて、彼を見捨てることなく、

　　「つねに努力し骨折る者を、われわれは救うことができる」（前掲書：11936-11937）。

と終えている。

　この二つの言葉を教育学的に解釈すると、人間は、長い人間化のプロセスのなかで、本能を退化させた、未熟な欠陥存在であるとするなら、子どもはまさしく未熟な欠陥存在そのものである。それゆえ、おとなに憧れ、おとなになろうと努力するが、人間の本質である未熟・欠陥ゆえに、失敗、誤りを犯す。しかし、おとながその失敗、誤りを受け入れ、許すことができなければ、子どもは努力することを放棄する。ここに、まさに「失敗・誤りの許容」という教育の万能薬が必要となる。

4　個人と社会

教育が目指すもの

　教育を考えるとき、視点を個人に置くか集団に置くかで教育の考えがずいぶん違ってくる。よい人間、よい子にしても、その「よい」の意味が異なる。個人に重点を置く場合、個人の尊重、人格の完成を教育の目的とし、集団とくに国家に置く場合、「期待される人間像」のように、国家に役立つ、あるいは寄与貢献する国民の形成を目的とする。人間は「社会的存在」といわれているように、社会の外では生きてはいけない。しかし個人を無視あるいは抑圧する集団は、やがて内部崩壊し、生まれ変わる。このことは歴史を見れば明らかであ

る。この困難な問題の解決こそが教育にかけられている。

人間観と教育観

「おとな中心主義」「子ども中心主義」の教育観の背景に、子どもという存在を「悪」と捉えるか「善」と捉えるかという「子ども観」「人間観」がある。

荀子の『性悪篇』によれば、「人の性は悪にして、其の善なるは偽なり」（荀子 1966：395）と言い、山から切ったばかりの木は、粗野でそのままでは役に立たないが、製材・加工すれば役に立つ。人手によって加工することを「偽」、すなわち「人＋為」としている。

ホッブズ（Hobbes, T. 1588-1679）は、人間はもともと社会的ではなく、自己保存の衝動欲求に基づき、すべて快・不快の感情に基づいて行動し、必然的に闘争が生じ、「万人に対する万人の戦い」が起こり、「人は人に対して狼」となるので、これを鎮圧するためには厳しい法秩序が必要で、それを冒した者には厳罰が不可欠であるといっている。背景には西欧の伝統的なキリスト教義、アダムとイヴが冒した「原罪説」が横たわっている。

一方、孟子は、「人の性は善ということである。悪をなすものがあっても、それは素質のせいではない」（孟子 1966：520）とし、その根拠に、人は誰もが手足をもつように、同情心、羞恥心、尊敬心、是非の分別心をもっているといっている。ルソーは「万物をつくる者の手をはなれるときすべてはよいものであるが、人間の手にうつるとすべてが悪くなる」（ルソー 1962：23）といっている。

荀子もホッブズも人間の「利己的欲望」を性悪説の根拠に挙げているが、視点を変えれば、自己をよくしようとする「人間の行動の源泉」と捉えることも可能である。

人間を善悪のいずれかで考えるのではなく、猿からの人間化のプロセスのなかで人間の本質が、本能によって庇護されていない「笊」のような存在へと変化したとするなら、われわれおとな、社会が、子どもに対しどういう態度、姿勢で関わるかによって、子どもという存在は善悪のいずれにもなりうる存在と考えるのが自然である。

愛と信頼と希望

人間の子どもは、歩き始め、おもちゃを手にもち、話し始めるよりはるか前に、笑い始める。フレーベル（Fröbel, F. 1782-1852）はその大著『人間の教育』のなかで、乳飲み子が母に抱かれて母に示す「最初の微笑み」（フレーベル 1968：40）は、母に対して応答する乳飲み子の愛と信頼の表現であるといっている。乳飲み子は母を通して、周りの世界を信頼し、受け入れていく。さらに母からの優しい言葉かけに乳飲み子は嬉しさの声を発して応答するようになる。言葉の始まりである。この授乳時の母からの言葉かけが、子どもの言葉の発達にとても大切なのである。さらに、家族からの「言葉のシャワー」を全身に浴びることによって、子どもは「言葉」に親しみを覚え、人間文化（象徴の世界）へと向かっていく。

観る、聴く、待つ

子どもを教育するには、まず子どもをよく知る、理解することが求められる。目の前にいる子どもが、どういう状況にあるのか、何に悩んでいるのかを知ることがまず求められる。そのためには子どもをよく「観て」、子どもの声を真剣に「聴く」、場合によっては匂いを「嗅ぐ」、そのことで、子どもへの理解度が高まる。子どもの話を聞く場合、子どもが話し始めるのを待つことも大切である。

しかし、家庭でも、学校でもなかなかこれらのことが難しく、「早く」「間違いなく」することが求められる。しかし「失敗は成功のもと」といわれるように、子どもに寄り添って、急がずに待ち、共に過ちを見つけて行くことが必要である。

参考文献

伊谷純一郎　1987『霊長類の社会への進化』平凡社。

カント、I.　1965「教育学」『人間学・教育学』清水清訳、玉川大学出版部。

カント、I.（P. メンツァー編）1968『カントの倫理学講義』小西國夫他訳、三修社。

ゲーテ、J. W.　1958『ファウスト（1）（2）』相良守峯訳、岩波書店。

ゲーレン、A.　1970『人間学の探究』亀井裕・滝浦静夫訳、紀伊國屋書店。

孔子　1966「論語・陽貨篇」『孔子・孟子』貝塚茂樹訳、中央公論社。

幸田露伴　1913『努力論』東亜堂書房。

シェーラー、M.　1977『シェーラー著作集 13』飯島宗亨他訳、白水社。

荀子　1966「荀子・性悪篇」『諸子百家』沢田多喜男訳、中央公論社。

プラトン　1974「法律」(776A)『愛の場所』三井浩訳、玉川出版部。

フレーベル、F.　1968『人間の教育』荒井武訳、岩波書店。

ヘーゲル、G. W. F.　1996『ヘーゲル哲学史講義（上）』長谷川宏訳、河出書房新社。

ホッブズ、T.　1971『リヴァイアサン』永井道雄他訳、中央公論社。

ポルトマン、A.　1975『人間はどこまで動物か』高木政孝訳、岩波書店。

ボルノー、O. F.　1970『実存哲学と教育学』峰島旭雄訳、理想社。

三井浩　1974『愛の場所』玉川出版部。

村田昇　1954「パウルゼンにおける陶冶の概念」『滋大紀要』3。

孟子　1966「孟子」『孔子・孟子』貝塚茂樹訳、中央公論社。

ラントマン、M.　1978『哲学的人間学』谷口茂訳、理想社。

ルソー、J. J.　1962『エミール（上）』今野一雄訳、岩波書店。

ロータッカー、E.　1978『人間学のすすめ』谷口茂訳、理想社。

Dilthey, W. 1974. *Pädagogik: Geschichte und Grundlinien des Systems,* Gesammelte Schriften IX Band.

Goethe, J. W. 1898. *Goethe's Faust,* translated by B. Taylor, Houghton.

Goethe, J. W. 1981. Goethe Faust Kommentiert von Erich Trunz, C. H. Beck.

第2章

西洋の教育思想
古代から中世

1　神話的世界から古代ギリシア三大教育者の登場

神話的世界と人間

　古代ギリシア思想は西洋世界の学問、芸術、教育、体育などの多くの領域に影響を及ぼしている。古代ギリシア語で教育はパイデイアという。ドイツ語のPädagogik（教育学）の語源にあたる。子どもはパイス、教育者はパイダゴーゴスといい、後者は子どもを導く者という意味である。

　西洋文化を理解するためには、ヘレニズムとヘブライズムの各思想を理解することが求められる。ヘレニズムはギリシア人が自らをヘラスの民といったように古代ギリシア精神と後期ギリシア文化を指し、ヘブライズムはユダヤ、キリスト教思想の源流である。

　古代ギリシアのホメロス（Homeros 紀元前 9 世紀頃）は英雄叙事詩『イリアス』や『オデュッセイア』を残した。これらはトロイア戦争をモチーフにした物語である。『イリアス』は、主人公アキレウスの怒りが冒頭に述べられ、その結果 10 年に及ぶアカイア勢（ギリシア連合軍）とトロイア勢との戦いが繰り広げられる。そこにはさまざまな人間模様と騎士道が示されている。『オデュッセイア』は、主人公オデュッセウスが、トロイア戦争終結後、トロイアから地元のイタケへと帰還する約 10 年に及ぶ冒険談である。そこでは無事に帰宅することを願う妻と息子の家族愛、また難局に直面し信頼の置ける人間関係を利用しながら巧みに難題解決しようとするさまを読み取ることができる。

　古代ギリシアの詩人ヘシオドス（Hesiodos 紀元前 8 世紀頃）は『神統記』や『仕

事と日々』を残した。『神統記』で見られる兄プロメテウスと弟エピメテウスの物語は人類に対する教訓でもある。ギリシア神話の第二世代であるプロメテウスは、その名の通り「未来を予知する」ことができる。やがて第三世代の代表ゼウスが自らを必要とすることを彼は知り、出身母体の第二世代としてではなく、第三世代の神々たちとともに第二世代との戦いに貢献する。プロメテウスは人間の味方としてゼウスの車駕<ruby>しゃが<rt></rt></ruby>から火を盗み出し、人間たちに与えてやる。彼は人間を思いやる神である。しかしその意趣返しにゼウスからひどいしっぺ返しを食らう（「縛られたプロメテウス」）。人間もまたその災禍を負う（「パンドラの箱」）。以上のプロメテウス神話は、慎みと戒めを人間界に伝え教えるものである（ヘシオドス 1984：66-79）。また驕り高ぶる人間を諫める神話も多く、悲劇の分野では、エディプス／エレクトラ・コンプレックスという精神分析の用語を生んだソポクレスの『オイディプス王』が有名である。

古代ギリシア最盛期

　紀元前6世紀にはタレス（Thales 紀元前6世紀頃）が登場する。哲学（philosophy 智を愛する学問）の創始者である彼はそれ以前の神話的世界と決別し、自然科学的世界を樹立しようと試みた。ポリス（都市国家）ごとに政治理念が異なり、アテネは民主国家をスパルタは軍事国家を目指した。そのためアテネでは学問や政治が豊かに展開された。他方スパルタでは全体主義、厳格主義を目的とし、教育も厳格そのものとなり、人間観に至っては優生思想が支配することになった。

　古代ギリシアの最盛期（紀元前5～4世紀）には、ソクラテス、プラトン、アリストテレスの古代ギリシアの三大教育者が活躍した。

ソクラテスの教育

　父親を石工、母親を助産師にもったソクラテス（Sokrates 紀元前470-399）は、人類の教師（シュプランガー）として名高い。彼はアテネ市民を相手に対話による教育活動を展開し、対話相手の内に潜む「偽なる信念」（ドクサ）を導出する試みを務めた（産婆術（助産術）・マイエウティケー）。そのため彼の教育方法そのものを対話法・問答法といい、彼の教育活動全体を産婆術という。ソク

ラテスは知者であることを標榜せず、「無知の自覚」を表明し、その意味で皮肉家（アイロニスト）でもあった。彼の求める道徳観は、厳格な道徳命題であった（知行合一）。彼の教育的特徴は産婆術のほかに、たんに生きることではなく智を愛し求め「善く生きること」の吟味を求めたこと（哲学すること）である。著作を残さなかったため、弟子プラトンなどの著作から彼の教育活動を知ることができる。彼はソフィスト（職業的教師）と対立し、その結果獄死した（ダヴィッド画「毒杯を仰ぐソクラテス」参照）が、ソクラテスの死の意味は彼の実存的生き方を実証するものであった。有力者の子弟の教育を担当したソフィストの代表者であるプロタゴラス（Protagoras 紀元前 500 頃 - 430 頃）は、「人間は万物の尺度である」として相対主義を主張したが、ソクラテスは真理の普遍妥当性を主張した。

プラトンの教育

　ソクラテスの弟子であったプラトン（Platon 紀元前 427-347）は、当初政治家を志していたが、やがて失望し、著作活動に専念するようになった。4 部 9 典といわれる 36 編の対話形式を主とする作品群はその多くでソクラテスが登場し、初期、中期、後期と彼の思想的変遷によって区分される。彼の教育的特徴は、西洋文化に多大な影響を与えたイデア論の展開や、アカデメイア学園（紀元前 386 年〜紀元後 529 年）を創設したことなどが挙げられる。代表的な教育的著作は、『ソクラテスの弁明』『饗宴』『メノン』『国家』『法律（法習）』である。『国家』第 7 巻で展開される「洞窟の比喩」は、教育を受けた者と受けない者との相違を示した話で、これまで洞窟内で縛られ動くことのできない状態にある囚人は洞窟内部で映し出される影を真実とした感覚的認識をもって構成される世界（感覚的世界）に生きており、これはまさに我々に似た姿として語られる。しかし一度洞窟内部の構造に気づき、やがて地上に引き上げられるとき、太陽であるイデアの存在（思惟的世界）を認識し、これまでの洞窟内の感覚的認識による真理認識が真理の把握にとって十分ではなく、教育はこの感覚的世界から思惟（イデア）的世界へと「魂を向け変える」術であると説明される。教育学では感覚および感覚教育は非常に重要ではあるが、他方真理認識を目指す学問において感覚的認識は思惟的認識と比較して劣るものであった。

アリストテレスの教育

アリストテレス（Aristoteles 紀元前384-322）は、万学の祖として、学問を理論的学、創作的学、実践的学へと分類し体系づけた点で古代世界では代表的教育者であった。彼の教育的特徴は、師のプラトンのイデア論から離れ経験的学問を強調したことであった。代表的著作は、歴史上初めての体系的な倫理学書である『ニコマコス倫理学』、政治家がよき政治を展開するなかで人間の教育について考察すべきだとする『政治学』、学問の基礎理論を展開した『形而上学』である。人間形成の書でもある『ニコマコス倫理学』では、誰もが幸福を追求するが、幸福となるためには善くて有徳であることが求められ、幸福とは「究極的な卓越性に即しての魂の活動」（アリストテレス 2010：41）であると指摘されている。習慣（エトス）が人柄・性格（エートス）となるとし、習慣の人間形成上の意義について展開する。プラトンと同じく彼も学校を創設し、その学園はリュケイオンという名前で呼ばれた。彼はマケドニア王のアレクサンドロス（Alexandros 紀元前356-323）の家庭教師として有名で、アレクサンドロスの東方遠征（統治政策としてのコスモポリタニズム）などの理論に影響を及ぼしたとされる。

ヘレニズム期の教育

ギリシアの黄金期の後、ヘレニズム時代が続く。ヘレニズム時代は、アレクサンドロス大王が東方遠征を開始（紀元前334年ごろ）してからエジプトがローマの属州になったとき（紀元前30年）までとされる。この時代の代表的思想としては、禁欲をモットーとするストア派（代表ゼノン）、快楽をモットーとするエピクロス派（代表エピクロス）が挙げられる。ヘレニズム時代には、高等教育機関が小アジアや中東地域で設立された（博物館、図書館、研究所）。

2 古代ローマ時代の教育

古代ローマの教育は、ギリシアの教育と比較して、実際的、実用的で、文学、芸術、哲学はあまり発達せずにギリシアを手本とした。ホラティウス（Horatius 紀元前65-8）が「被征服者ギリシアは、野蛮な勝利者（ローマ）を捕えた」と

いう通りである。古代ローマでは建築、土木、法律、弁論術など一部の学問が発達した。帝政期ローマの時代にかけて活躍した3人の教育者が有名である。キケロ（Cicero 紀元前106-43）は、ラテン文学の模範とされた人物で、政治家で思想家でもあった。代表作には『義務論』『老年について』などがある。セネカ（Seneca 紀元前4頃-紀元後65）は、暴君ネロの家庭教師でもあり、道徳理論などの著作を残しているが、最終的にネロによって自殺を命ぜられ、教育者としての彼がネロを矯正できなかったことは皮肉であった。著作としては古代ギリシア悲劇を再構成した作品があり、これらがルネサンス期の文学者たちの参考となり、特にフランスのモラリスト、モンテーニュ（Montaigne, M. 1533-1592）に影響を与えた。

　クィンティリアヌス（Quintilianus 35頃-100頃）は、弁論家教育の大家であった。彼の業績もルネサンス時代に再評価され、以後、弁論家教育の代表的人物となった。教育的主著としては『弁論家の教育』がある。ローマの教育は、ギリシアの教育と比較して、父権が強く、戸外で学ぶというより屋内で学ぶ傾向があった。その教育目的も、ギリシアのように学問的自立性を獲得していたのではなく、手段的に捉えられていたことが特徴である。

3　西洋中世の教育理念の展開

キリスト教の普及

　西洋中世は、ローマ帝国が東西に分裂後、西ローマ帝国が滅亡（476年）してから東ローマ帝国が滅亡（1453年）するまでの約1000年間を指す。西洋中世は宗教（キリスト教）の時代であり神の時代であった。「哲学は神学の婢である」といわれるゆえんである。ローマ帝国は313年にキリスト教を公認した。キリスト教は信仰と愛を中心とした宗教であった。正統なキリスト教の教義を弁護し布教を行う教父はすでに3世紀頃には存在していたが、その代表者はアウグスティヌス（Augustinus 354-430）である。

アウグスティヌスの教育

　アフリカ生まれのアウグスティヌスは、異教徒である父とキリスト教徒であ

る母モニカの子として生まれた。若い頃には、盗みを働き、女性との同棲から子どもをもうけるなど放蕩な生活をし、ローマに出て弁論家教師などを務めながら、内面ではさまざまな苦悩を抱え、まっとうな信仰生活に入ったのは32歳頃のことである。代表作『告白』は自堕落な生活から信仰生活へと回心する有名な「ミラノの回心」を含む自伝的作品であり、欲望に囚われた弱い人間から崇高な信仰生活に至り神に仕える者となるまでの精神的遍歴を述べている。教育学的著作としては『教師論』があり、後世の言語教育にも影響を与えた。『神の国』では、神の国と地上の国を区別し、地上における唯一の救いの機関が教会であると説いた。

修道院制度の確立

修道院制度の成立に貢献した聖ベネディクトゥス（Benedictus 480 頃 - 547 頃）の活躍も特筆に値する。彼はイタリアのモンテ・カシノの山中に修道院を創設し、修道士の戒律を定めた。「祈りかつ働け」で知られるその戒律は、詳細には「勤労、服従、清貧、貞潔」という四徳としても知られている。修道士たちは当初、古代ギリシア語 μοναχός（唯一の、独自の）に由来する英語 monk（修道士）の語が示す通り、単独で非常に厳しい修行活動を行っていた。しかし修行者たちは共通の宗教理念の下に共同生活を通して信仰生活を送るようになった。修道士たちの活動は西洋文化を形づくる上で影響を与えた。規律ある生活実践（日課表）や写本作業がそれである。修道院には付属の学校が設けられ、教育機関としての働きもなした。

中世時代初期には高等教育課程について検討がされた。自由七科（七自由科）がそれである。自由七科は三学（文法、修辞、弁証［論理］）と四科（算術、幾何、天文、音楽）から構成され、当時の教養人、専門人の教育課程とされた。これらの学科内容の選定に関しては、カペラ（Capella 410-420 頃活躍）、カシオドロス（Cassiodorus 485 頃 -585 頃）、イシドロス（Isidore 560-636）などの学者が関与し、ときには建築や絵画なども含めるべきだとする思想も存在した。それらの頂点には神学が位置づけられていた。自由七科の学びの課程を視覚的に表現したものとして「知識の塔」（Monroe 1910: 345）がある。

カロリング・ルネサンス

8〜9世紀にはフランク王国で学事奨励運動が見られた。カール（シャルルマーニュ）大帝（Karl der Grosse または Charlemagne 742-814）は、王国内の宮廷に付属した学校（宮廷学校）で自らも指導を行い、修道士の言語改革を主とする学事奨励運動を展開した。これをカロリング・ルネサンスという。学事相談役としてイギリスからアルクイン（Alcuin 735 頃 - 804）、ドイツからは「ゲルマニアの教師」といわれドイツ教育制度に詳しいラバヌス・マウルス（780 頃 - 856）、イタリアから言語学者ペトルスなどを招聘した（生松 1994：85）。カールがどのような活動を行ってきたのかについては、アインハルトの『カール大帝伝』に詳しい。

大学の公認

12 〜 13 世紀には、大学が西ヨーロッパ各地において公認されるようになった。イタリア最古のボローニア大学（法学）（9 世紀頃）、パドヴァ大学（法学・神学）、サレルノ大学（医学）などに始まり、フランスのパリ大学（神学）は 12 世紀頃に公認されその後のヨーロッパの大学のモデルとなった。

university とは、「ある場所において研究の高等部門に従事する教授や学生の集団（whole body of teachers and scholars engaged in the higher branches of learning in a certain place）」（Onions 1992：961、引用者訳）という意味である。college とは、同業組合のことで、ここでも教授の組合、学生の組合が結成された。一斉教授法や討論形式の教育方法が形成された。

ドイツの大学は、領邦国家の影響のため、1400 〜 1500 年頃にようやく公認されたのも特徴的である。12 世紀当時、神学の時代であったため教育内容は神学的真理に限定されていた。しかし時にはアラビアから流入した最先端のアリストテレス哲学を学問的真理と見なし、大学においてそうした学問的研究の要望が生じたりもしたが、当局（ローマ教皇）はこれを数度にわたって禁止した。よって中世時代も終盤に差し迫っていたが未だにローマカトリックの影響力の大きさとそれに従属化していた学問の状況はあまり変化していなかったのである。

当時の最大の知識人とされたアベラール（Abélard, P. 1079-1142）は、パリ大

学の教授であった。かつては教え子であり、また愛した女性でもある修道女エロイーズとの往復書簡『アベラールとエロイーズ』からは、普遍論争によって論敵を論駁すべく教師として活躍したことに加えて、人間個人としての側面（エロイーズとの悲恋）も知ることができる。

　イタリアのトマス・アクィナス（Thomas Aquinas 1225-1274）は、当時のスコラ哲学の代表的神学者であった。スコラとは西洋中世の神学問題を哲学的方法（理性）によって解明しようとする学問のことである。トマスの伝統はアリストテレスに起源をもち、さらに厳格的内容を有したことで有名なドミニコ修道会、そして近世のネオトミズムへと継承され、『陶冶論としての教授学』を記した教育学者オットー・ヴィルマン（1839-1920）や、『岐路に立つ教育』で知られるジャック・マリタン（1882-1973）らのカトリック教育学に大きな影響を与えている。

　ルネサンスの時代に向けて

　トマスの生誕後、ほどなくして同じくイタリアではダンテ（Dante, A. 1265-1321）が誕生している。ルネサンスは、13世紀末〜15世紀にイタリアに始まった文芸復興運動であり、古代ギリシア、古代ローマの古典を再発見（文芸復興）することで発展した。その基本理念は、人間性を肯定する人間中心主義・人文主義（ヒューマニズム）思想である。中世までの長きにわたる神中心の世界観から人間中心の世界観への変化がこの時期の特徴であった。ダンテは代表作『神曲』をイタリアの方言であるトスカナ語で書き、地獄、煉獄、天国という各世界を訪問してゆく物語を残した。そこには依然としてキリスト教倫理に基づく観点が見られるが、教導役のウェルギリウス、かつての恋人ヴェアトリーチェによって各界をめぐり、時代・場所を越えた他者の人生の審判、そして現世に生きる人間的あり方が読者に教示されるのである。

　西洋教育史3000年の歴史（起点をトロイア戦争（厳密には紀元前12世紀だが）とする）のうち、古代教育世界が1500年、中世教育世界が1000年を経て、ルネサンス、宗教改革、反宗教改革、バロックの時代が続く。多くの学校が宗教から発生し体系づけられ、教育内容が整備され実際性を獲得し、教育の主体が大人から子どもへと、教育方法も学習者中心の視座へと移行する。その意味で、

古代中世の教育は、近世・近代そして現代の教育の準備期間であり、ときには教育的原点を示唆するものでもあった。教育の歴史的学習は、現在の教育課題でもある教育の手段的性格と目的的性格の相違、教育は人間を前提とする点、教師は自らのためではなく学ぶ者のために愛をもって行動するべきであるという視点をも教示している。

参考文献

アリストテレス　2010『ニコマコス倫理学（上)』高田三郎訳、岩波書店。

生松敬三他編　1994『西洋哲学史の基礎知識』有斐閣。

ヘシオドス　1984『神統記』廣川洋一訳、岩波書店。

Cubberley, E. P. 1920. *The History of Education*, Houghton.

Liddle, H. G. and R. Scott 1993. *Greek-English Lexicon*, Abridged Edition, Oxford. U. P.

Monroe, P. 1910. *A Text-Book in the History of Education*, Macmillan.

Onions, T. ed. 1992. *The Oxford Dictionary of English Etymology,* Oxford U. P.

第3章

西洋の教育思想

近　代

1　ルネサンスおよび宗教改革の時代の教育思想

近代教育思想の萌芽

　中世はキリスト教が文化的、社会的に強い影響力を示し、人々の精神や教育
のあり方を規定していたが、商業経済の発展から現世に幸福が見いだされるよ
うになると、従来の宗教的世界観にとらわれない、人間中心の文化が創造され
た。この文化的潮流はルネサンス（Renaissance）と呼ばれ、「文芸復興」とも
訳されるように、美術や文学といった芸術活動の精華で知られる。だがルネサ
ンスの影響は芸術のみならず、社会生活全体に変化を及ぼしている。ルネサン
スは個性や世俗的な欲求といった人間性を肯定する思想であるヒューマニズム
（Humanism）、すなわち人文主義を生み出し、イタリアからヨーロッパ一帯に
拡大するなかで、西洋の教育思想に統一性と重大な変革をもたらした。

　教育学者の宮沢康人は、西洋の近代教育思想に固有な概念を「まず子どもを
一個の人格と見なし、その個としての子どもの内面に向かって、合理的に作用
を及ぼそうとする技術が教育である。そしてその教育の目的は、一人ひとりの
子どもを社会の進歩発展の担い手に育てることである」（宮澤 1998：22）と要
約する。中世以前と異なるこのような概念が定着する下地は、人間性の解放を
謳うルネサンスや人文主義が準備したといえよう。

　イタリアにおける人文主義の教育思想家としては、最初の教育書を記した
ヴェルジェーリオ（Vergerio, P. P. 1370-1444）と、多方面の才能で知られるア
ルベルティ（Alberti, L. B. 1404-1472）が挙げられる。ヴェルジェーリオは『子

どもの優れた諸習慣ならびに自由諸学芸について』（1402 頃）で学問と体育の重要性を説き、勉学の際にあまり厳格な罰をあたえるべきでないとする。またアルベルティは『家族論』（1432 頃 -1434 頃）のなかで、子どもの名誉心に訴えて、徳と品位を高めることを重視する家庭教育論を展開した。

　「人文主義者の王」といわれるオランダのエラスムス（Erasmus, D. 1466 頃 -1536）は、著書『愚神礼讃』（1509）で、教会の形骸化や聖職者の腐敗を嘲罵し、ルネサンスの人間解放を具現している。同書においても学校での体罰が風刺的に批判されている。さらに『幼児教育論』（1529）では、鞭で脅して聞かせるのではなく、愛情や説得で子どもの心に訴えることが自由人にふさわしい教育方法であるという。そして年相応の学習が必要であり、とりわけ幼児期は遊びと感じるような楽しい学習が大切と主張されている。これらの思想に共通する体罰の批判と子どもの人格の尊重は、ヒューマニズムの教育観に顕著な特徴である。

宗教改革と教育思想

　ドイツにおいてヒューマニズムは宗教との結びつきを強め、宗教改革運動として表出する。ドイツの神学者ルター（Luther, M. 1483-1546）は、1517 年、「95 ヵ条の提題」を公開してローマ教会の免罪符濫売を批判し、宗教改革の本格化をもたらした。宗教改革は教会権力から個人のもとに宗教を取り戻す運動であり、個人が直接信仰に向き合えるようにするため、聖書を読む運動でもあったと考えられる。それゆえルターは、聖書を古典語から世俗の言葉であるドイツ語に訳し、聖書を多くの人に開かれたものにした。

　ルターの教育思想も宗教改革の理念を反映し、聖書の理解に眼目が置かれている。そのため、教育内容として最も重視したのは聖書であった。続いてキリスト教の教義をわかりやすく記した教理問答書（カテキズム）、次いで聖書を原典で読むために必要な古典語の学習を重んじた。ルターは『ドイツ全都市の市参事会員に対する勧告』（1524）などで、教会に代わって国家が学校を設け、貧富や男女の別なく、すべての国民が教育を受けられるようにすべき、と説いている。これは義務教育制度の基本原理を示すもので、当時きわめて革新的な思想であった。ルターによってすべてが実現されたわけではないが、宗教改革

とともにルターの教育思想も広まり、教育改革の指導原理として後世に影響を
与えている。それには、ルターの教育思想を学校制度として実践に移し、「ド
イツの教師」とも呼ばれるメランヒトン（Melanchthon, P. 1497-1560）の果たし
た役割も大きい。

2　17〜18世紀の教育思想

近代教育学の祖

　16〜17世紀にかけて、ヨーロッパ各地では宗教改革運動と反宗教改革運動
とがせめぎあい、宗教戦争が勃発した。現在のチェコ東部、モラヴィア出身で
「近代教育学の祖」とされるコメニウス（Comenius, J. A. 1592-1670）も、この
宗教戦争に翻弄された一人である。コメニウスは国家教育の改革を発案したラ
トケ（Ratke, W. 1571-1635）や、実践的な教授法を説き『百科全書』（1630）を
著したアルステッド（Alsted, J. H. 1588-1638）の教育論に触発され、自然主義
による教育観を導き出した。ヨーロッパに戦争が続発した時代に祖国の解放を
主張したコメニウスは、戦乱のため放浪を余儀なくされる。流浪の末に避難し
たポーランドで記した『大教授学』（1631）は、自身の教授学を体系化した主
著であり、最初は彼の母国語であるボヘミア語で書かれた。それは、国民への
正しい教育による祖国の復興を願う信念からであったが、のちにラテン語に改
められ、ヨーロッパ中で読まれた。『大教授学』の副題には「あらゆる事柄を
僅かな労力で・愉快に・着実に教わることのできる学校を創設する・的確な・
熟考された方法」（コメニュウス 1968：13）とある。この副題のとおり、教授学
とは学習者の理解を容易にするよう構成された教育方法のことで、全体から細
部へ、単純から複雑へ、という順序で進行する。コメニウス教授学の原理は簡
潔に"Omnēs, Omnia, Omnīnō"と集約され、この語は、「すべての人が、す
べてのことを、完全に（学ぶ方法）」を意味する。だが、その教授学は知識習
得の方法論にとどまらず、道徳、信仰心の育成までをも目的とした、普遍的な
教育学を目指すものであった。

　また、コメニウスが教育実践に与えた影響として見逃せないのが『世界図絵
（*Orbis Pictus*）』（1658）の作成である。「図絵（Pictus）」という名が示すとおり、

『世界図絵』は全文に挿絵をあしらった世界最初の絵入り教科書であり、視覚教育の先駆けをなしている。

啓蒙主義時代の教育思想

　啓蒙主義の時代といわれる 17 世紀後半から 18 世紀のヨーロッパでは、自然科学の発達によって合理性の重視が思想界にいっそう浸透した。啓蒙主義の思想家として、イギリスのロック（Locke, J. 1632-1704）やホッブズ（Hobbes, T. 1588-1679）、フランスのモンテスキュー（Montesquieu, C. d. S. 1689-1755）やヴォルテール（Voltaire 1694-1778）らが挙げられる。このうちロックは政治思想家として『市民政府二論』（1690）で展開した社会契約説などがよく知られているが、彼の著書『教育に関する考察』（1693）で、身体の鍛錬や簡素な生活を重視した教育論を展開し、教育思想においても影響があった。スイスに生まれ、フランスで活躍した思想家ルソー（Rousseau, J. J. 1712-1778）も、ロックから影響を受けた一人である。ルソーの『エミール』（1762）は、近代教育史上に一大転機をもたらす著書となり、ロックの教育論以上に大きな反響を呼んだ。

　『エミール』は、ルソーが家庭教師としてエミールという名の男の子をあずかったなら、どのように育てるかを想像して書かれた教育小説である。全 5 編の章立てはエミールの成長にしたがい、各年齢段階に見合った教育が語られる。その序文では「人は子どもというものを知らない……かれらは子どものうちに大人をもとめ、大人になるまえに子どもがどういうものであるかを考えない」（ルソー 1990：18）と指摘している。だから、まず子どもを十分観察し研究しなければならない、というのがルソーの見解である。ヨーロッパでは中世ごろまで、子どもは小さな大人、不完全な大人と見なされていたといわれるが（アリエス 1981：1）、ルソーは大人とは異なる子どもにとっての成熟があると考え、子どもという成長段階を明確に区別した。そのためルソーは「子どもの発見者」と呼ばれる。

　『エミール』の第 1 編では、乳幼児期の育児法と教育環境とが論じられる。さらに、年齢に応じて感性・悟性・理性という三段階の判断基準を順にたどる自然な発達に沿った教育をせよ、と主張される。また、子ども期に行う感覚的教育をルソーは「消極教育（l'éducation négative）」というが、消極とは放任で

はなく、道徳的・理性的判断の教え込みを避けて、実体験から道徳的教訓を身につけるよう努めることを意味する。第4編は思春期にあたり、この時期をルソーは「第二の誕生」と呼び、人生の節目として重視する。それまでの経験中心の教育から知識を用いた教育段階に入り、ここでは歴史教育と宗教教育論が語られる。歴史教育では歴史から社会のあり方を学ぶ大切さが説かれ、宗教教育では自己の良心を重視した宗教観・道徳観が披露される。

　文学や社会・政治思想など、ルソーの影響はヨーロッパの思想界にさまざまな領域で行きわたったが、教育思想の影響が強く現れたのはドイツにおいてであった。ドイツでは、汎愛派と呼ばれる一群がルソーの自然主義を生かした学校づくりを行った。汎愛派という名称は、バゼドー（Basedow, J. B. 1723-1790）が設立した学校の汎愛学院に由来しており、ほかにザルツマン（Salzmann, C. G. 1744-1811）やロヒョー（Rochow, F. E. v. 1734-1805）、カンペ（Campe, J. H. 1746-1818）などが数えられる。汎愛派の特徴として、運動や遊戯、自然豊かな田園生活の経験、実用的な知識・技術の習得の重視が、学校のカリキュラムに取り込まれたり、著作のなかで推奨されたりしていることが挙げられる。

民衆教育の思想

　ルソーと同じスイス生まれの教育思想家ペスタロッチ（Pestalozzi, J. H. 1746-1827）は、ルソーの教育思想の影響を受けているが、自らの思想に従った実践がともなう点で異なっている。ペスタロッチは貧しくも愛情あふれる家庭で育ち、自分の受けた愛と善意を世の貧しい人々に返したいと、幼児期から願ったという。青年期には、貧しい農民を救おうと考え、ノイホーフ（Neuhof：新しい農場）と名づけた農園を開き、あえなく失敗するが、残った農場跡地に貧民の子や孤児のための教育施設を設立する。この施設も財政難のため閉鎖となるが、ここでの経験を活かし、自らの教育思想を世に問うた書が『隠者の夕暮』（1780）で、ルソーの自然主義を発展させた教育箴言集である。冒頭の語「玉座の上にあっても木の葉の屋根の蔭に住まっても同じ人間、その本質から見た人間、いったい彼は何であるか」（ペスタロッチー 1993：7）には、どんな違いがあっても人間として平等とする人間観が示される。その後、シュタンツ地方に設立した孤児院での活動が『シュタンツだより』（1799）に描かれるが、ス

イス革命によって孤児院は接収され、活動は中断されてしまう。それでもペスタロッチはあきらめず、ブルクドルフでの教職を経て、自らの学校を開設した。この学園がイヴェルドンに移転したころ、ペスタロッチの名声は最高潮に達し、各地の教育者が続々と学園を訪れた。特に「ペスタロッチ主義」はドイツで広がった。

　ペスタロッチは家庭教育を教育の中心と考え、なかでも生活の場である居間の教育を重視し、母親の教育力を重んじている。母性愛を教育の基礎とする思想には、自身が幼少期に受けた愛の実体験が反映されている。ペスタロッチの教育実践は、子どもらの親代わりとして愛情を注ぐことで、学校内に「居間」を再現したといえよう。とはいえ学校では計画的な教育が必要であるため、学校教育ではメトーデ（Methode：教授法）と呼ばれる知識教育が必要とされる。ペスタロッチのメトーデは直観を認識の基礎とする「直観教授」で、感覚的な直観の段階から明晰な概念へと導くように知識を整序した教育方法であった。

新人文主義の教育思想

　18世紀は啓蒙主義の時代といわれるが、18～19世紀のドイツにおいては、啓蒙主義の合理的世界観への抵抗が起こり、芸術や文化をつうじた人間性の解放を図る精神運動が展開された。ゲーテ（Goethe, J. W. v. 1749-1832）やシラー（Schiller, J. C. F. v. 1759-1805）らをはじめとする文学運動、シュトゥルム・ウント・ドラング（Sturm und Drang）は、感情や独創性を賛美し、非合理的な生を発見することで、ルネサンスが備えていた個性への眼差しを再び獲得した。シュトゥルム・ウント・ドラングから古典主義、ロマン主義に至るドイツの精神運動に見られる思想は、ルネサンスの人文主義との対比から「新人文主義（Neuhumanismus）」と呼ばれ、教育思想としても独自の展開を遂げている。

　作家として名高いゲーテは、「教養小説（Bildungsroman）」として知られる『ヴィルヘルム・マイスター』（1795-1829）で主人公の自己形成を描き、そこに自らの教育観を投影している。同書の第二部『ヴィルヘルム・マイスターの遍歴時代』（1821-1829）では、ペスタロッチに影響を受けた「教育州（pädagogischen Provinz）」という想像上の学園が描かれる。そこでは、学習者の個性に応じて、精神と肉体の両面の発達を重視する教育のモデルが示される。また詩人のシ

ラーは『人間の美的教育について』(1795) で「美だけは、私たちが個体として、同時に種として、いわば種の代表者として、享楽するのです」(シラー 2003：171) といい、美によって個人と社会をつなぐことを考えて、芸術による民衆教育を要請し、美的国家という理想を掲げた。

　ゲーテやシラーとも交友があったドイツの言語学者、ヴィルヘルム・フォン・フンボルト (Humboldt, W. v. 1767-1835) は、新人文主義の代表的人物である。新人文主義は、古代ギリシアに遡って調和的人間像の理想を見出し、理想とされる古代の精神に学ぶことを称揚するが、ただ模倣するだけでなく、新たな自己を形成するための教育を志向する。教育において個性の育成を重視する思想は、フンボルトに顕著に見られる。さらにフンボルトの教育に対する貢献として、文部大臣として指揮した学校教育制度の改革実践とその影響も挙げられる。なかでも高等教育制度改革としてフンボルトの創設したベルリン大学 (1810) は、学生の自主的な学問研究を重視し、世界の大学の模範とされた。ベルリン大学は第二次世界大戦後、彼の名にちなみフンボルト大学と改称されている。

3　19世紀前半の教育思想

幼児教育の思想

　第2節で取り上げたペスタロッチの教育思想は各国の教育に影響を与えた。ヨーロッパ圏のみならずアメリカでも、19世紀半ばからオスウィーゴー師範学校を中心として、ペスタロッチの直観教授法を受け継いだオスウィーゴー運動が高まりを見せた。そのような広い影響のなかでも、ペスタロッチ直系の教育者と目されるのが、フレーベル (Fröbel, F. W. A. 1782-1852) である。フレーベルは1816年に一般ドイツ教育所を設立し、ペスタロッチのメトーデと自らの理論を組み合わせた教育を実践した。その著書『人間の教育』(1826) では、胎児から老年に至るまでの各段階が相互に浸透し合う「連続的発達観」による、成長段階に応じた教育論が展開される。すべての成長段階はそれぞれ重要であるが、周囲のものを理解し始める出発点として、フレーベルは特に幼児期を重視し、幼児の発達に欠かせない「あらゆる善の源泉」(フレーベル 1963：71) は

遊戯にあるとした。そして、幼児教育に関心を向けたフレーベルは、自ら教育玩具「恩物（Gabe）」を作製し、恩物を用いた遊びをつうじて、子どもは生活や美、認識の一端に触れることができると考えた。

　1839 年にフレーベルは幼児教育施設と幼児教育の指導者養成所を創設する。この施設の名が翌年に「子どもの庭園」を意味する「キンダーガルテン（Kindergarten）」、すなわち幼稚園に改められた。このころの書簡にフレーベルは「幼稚園、それは子どもたちのために再び取り戻される楽園なのです」（ハイラント 1991：158）と記している。

教育の学的体系化

　「教育学は、教育者にとって必要な科学であるが、しかしまた教育者は、相手に伝達するために必要な科学知識をもっていなければならない。そして私は、この際、教授のない教育などというものの存在を認めないし——教育しないいかなる教授も認めない」（ヘルバルト 1960:19）と著書『一般教育学』（1806）で主張し、教育に科学的基礎の必要性を強調し、教育の学的体系化を推進したのがドイツのヘルバルト（Herbart, J. F. 1776-1841）である。ペスタロッチの直観教授を発展させることで自らの学の端緒を開いたヘルバルトは、教育の目的論を実践哲学に、方法論を心理学に求める。教育の最高の目的は道徳性の形成におかれるが、教授においては多面的興味の獲得に目標を定め、教授過程を 4 段階に区分して「明瞭・連合・系統・方法」と規定することから、四段階教授法と呼ばれる。

　その教授法はヘルバルト学派と呼ばれる教育者たちに継承され、さらに教授段階を分類し直した五段階教授法も生まれる。日本でもヘルバルト学派の教授法は受容され、学校教育の体系化に貢献したが、後には公教育の画一化を招いたという批判にもさらされた。

参考文献

アリエス，P.　1981『〈子供〉の誕生』杉山光信・杉山恵美子訳、みすず書房。
アルベルティ他　1975『イタリア・ルネッサンス期教育論』前之園幸一郎他訳、明治図書。

コメニュウス、J. A.　1968『大教授学 1』鈴木秀勇訳、明治図書。

シラー、F. v.　2003『人間の美的教育について』小栗孝則訳、法政大学出版。

ハイラント、H.　1991『フレーベル入門』小笠原道雄訳、玉川大学出版。

フレーベル、F.　1963『人間の教育（上）』荒井武訳、岩波書店。

ペスタロッチー、J. H.　1993『隠者の夕暮・シュタンツだより』長田新訳、岩波書店。

ヘルバルト、J. F.　1960『一般教育学』三枝孝弘訳、明治図書。

宮澤康人　1998『改訂版　近代の教育思想』放送大学教育振興会。

ルソー、J. J.　1990『エミール（上）』今野一雄訳、岩波書店。

Reble, A. 2002. *Geschichte der Pädagogik*, 20 Auflage, Klett-Cotta.

第4章
西洋の教育思想
現　　代

1　子ども中心の教育思想

新教育運動

　スウェーデンの思想家のケイ（Key, E. K. S. 1849-1926）は、1900 年に『児童の世紀』を出版し、ルソー（Rousseau, J. J. 1712-1778）に言及しながら、「教育の最大の秘訣は教育をしないところに隠れている」と述べている（ケイ 1979：142）。ケイは子どもの自主性を尊重したので、子どもの自主性を損なっている学校に対し、次のように批判している。「授業の方法は、幅広く穏やかで具体的で、その上子どもの自主性を認めるものでなければならない。だがいまの授業は、詰込み主義で小間切れ式で抽象的である。これは教室の講義や盛り沢山な科目や形式主義のもたらした結果である」（ケイ 1979：283）。

　詰込み主義で行う教育に対し、ケイのように子どもの自主性を尊重する教育の思想や実践が 1900 年前後に現れた。内容を子どもに詰め込む画一的な教育は旧教育と呼ばれ、子どもの自主性や興味、活動を重視する教育は新教育と呼ばれている。

　新教育の実践は 1890 年代から 1920 年代ごろにかけて展開された。この時期の新しい教育の試みを新教育運動という。代表的な実践家として、「子どもの家」での実践で知られ、感覚教育やモンテッソーリメソッドを提唱したイタリアのモンテッソーリ（Montessori, M. 1870-1952）や、独特な 7 年周期の発達観に基づく実践を行う自由ヴァルドルフ学校（シュタイナー学校）を設立したドイツのシュタイナー（Steiner, R. 1861-1925）がいる。

子ども中心の教育

　新教育を実践し、最も洗練された思想を提示したのはアメリカの教育学者・哲学者のデューイ（Dewey, J. 1859-1952）である。デューイは自らの思想をシカゴ大学附属実験学校で実践した。その思想や実践の様子は『学校と社会』にまとめられている。

　『学校と社会』には「このたびは子どもが太陽となり、その周囲を教育のさまざまな装置が回転することになる。子どもが中心となり、その周りに教育についての装置が組織されることになるのである」（デューイ 1998：96）という有名な言葉がある。この言葉は、教科書からではなく、子どもの興味や活動から教育を行うという子ども中心の教育を表明している。

経験の改造としての教育

　子ども中心の教育では、教育者は子どもの「経験の改造」を促す役割をになっている。なぜなら、デューイにとって教育とは「経験の意味を増加させ、その後の経験の進路を方向づける能力を高めるように経験を改造ないし再組織すること」（デューイ 1975：127）だからである。つまり、経験したことの意味をより豊かにし、それによって今後の行動をより望ましくできるように能力を高めることが、デューイのいう経験の改造としての教育である。この見方に基づくと、教師には子どもの興味や活動から生まれた経験の意味をより豊かにできるよう促す役割が求められる。

子どもとカリキュラム

　教師が子どもの経験の改造を促す際に役立つのが教科である。旧教育を批判する新教育では教科の教育的価値が低く見なされがちだが、デューイは教科をそう見なさない。デューイは子どもの経験の改造を促すために教科の重要さを認め、さらには教師が準備したカリキュラムの重要さを認めている。

　デューイにとって教科は「人類の経験」であり（デューイ 1998：273-274）、「人類が世代から世代へと努力し、奮闘し、そして成功してきた成果の累積を体現している」ものである（デューイ 1998：274）。個人の経験の意味を豊かにする人類の経験という意味で、教科もまた経験である。教科は教師に子どもの経験

の改造を促す材料や方法を示してくれる。子どもの興味や活動から経験の改造を促すために、教師は教科を手掛かりに子どもの興味や活動が尊重されたカリキュラムを整える必要がある。

2　学問中心の教育思想

進歩主義教育への不満

デューイの影響を受けた学校教育は新教育といえるが、アメリカでは進歩主義教育と呼ばれている。進歩主義教育はアメリカの教育の主流であった。しかし、1950年代に学問を観点に進歩主義教育に対して不満を表明する立場が現れた。学問的内容が軽視され、さらには学問的思考へと発展させようとする配慮が学校現場でなされていなかったからである。

1957年に事態が大きく変わった。その年にソビエト連邦が「スプートニク」という人工衛星の打ち上げに成功したからである。スプートニクの打ち上げ成功は、アメリカが人工衛星の打ち上げで後れを取ったことを意味している。当時は東西冷戦の最中である。ソビエトに後れを取った原因として、学校教育で科学技術を重視してこなかったことが考えられた。こうして、進歩主義に代わり、学校教育に学問的内容が求められるようになった。

ブルーナー仮説

アメリカの心理学者のブルーナー（Bruner, J. S. 1915-2016）が著した『教育の過程』は、学問を重視する教育の理論的支柱となった。『教育の過程』は1959年に開かれたウッヅ・ホール会議の内容を、議長であったブルーナーがまとめたものである。ウッヅ・ホール会議で議論されたことは初等・中等教育における教科の「構造」に関することであった。

ブルーナーは『教育の過程』で有名な仮説を打ち出した。「ブルーナー仮説」と呼ばれるその仮説は「どの教科でも、知的性格をそのままにたもって、発達のどの段階のどの子どもにも効果的に教えることができる」（ブルーナー1963：42）というものである。すなわち、教科の本質的な部分である構造ならばどの学年であっても教えられると、ブルーナー仮説によって主張されている。

教科の構造と学問

ブルーナーは「教科の構造を把握するということは、その構造とほかの多くのことがらとが意味深い関係をもちうるような方法で、教科の構造を理解することである。簡単にいえば、構造を学習するということは、どのようにものごとが関連しているかを学習することである」（ブルーナー 1963:9）としている。構造とは「ことがら（ものごと）の結びつき」のことである。

教科内のことがらの結びつきのことである教科の構造を把握するには、その教科を体系化している「一般的原理」や「基本的観念」を理解する必要がある。これらはことがらとことがら（ものごととものごと）を結びつける起点となる考え方のことである。「構造」を学ぶ上で重要なのは、教科の構造を成立させている一般的原理や基本的観念の学びである。

教科の構造を成り立たせている一般的原理や基本的観念は学問に由来する。教科は学問をもとに構成されているからである。それゆえ、教科の構造は学問と関連することになる。

教科の構造を学ぶ上で重要な、学問に由来する一般的原理や基本的観念を子どもの発達段階に合わせた形にして提示すれば、どんな子どもでも、学問という知的性格を保ったままで学ぶことができる。これがブルーナー仮説の真意である。

発見学習

『教育の過程』では構造は学習者各自で「発見」するものだと考えられている。ことがらとことがらは人間の頭のなかで関連づけられているからである。構造は自分の頭のなかにある。頭のなかにある構造の発見が構造の学習として最適である。構造を頭のなかで発見するので、『教育の過程』における構造の学習は「発見学習」として知られている。

一般的原理や基本的観念を教育者がただ示すだけでは構造は発見されない。構造はあくまで自分でつくるものだからである。発見学習として構造を学ぶために、発見を促す興奮が必要であるし、確証を飛ばして結論を把握する「直観的思考」も推奨される。さらに発見学習の結果、自分で構造を発見するので、自分の能力に自信をもてると考えられた。

3 学校批判の思想

学校を批判する思想の出現

1970年代になると、近代に確立し展開されてきた学校教育に対し、その弊害を指摘する思想が現れた。その代表例がオーストリア生まれの思想家であるイリイチ（Illich, I. 1926-2002）の脱学校論である。イリイチは1970年に『脱学校の社会』を著し、近代の学校教育を批判した。その批判の要点となる考えは「価値の制度化」である。彼によれば、価値の制度化を進めれば「物質的な環境汚染」、「社会の分極化」、「人々の心理的不能化」がもたらされることになる（イリッチ 1977：14）。

イリイチは学校を価値の制度化の一つとして見なしている。学校という制度は「進級することはそれだけ教育を受けたこと、免状をもらえばそれだけ能力があること」（イリッチ 1977：13）のように人々を価値づけ、それによって序列化を生み出しているからである。

学校教育による心理的不能化と社会の分極化

価値の制度化を行うがゆえに、学校教育は心理的不能化をもたらす。イリイチは貧民の子どもに対して、政府が学校での学習がうまくいくようにと用意した教育からそれを示す。イリイチによれば、貧民の子どもに政府が用意した教育の効果はなかった（イリッチ 1977：19）。つまり、政府が介入しても、貧民の子どもは学校での学習がうまくいかない。そうであるのに、貧民の子どもは政府が用意した教育に頼ってしまう。その結果、学校教育に頼らずに独力で何かを行う能力が欠けるという「心理的な不能」になる（イリッチ 1977：17）。このように、学校によって貧民の子どもに心理的不能化がもたらされる。

さらにイリイチは「義務就学を行なえば社会は必然的に分極化される」という（イリッチ 1977：27）。上級の学校へ進学すればするほどその人の価値が高いと見られるが、上級の学校に進学するには高い費用がかかる。政府にもすべての人を平等に上級の学校へ進学させる経済力がない（イリッチ 1977：28）。それゆえ、高い価値を得られる上級の学校への進学は一部の人々に限られてし

まう。こうして、学校という制度によって高い価値を得られる者と低い価値しか得られない者という層に分極化されていくことになる。

学校教育の正当性のゆらぎ

物質的な生産によって物質的な環境が汚染され破壊されていくように、政府が用意した学校教育によって個人的生活や社会生活が破壊されるようになると、イリイチはいう（イリッチ 1977：27-28）。学校教育によって心理的不能化と社会の分極化という悪影響が人々にもたらされるからである。その結果、学校教育を用意する政府は人々からの信頼感を失っていくと、イリイチは考えている（イリッチ 1977：28-29）。

学校は人々を無能にし、社会を分極化し、政府への信頼を失わせる。よいものとされてきた学校教育は社会を破壊する悪い側面をもっている。そうであれば、当然、学校教育の存在は理に適っているという、学校教育の正当性がゆらぐことになる。イリイチの脱学校論は、私たちに、今日の社会における学校教育に正当性があるのか否かという問いを投げかけている。

4 哲学的人間学の教育思想

哲学的人間学という観点

学校教育に正当性が認められるかはさておき、学校批判の思想が現れてもなお学校教育は営まれている。学校教育の弊害が指摘されているからこそ、学校教育はその役割をしっかりと果す必要がある。そのヒントを与えてくれるのが、教育という営みの成立条件を洞察したドイツの教育哲学者のボルノー（Bollnow, O. F. 1903-1991）である。

ボルノーは哲学的人間学を観点に教育を考察した。哲学的人間学は「人間の生という『テキスト』を解釈しようとする」立場である（ボルノウ 1973：9）。テキストの各部分の意味はテキストの全体からもたらされている。それと同じく、人間に起こるさまざまな現象（テキストの各部分に該当）の意味は、人間の生（テキスト全体に該当）からもたらされている。人間に起こる諸現象を人間の生に位置づけて読み解こうとするのが哲学的人間学の立場である。ボルノー

はこの立場から「教育的な雰囲気」の重要性を明らかにした。

教育的な雰囲気

　教育的な雰囲気とは「教育の行なわれる背景である感情と気分の状態と、共感と反感との関係のすべて」を意味するものである（ボルノー 1969：56）。簡単にいえば、教室にいるすべての人の感情や気分と人間関係によって生じた教室の雰囲気ということである。

　ボルノーによれば、教育的な雰囲気が教育の目的を達成するために絶対に欠かせないものであり、教育的な雰囲気がなく教育を行えば必ず失敗する（ボルノー 1969：56-57）。教育的な雰囲気は教育という営みを成立させる根本条件なのである。

成長に必要なこと

　ボルノーは教育的な雰囲気として子どもの成長に求められるのは「楽しい気分」であるとしている。楽しい気分は「人間全体を活気づける」からである（ボルノー 1969：60）。

　成長のために必要なのは子どもの楽しい気分だけではない。教育者と子どもを結びつける関係も重要である。子どもと結びつくには、教育者には「愛を注ぐ」ことが求められる（ボルノー 1969：62-63）。ここでいう「愛」とは「あらゆる教育的な意図の前に、すなわちあらゆる意識的な教育の意志の前に、まず一度はその自然なままの姿で見てそれを認識し、特定の勝手な期待をいだいて子供に接することなく、子供が期待通りに成長しなくても失望せずに、独自な成長のための活動の余地を自由に与えてやること」である（ボルノー 1969：63）。

信頼と忍耐

　子どもに対し愛を注ぐには、ボルノーは「信頼」が必要であるとする。「教育者が仕事の成功を子供に信頼していると、その子は自分でそれを信じて、楽しい気持でそれに取りかかる」（ボルノー 1969：63）ように、子どもは自分の成長を教育者から信頼されない限りは、その教育者の下で成長しようとは思わ

ない。ボルノーによれば、子どもは自分が教育者に見なされている方向に成長する（ボルノー 1969：63）。教育者がこの子はよい方向に成長しないとすれば、その子どもは悪い方向へと成長してしまう。教育者が子どものよりよい成長を信頼していない限り、子どもはよい方向へと成長しない。

　しかし教育者がよりよい成長を信頼しているとしても、子どもはその信頼を裏切ることもある。教育者は子どもに信頼を裏切られても、それに耐える必要がある。教育者には「あらゆる不可避な後退と失望ののちにも勇気を失わないように、大きな心の安定とそれに基づく忍耐が必要である」（ボルノー 1969：65-66）。

　信頼と忍耐は子どものよりよい成長に不可欠である。学校教育の弊害が指摘されている今、子どもに愛を注ぎ、忍耐をもって子どもの成長を信頼し続ける大切さを、ボルノーの教育思想は教えてくれている。

参考文献

イリッチ、I.　1977『脱学校の社会』東洋・小澤周三訳、東京創元社。

ケイ、E.　1979『児童の世紀』小野寺信・小野寺百合子訳、冨山房。

デューイ、J.　1975『民主主義と教育（上)』松野安男訳、岩波書店。

デューイ、J.　1998『学校と社会・子どもとカリキュラム』市村尚久訳、講談社。

ブルーナー、J.　1963『教育の過程』鈴木祥蔵・佐藤三郎訳、岩波書店。

ボルノー、O.　1969『人間学的に見た教育学』浜田正秀訳、玉川大学出版部。

ボルノウ、O.　1973『気分の本質』藤縄千艸訳、筑摩書房。

第5章

日本の
教育思想史

1　古代から明治にかけて

奈良から室町時代

　7世紀半ばから、大化の改新により、日本では中央集権的律令国家の建設が目指され、成立する。この新しい政治を運営していくために文字を書くことができる国家官僚が必要とされ、その育成のために学校が作られた。それが日本で最初の学校である、大学寮である。大学寮では教材として、孝経、論語、周礼、礼記などの儒教の経典を教科書に用いていた。試験制度や教育内容は中国の学校をモデルとしていた。しかし、この大学寮は奈良時代から平安時代中期にかけて国家官僚の育成・輩出をするも、律令体制の崩壊に伴って衰退していった。この大学寮以外にも奈良時代末期から平安時代前期にかけて、私学ができる。吉備真備の二教院、石上宅嗣の芸亭（または芸亭院）、空海の綜芸種智院などがあった。しかし、これらの私学は長くは続かなかった。

　鎌倉時代に入り、貴族に代わって武家が台頭し、政治の実権を握るようになる。中世期の武家は何よりも武術の鍛錬、精神の鍛錬、統率者としての器量が重視されていた。そうした教えを施される場が武家の家庭であった。武家家訓には、文武兼備をうたったものが多く、この文武兼備の思想は、その後の武士の教育に受け継がれ、武士の理想の姿となり、江戸幕府が定めた武家諸法度にも記載されている。

　鎌倉時代中期になると貴族や僧侶のほかに武家のなかからも蔵書を収集する者が現れるようになった。その代表的なものが北条実時によって設立された金

沢文庫である。仏典を中心に漢籍、国書など書籍数約1万6千冊が現存している。金沢文庫は私設の図書館の役割を果たしていたが、鎌倉幕府の崩壊と北条氏の滅亡と共に衰退していった。金沢文庫と並んで中世を代表する教育機関が足利学校である。室町時代中期に上杉憲実（のりざね）が再興した足利学校では、学生の多くは僧侶だったが主たる内容は漢学であった。それは学生の多くが成業後、地方において教育指導者や武家への助言者になったためであった。

江戸時代

　江戸時代に入り、武士には武術以外にも政治的指導者としての立場上、儒学を中心とした学問教養が求められるようになった。また江戸幕府の統治により、国としても安定し始め、庶民にも教育が施されるようになった。江戸時代の武士の代表的な学校として昌平坂学問所がある。ここを卒業したものが各藩の藩校の教師となっていく。藩校は各藩の費用で設置され、全国270以上の藩の大部分に設けられていた。主に武士の子どもが通っており、有名なもので水戸の弘道館、薩摩の造士館、萩の明倫館、米沢の興譲館などがある。教育内容としては儒学が中心で孝経、大学、論語、書経などを教科書として用いて、文武両道を目指していた。藩校は武士のための学校であったが、幅広く庶民に開かれた学校が私塾である。有徳な学者が開いた私塾は全国に1500あったといわれ、緒方洪庵の適塾、吉田松陰の松下村塾、シーボルトの鳴滝塾などが有名であった。教育内容は藩校同様に儒学が中心であったが、幕末に近づくにつれ、洋学塾や国学塾、蘭学塾なども増加した。

　幕末に日本を訪れた外国人は日本人の識字率の高さや教育水準の高さに驚いており、そういった記述は数多く存在する。その礎を築いていたのは庶民の教育機関であった寺子屋である。寺子屋は鎌倉時代の寺院教育を起源とし、庶民の教育需要の増加により、広がっていく。特に江戸時代中期の商業の発展により、全国的に普及し、江戸時代末期には1万5千〜3万以上もあったといわれている。寺子屋では6歳から13歳までの男女児が通い、読み書きや算盤の知識を手習いという現在の一斉教授ではない手法で教えられていた。寺子屋での教科書（手習い本）は往来物と呼ばれ、漢書や歴史書、往復の書簡などであり、多種多様であった。師匠と呼ばれる寺子屋の教師は僧侶、元武士、医師、未亡

人、百姓、町人などさまざまであった。寺子屋での師弟関係はとても親密で、人格形成にも影響し、師匠はとても尊敬される存在であった。これらの寺子屋は明治期の学制、特に小学校の設置・開設に大きく影響する。このように、藩校、私塾、寺子屋によってほぼ全階級の人間が教育を受けられる時代が江戸時代であり、その後の明治時代に引き継がれていく。

　明　治

　明治に入り、日本の近代教育は始まる。1872（明治 5）年の学制の発布により全国各地に小学校、中学校、大学などの学校が作られ運営されることとなった。1875 年には小学校は全国に 2 万 4 千以上作られ、現在の小学校数と同等になるも就学率は約 35％であった。当時はまだ農業社会であり、働き手である子ども達が小学校に奪われること、そして高い授業料も相まって地方では住民の反感を買い、学校打ち壊し運動まで起きた。1879（明治 12）年に学制は廃止され、教育令が公布された。アメリカの自由主義的な教育をモデルとしており、自由教育令とも呼ばれている。これにより修身（道徳）的な内容が重要視され、小学校の就学期間を 4 年とし、住民の負担と統制の緩和が目指された。しかし翌年に、一転して干渉主義的な教育令（第 2 次）を公布する。その背景には自由民権運動の高揚があり、それに影響された教育の場での政府批判を押さえ込もうという意図があった。

　1886（明治 19）年に初代文部大臣の森有礼が小学校令、中学校令、師範学校令などを公布し、近代的な学校体系を構築していく。4 年間の就学期間を初めて義務化にするなど国民教育に尽力していった。その後、1890（明治 23）年には「教育ニ関スル勅語（教育勅語）」が発布され、小学校では御真影と共に安置されるようになった。この教育勅語は天皇への臣民の忠誠と忠孝の儒教道徳の必要性を謳っており、天皇を中心とする国家の構築、軍国主義教育の中核的理念につながっていく。またこれが父親を中心とする家長制度につながっていく。その後、小学校令は数回、改正され、無償義務教育制度や 6 年制になるなどし、明治末期には就学率は男女共に 100％近くになった。高等教育においても帝国大学令や専門学校令などの公布により専門的な内容が教授されたものの、男子のみに進学する道が開かれており、女子には高等学校への進学は閉ざ

されていた。

2　大正から戦後、現代にかけて

大　　正

　日露戦争（1904 年）以降、日本の資本主義は急速に発展し、帝国主義化していく。資本主義は大量の労働者を生み出し、彼らは人口の大半を占め、民主政治（デモクラシー）を要求した。この大正デモクラシーは政治面や外交面、社会面に大きな影響を与え、教育の世界においても大きな運動となっていく。それが大正自由教育である。国家管理型の教育に対抗する民衆自身の創造的、自由主義的教育運動であった。特に大正自由教育では新学校設立運動、芸術教育運動、勤労人民の自己教育運動の 3 つの潮流を生み出した。

　またこの頃から女子教育が普及し展開されていく。明治期からの女子教育の理念は良妻賢母であり、主に家政学を学ぶことが目的であった。大正デモクラシーのなかで、女性の参政権問題、職業女性の社会進出問題、女子の高等教育の問題が盛んに議論されていた。女子教育は大正から昭和にかけて飛躍的に発展し、高等女学校の数も 1915（大正 4）年から 1945（昭和 20）年の 30 年間で223 校から 1272 校へと 5 倍以上に増加している。そのなかで、平塚らいてうは女性の天職は良妻賢母ではなく、各々が自由に選択し、無限でなくてはならない、として女性を家制度にとどめておく良妻賢母主義教育を痛烈に批判した。

　しかし、これらの主張は学校教育に浸透せず、1918（大正 7）年の臨時教育会議では、明治以来の良妻賢母教育を再確認する答申が出されている。また昭和期の戦時体制の突入により良妻賢母主義には犠牲的精神に富む臣民の育成を目指す目的も追加されていく。

戦　　後

　1945（昭和 20）年、日本は太平洋戦争に敗れ、その後の連合国軍最高司令官総司令部（GHQ）の教育に関する 4 大指令を受けることになる。①教育制度の管理、②教員及び教育関係官の調査・除外・認可、③国家神道・神社神道に対する政府の保証・支援・保全・監督並びに弘布の廃止、④修身・日本歴史・地

理の中止、であった。戦時中の軍国主義的要素の払拭を図るために、内閣の諮問機関として設置された教育刷新委員会は、アメリカ教育使節団からの勧告的な報告書を踏まえながら、教育基本法や学校教育法を建議した。これにより理念上、制度上、民主的な教育体制が整えられる。

　1946（昭和 21）年に日本国憲法が公布され、第 26 条で「教育を受ける権利」を定めた。翌年（1947 年）には教育基本法が制定され、平和的な国家や社会を形成する者として真理と平和を希求する人間の育成を教育目的に掲げた。それ以外にも義務教育の無償、教育の機会均等、男女共学、政治的教養の教育、教育の宗教的中立、教育行政の独立など、教育を受ける権利の具体的な内容を示した。また教育基本法と同時に学校教育法が公布され、小学校 6 年間、中学校3 年間の合計 9 年間の義務教育制度を打ち出した。同法に基づいて、小学校や中学校が発足し、翌年から高等学校、さらに 1949（昭和 24）年に新制大学が発足した。教科書は検定制になり、教師の主体性も尊重され、それぞれの地域と子どもの特質を考えて授業内容や教育方法に創意工夫が加えられるようになった。また教師も戦前の師範学校を中心とした養成制度ではなく、大学教育を基礎とし、教育学部以外でも教員免許状が取得できるような養成制度となった。このように現在の教育制度が築かれていったのである。

現　　代

　高度経済成長期を迎え、学習指導要領などの教育に関する法令・基準の改訂と強化や、当初暫定措置として設けられた短期大学が恒久化し、そして産業界の中堅技師育成の目的で新たに高等専門学校の制度が作られるなど、教育制度は変化していった。1960 年代から国民の所得も増え、高学歴人材の需要が高まり、高等学校や大学への進学率が急増した。その結果、受験競争が激化し、詰め込み型教育や落ちこぼれ、といった多くの問題が学校現場で見られ、また塾通いも社会問題となっていった。高等学校への進学率は 1965（昭和 40）年に約 70％であったのが、2000（平成 12）年には 96％まで達している。同様に大学への進学率も 1965（昭和 40）年に 10％台であったが、2005（平成 17）年には 50％台にまで達し、大学全入時代、または大学のユニバーサル化といわれている。

こうした高学歴化が進行するなかで、高等学校における退学者の増加、小中学校における校内暴力、いじめ、不登校、学級崩壊などの問題も深刻化した。深刻な経済不況も加わり、経済格差と学力の二極化現象が目立つようになってきている。また学力低下という問題に対しても学習指導要領の改訂に伴って授業時間数の増減や教育内容に変化が見られ、2018（平成30）年の新要領では、「アクティブ・ラーニング（主体的・対話的で深い学び）」を実現する授業とカリキュラムの改革を盛り込むことになっている。

3　人物から見る日本教育史

福沢諭吉

　1835（天保6）年に中津藩藩士の次男として生まれた福沢諭吉は下士の身分に属する家柄で、身分の違いにより、差別的な扱いを受け、屈辱的な思いをしていた。21歳で長崎に蘭学修行に赴き、翌年には大坂の適塾に入門し、24歳にして、同塾長になった。その翌年、江戸に蘭学の塾を開くが、これが慶応義塾の起源となる。27歳で幕府の従僕としてアメリカ、ヨーロッパに渡り、そこで西洋の文化・産業・教育・平等社会などを学び、多くの原書を購入して帰国した。再度の渡米の後に、33歳で新銭座に塾を移し、慶應義塾と名づける。『西洋事情』『学問のすすめ』などの刊行や明六社の結成、『時事新報』の創刊、「脱亜論」の発表など、日本の近代教育に尽力し、1901（明治34）年に68歳で亡くなる。

　福沢の記した『西洋事情』とは自分が触れて経験し、学んだ西洋の文化・産業・教育・平等社会などをまとめたものであり、『学問のすすめ』とはそれをわかりやすく書いたものである。特に有名な「天は人の上に人を造らず人の下に人を造らずと云へり」という一節は単に人間の平等性を謳っているわけではない。「完璧な平等はないが、学問を修める自由、平等性はある。だから学問を修めることで人は独立することができる」（中村 2010：94）と学問の重要性を説き、平民への奮起を促すものであった。その根底にあるのは若い頃の辛い身分差別やしきたりに対する反抗心や屈辱を晴らす目的であった。

森　有礼

　森有礼は1847（弘化4）年に薩摩藩士の五男として生まれた。薩摩藩の洋学校で英語を学んだ森は欧米で西洋の文化や学問に触れ、理解を深めていった。帰国後、福沢諭吉らと共に明六社を結成し、啓蒙的な学術論文を発表した。その後、新政府の外交官や駐英大使を歴任し、35歳の折、後に初代総理大臣となる伊藤博文に出会う。伊藤は森の教育論に共鳴し、彼を初代文部大臣に任命する。日本の教育政策の抜本的な改革、そして教員養成制度の確立など日本の教育制度の礎を築いていった。しかし、1889（明治22）年2月11日、大日本帝国憲法発布の日に官邸を出た所で国粋主義者に刺され、死去する。43歳であった。

　森は教育とは国家的見地から構築されなければならないとして、1886（明治19）年に小学校令、中学校令、帝国大学令、師範学校令を公布し、現在につながる学校体系の基礎を構築した。また師範教育においても、知識以上に「善良ナル人物」が教員に望まれるとして、順良・信愛・威重という三気質を備えた「教育の僧侶」なる教師像を求めていた。

倉橋惣三

　倉橋惣三は1882（明治15）年に静岡県で生まれた。元来、子ども好きであった倉橋は18歳頃から東京女子師範学校附属幼稚園の他に二葉幼稚園や滝野川学園にも通って子どものありのままの姿と教育内容を学んだと自伝に記している。同じ頃に内村鑑三主催の勉強会に参加するなどし、聖書や教育学、ペスタロッチやフレーベルの思想についても触れ、感銘を受けている。大学院を卒業後、東京女子師範学校の講師や教授を歴任し、35歳で同附属幼稚園の主事となり、幼稚園教育の改革に乗り出す。その後、アメリカやヨーロッパの保育事情を視察し、帰国後、学んだデューイの児童中心主義教育を取り入れていく。関東大震災や戦時下の統制により、何度も休園や閉鎖に追い込まれるも、戦後に復帰し、日本の幼児教育に尽力していく。日本保育学会の創設や初代会長に就任、『子供賛歌』の創刊など「日本のフレーベル」と称され、第一線で活躍するも、1955（昭和30）年に脳血栓で倒れ、72歳で亡くなる。

　倉橋の教育理論の根底にあるものは「子ども本位」である。子どもが生活を

通して自己充実をし、そのさながらに生きて動いているところをそのままにして、それへ幼稚園を順応させていくことを真の幼児教育としていた。そして自己充実のために保育者が行う充実指導、その次に行う教導を提起していた。この倉橋の教育理論を「誘導保育論」という。この教導こそが最も大切であり、困難であると述べ、「幼稚園教育にあっては最後にあって、むしろちょこっとするだけのこと」（中村 2010：111）としている。倉橋のいう自己充実とは子ども本来の好奇心を潰さない、ということを指しているのである。

城戸幡太郎

　城戸幡太郎は1893（明治26）年、松山市で生まれた。戦後、国立教育研修所所長、教育刷新委員になり、戦後民主教育の創造に尽力した。倉橋と城戸の保育理論はよく比較される。だが、それぞれが念頭に置いていた対象の子どもは違っており、倉橋は中流階級以上の子どもであったのに対して、城戸は労働者階級の子どもが対象であった。城戸は倉橋の理論では保育者は子どもをそっと見守る傍観者に過ぎず、子どもを導く指導者の役割を放棄していると批判している。城戸は、子どもは家庭を出た新しい社会・環境でできないことに遭遇するので、それをできるように助けることが保育者の役目であり、子どもの遊びを統制する役目も保育者は果たさなければならないとしている。そして子ども同士の協力しあう体験をさせることも求めている。つまり家庭にはない協同の力を育むのが指導者としての保育者の仕事だと述べている。このように城戸の理論は倉橋の児童中心主義に対して社会主義の保育理論と称される。

参考文献

片桐芳雄・木村元編　2008『教育から見る日本の社会と歴史』八千代出版。

斉藤利彦・佐藤学編　2016『新版　近現代教育史』学文社。

中村弘行　2010『人物から学ぶ教育原理』三恵社。

第6章

教育課程・指導計画

1 教育課程・指導計画の意義

　学校教育は、幼稚園教育から大学教育に至るまで、社会の形成者としての次世代を育成することを担っている。そのために学習者にとっては学習すること、教育者にとっては教育実践を行うための道筋として、各学校種に応じた教育課程や指導計画が設けられている。

　教育課程は、各学校において教育の内容を組織的かつ計画的に組み立てたもので、学校教育のすべてに関わる計画である。そこには教育目的・目標、教育内容、教育方法、教育評価までの一連の流れや教師などによる指導や支援の方策が含まれる。しかも、それぞれの省察による教育課程の改善とともに、新たな編成にも関わってくる。明治期以来の学校教育のなかでは、かつて初等教育では教科課程、中等教育以上では学科課程と呼ばれた。そこには教科や学科の内容と、それらの時間配当もあわせて示されていた。これらは現代では狭義の教育課程と見なされ、児童生徒らにとって授業内容や時間割として知られる。さらに第二次世界大戦後の 1947（昭和 22）年にアメリカから導入された概念であるカリキュラム[*1]（curriculum）によって、教科以外となる特別活動をも包含することになって教育課程に改められて現代に至っている。これは広義の教育課程[*2]ともいわれる。他方、指導計画は、教育の全体的な計画を表す教育課程とほぼ同じ意味だが、年や学期、季、月、週、日といった期間単位、あるいはひとまとまりの保育活動、教科・科目・単元ごとの授業時間数、活動や教育の内容の種別など、より具体的な教育や保育の流れを提示することにも用いられる。

日本の教育課程はナショナル・カリキュラム[*3]として、幼稚園教育では『幼稚園教育要領』[*4]、小学校教育、中学校教育、高等学校教育では、『(各校種及び各教科による)学習指導要領』によって示されている。特別支援学校では、『特別支援学校教育要領、学習指導要領』によって示され、幼稚部、小学部、中学部、高等部という4部構成になっている。一方、保育所は学校教育機関ではないため『保育所保育指針』として福祉的な見地からの保育の計画や指導計画が示されている。同様に幼保連携型認定こども園では、『幼保連携型認定こども園教育保育要領』として、家庭生活における保育と学校教育の両面から、教育課程と保育の計画が示されている。両機関の教育は教育内容や評価の視点において幼稚園教育との共通化が図られている。示されている教育課程には「主体的・対話的で深い学び」の実現に向けて、幼児期の教育(幼稚園教育など)から高等学校教育までの各学校段階を通じて、体系的に生きる力を育んでいくことが目指されている。

2　教育課程・指導計画の歴史的変遷

　ヨーロッパにおいて教育課程の基盤が築かれたのは、中世のカトリック教会の修道院だといわれる。そこでは、僧侶養成を主として担い、のちに中等・高等教育へ発展した。また庶民のための教育課程は教会(日曜)学校や私的事業の教育活動の中で編成されていた。中世の教育課程は日常生活に必要となる3R's (Reading, Writing, Arithmetic：読み、書き、算術)と宗教(道徳)教育を中心としていた。教育課程の起源として、七自由科(liberal arts：文法・修辞学・弁証法の三学、算術・幾何・天文・音楽の四科)が代表的なものとされている。そこでは、当時の教養的な内容を提供している。

　教育課程を編成するうえで年齢段階に着目したのは、近代学校教育制度を構想したコメニウス(Comenius, J. A. 1592-1670)である(詳細は第Ⅰ部参照)。彼は、幼児期の初等教育から高等教育までを、スコープの観点と、成長発達段階に応じた見通しとなるシークエンス(sequence)の観点に基づいて4つの発達段階と学校種に区分した(表2-6-1)。その教育方法は、汎知主義、直観主義、自然主義を基本原理としている。そののちのペスタロッチ(Pestalozzi, J. H. 1746-

表2-6-1　コメニウスによる発達段階と学校種の区分

年齢	0歳	6歳	12歳	18歳　　24歳
発達段階の区分	乳幼児期	幼年期、少年期	少年期、若年期	青年期
学校（その系統）	母親学校 母親の膝	初等学校 公立母国語学校	ラテン語学校 ギムナジウム	大学 旅行
教育の重点	外官の訓練と事物 の識別	内官の訓練と想像 力の進化	理解と判断	意志の訓練と 諸能力の調和
植物と季節からの 類推	花の春	成長の夏	収穫の秋	果実の加工の冬
設置場所・地域	各家庭	各町村	各都市	各王国 大きな州

出典：小川（1966：23）と貴島（1992：194）を改変。

1827）は、直観主義を引き継ぎ、子ども（児童）中心主義教育思想や教育機会均等に取り組んだ。それらの実践は、のちの教科カリキュラムや経験カリキュラムの創出者にとって参考となった。[*5]

　ヘルバルト（Herbart, J. F. 1776-1841）は、ペスタロッチの学校で実践を参観したのを契機として、教育内容を専門的に分化していくことと、教育内容の系統性を構成する立場をとって、教科カリキュラムを考案した。それは、さらに弟子たちのツィラー（Ziller, T. 1817-1882）やライン（Rein, W. 1847-1929）などヘルバルト学派によって深められた。彼らは人文的学習と実学的学習を分類することによってカリキュラムの構造化を図った。それは道徳的品性を教育の最終目的とした人間形成のためのカリキュラムであった。そして分類された教科相互の関連性を明確にするために、ツィラーは、中心統合法を考案している。それは道徳的品性をカリキュラムの中心に置き、それに関連した種々の教科群を周囲に配置し、教育内容を系統づけた。これらによって百科全書的なカリキュラム構造は、系統性を有する教科カリキュラムにとってかわられることになった。

　一方で、フレーベル（Fröbel, F. W. A. 1782-1852）は、ペスタロッチの学校での教師経験や参観から、生活に基づく経験学習を重視するとともに、結晶鉱物学者でもあった経歴から科学的認識を強化した。兄の子たちの世話をきっかけとして、幼稚園を創設し、恩物と称する教育玩具を通じて、幼児の主体性に基づく遊びによる学習の過程を創案した。彼による幼稚園と経験カリキュラムの考えは、諸外国で急速に広まっていった。[*6]

日本では、ヘルバルトによる教科カリキュラムは、ハウスクネヒト（Hausknecht, E. P. K. H. 1853-1927）らにより明治初期に導入され、中等教育を中心に実施された。一方で、フレーベルの経験カリキュラムの考え方については、近藤真琴が紹介し、[*7]豊田芙雄やハウ（Howe, A. L. 1852-1943）らによって本格的に幼稚園教育が広まった。その後、大正期に、自由主義的で、デューイらが唱えた児童（子ども）中心主義教育にもとづく生活経験を基軸とするカリキュラム編成を用いるようになってからは、教科カリキュラムは一旦衰退した。当時の新教育運動には、児童の生活に沿って課題達成の活動過程に複数教科のねらいや内容を結びつけて、それらを統合して指導する合科教授（Gesamtunterricht）があった。昭和初期（1940年代）頃まで展開された経験カリキュラムは、一時期、国家主義的教育により衰微するものの、第二次世界大戦後の1940年代後半にコア・カリキュラムによって受け継がれる。1950年代以降には、教科カリキュラムが、時代の推移によって盛衰に振幅があるものの、小学校、中学校、高等学校、大学などの教育課程の編成において主流を占め、今に至る。

3　教育課程・指導計画の類型

　日本の近代学校教育制度が確立した明治期のカリキュラムでは、幼稚園から高等学校などまで校種を問わず、[*8]教科や学科を中心とした教育課程（当時は教科課程および学科課程）で、時間割が設けられていた。しかしながら現代の幼児教育・保育においては、教科カリキュラムの対極ともいえる経験カリキュラムが主流となっている。また、小学校、中学校、高等学校、大学などにおいては、教科カリキュラムによって分化した教育内容を有する各教科・科目を相互に関連づけたり、経験学習の体験を効果的に系統的に活用したりするための種々のカリキュラム類型やコア・カリキュラムが用いられている。これらについて以下に概要を示した。

教科カリキュラム
　教科カリキュラム（subject - matter curriculum）は、小学校、中学校、高等学校、大学等で主として使用されている。前もって教材を設定するので教材カ

リキュラムと呼ばれることもある。教師にとっては、教育活動の流れがとらえやすいこと、計画を立案しやすいこと、系統的な知識の伝達や学習の効率性が高いこと、評価がしやすいことなどの利点がある。このように教師の指導を中心に展開されることから、教師中心主義カリキュラムとも呼ばれる。問題点としては、学習者が教えられた内容を理解するよりも、暗記に陥りやすいため、知識偏重の傾向が見られることが挙げられる。つまり学習の興味・関心がとりあげられる機会がないために、学習者の創造力や表現力さらには思考力が育成しにくいことがある。

　教育方法においては、等質で多くの教育内容を、多くの学習者に一斉に伝えられる効率性を有する。しかしこれが、教師から学習者への知識の一方的注入としてとらえられ、学習者一人ひとりの個人の能力に応じた教育が行われにくいとされている。

　さらに本来は系統学習を目的としていた教科カリキュラムが、教科・科目で分化されたことによって、教育内容も分断されてしまった。そこで各教科・科目の内容を関連づけるために、相関カリキュラム（correlated curriculum）、融合カリキュラム（fused curriculum）、広領域カリキュラム（broad-field curriculum: expanded curriculum）が考案された。相関カリキュラムとは、科学技術の進歩の影響を受けて専門化され細分化された教科・科目の内容を、関連づけて学べるようにしたもので、教科・科目の枠をそのままにして内容の連関を図っている。融合カリキュラムは、教科・科目の関連性をより強くしたもので、近接したあるいは類似した教科・科目の枠を外して統合して、新たな教科・科目として教育課程に編成しなおしている。広領域カリキュラムは、より広い教科・科目間の関連性をもたせるため、教育内容の異なる教科・科目間や領域の異なる教科・科目間の統合を図っている。

経験カリキュラム

　経験カリキュラム（experience curriculum）は、現行の幼児教育・保育で主たるカリキュラムとなっている。学習者である子どもの生活経験や興味を重視する立場にあるので、児童（子ども、学習者）中心主義カリキュラム（child‐centered curriculum）や生活（経験）中心カリキュラムと呼ばれることがある。

すなわち学習者の興味・関心にそった学習活動とともに自主的で協同的な活動を主に展開する。したがって学習者個人の成長・発達と能力に応じた教育保育を行える可能性がある。ただし教材の選択について、学習者自身に知識がなければ学習活動の実施も困難になってしまう。しかも教師側にとっても、学習者が適切な判断をするための経験や活動を推察するには、教材の精選や環境設定が必要である。そのために非常に広範囲で、しかも専門的な内容を把握しなければならないが、経験や活動を、前もって完璧に用意することは不可能に近い。さらにある特定の同様の経験活動を行ったとしても、個々の学習者によって理解している内容や程度が異なる。したがって学習結果を総括し組織化することが困難となる。加えて、教師による指導を主たるものとする活動と比較して学習者が教育内容を修得する質量に大きな差異が生じる。たとえ学習者に能力や経験があっても、自らの計画をたてることは、年齢段階が低いと困難さもそれだけ増す。同時に、興味関心にとらわれ過ぎると、計画の理論性や系統性が成り立たなくなり、学習者の発達や能力によっては、それらを立案することも難しい。学習者の自発性・自由を重視するあまり放任状態となって、わがままや気まぐれにより学習活動自体が成立しなくなるおそれもある。

　現代日本の幼稚園教育では、このカリキュラムを主たるものとして使用している。ただし経験カリキュラムにおいては、本来は学習者自身が学習指導計画を立てて学習活動（遊び）を行う。しかし幼児期には、学習者自らが学習計画を設定することは、非常に難しい。つまり幼児期の子どもは、長期の展望に立って学習（遊び）を計画していくわけではなく、そのときの遊びのなかから試行錯誤しながら種々のことを生成し体験している。そのために、幼児が行おうとする遊びの展開を予想して、指導計画を立案するのは教師[*10]となる。したがって生成カリキュラム（emergent curriculum）ともいわれる。小学校教育以降では、経験カリキュラムや経験学習が、教科カリキュラムに組みこまれた形態で用いられている。

コア・カリキュラム

　コア・カリキュラム（core curriculum）とは、ある特定の活動や、特定の教育内容や保育内容、教科・科目群などを中心的な核として、その周辺に、関連

した活動や教科・科目群などを選択・配置したカリキュラムである。起源は、教科カリキュラムの一つであったツィラーによる中心統合法である。今では、学習者の生活に関係した興味・関心のある内容を中心に据えるため、経験カリキュラムに属するカリキュラムの一つの形態として見なされる傾向がある。したがって、このカリキュラムは幼児教育・保育で、頻繁に用いられる。小学校教育以降でも、ある特定の教科・科目や課程を核として、しばしばこのカリキュラムが活用される。

学問中心カリキュラム

学問中心カリキュラム（discipline-centered curriculum）は、1950年代後半に科学技術の量的拡大や質的進歩に対する危機感から行われた教育改革で創出された。例えば、旧西ドイツの中等教育における範例方式、アメリカの初等教育におけるSMSG[11]、中等教育におけるPSSC[12]、CBA[13]、BSCS[14]などのカリキュラム開発がある。これらカリキュラムの内容は、それぞれの学問（教科）の基本的概念とその構造から導き出され、学習者はそれらを学習することが求められる。目的は結果としての知識を習得・記憶するのではなく、結果に至るまでの探究過程を理解することにある。とくに経験カリキュラムの推進者であるデューイやキルパトリックら進歩主義者に対抗するものである。つまり目的は教師による指導的立場を重視し、先人たちが積み重ねてきた価値ある遺産を活用し目標を達成することにある。学問・知識体系、教科および系統的学習についてミニマム・エッセンシャルズを重視する考え方である。これらを推進する立場を本質主義者（エッセンシャリスト[15]）と呼び、例えばデミアシュケビッチ（Demiashkevich, M. J. 1891-1939）やバグリー（Bagley, W. C. 1874-1946）は、教育のエッセンシャルズ（本質）を習得するための学習者の努力や訓練を強調している。この教育課程は、日本の1950年代後半から1970年代にかけてのカリキュラム改革において基盤となっていると見なされる。当該カリキュラムには、ブルーナー（Bruner, J. S. 1915-2016）による発見学習の方法なども含まれる。

その他のカリキュラム

本質主義からの流れには、ブルーム（Bloom, B. S. 1913-1999）による完全習得

学習（マスタリー・ラーニング the theory of mastery learning）もある。これに
はヘルバルト学派のラインによる五段階教授法やプロジェクト・メソッドの領
域が援用されるとともに、キャロル（Carroll, J. B. 1916-2003）の学校学習モデ
ル（時間モデル）が理論的根拠となっている。完全習得学習の特徴には、その
過程において形成的評価があって、それによって個人の学習の進捗状況を把握
できることで個別指導によっても対応できる点があげられる。

　教育課程・指導計画は、教師などの明確な意図により編成されているために
顕在的カリキュラム（manifest curriculum）と呼ばれる。このカリキュラムは
学校教育もしくは保育所で形式に則って編成され実施される。これに対して、
潜在的カリキュラム（latent curriculum）とよばれるものがあって、それは学
習者や教師のパーソナリティ（性格・人格）や、学習者と教師との関わり、学
習者同士の仲間関係、学校教育に関わる人々の価値観や習慣、あるいは学舎や
園舎など建築物の構造や施設の機器備品など、さらには保育室（遊戯室）や教
室の壁面の色彩や雰囲気、生まれ育った環境・文化に至るまで、明文化されて
いない校風や愛校心なども含めてさすカリキュラムもある。これを隠れたカリ
キュラム（hidden curriculum）と呼ぶこともある。これらをひろい意味でのカ
リキュラムの一環として捉えることもある。

4　教育課程・指導計画の編成の観点と取り組み

スコープの観点

　教育課程・指導計画は、教育内容の質によって、各教科や特別活動などのい
くつかの領域（scope：範囲）に分類できる。例えば幼児教育・保育は、保育内
容五領域に分類されているし、小学校教育以降では、各教科・科目の区分があ
る。また、教科・科目外の学校行事、クラブ活動、児童会・生徒会活動などの
特別活動の領域もある（図2-6-1を参照）。これらの教育課程を教育内容から見
ると、各教科・科目の計画、特別活動の各活動の計画となるし、さらには時間
軸から考えると、年次、学期、月間、週間の計画となる。一日の授業計画にも
関わるモジュール型カリキュラムについて言及すると、それは時間と教育内容
による区分により編成される。前者は10分、15分[*16]、ときには2時間などの時

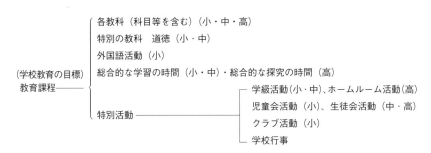

```
                     ┌─ 各教科（科目等を含む）（小・中・高）
                     │  特別の教科　道徳（小・中）
                     │  外国語活動（小）
 （学校教育の目標）   │  総合的な学習の時間（小・中）・総合的な探究の時間（高）
 教育課程 ─────┤                          ┌─ 学級活動(小・中)、ホームルーム活動(高)
                     │                          │  児童会活動（小）、生徒会活動（中・高）
                     └─ 特別活動 ─────┤  クラブ活動（小）
                                                └─ 学校行事
```

表2-6-1　教育課程の構造と小学校・中学校・高等学校など各校種の該当種別等
注1：図中の（　）内の小、中、高は、それぞれ該当する校種を示す。
注2：幼稚園など幼児教育については、保育内容に学校（園）行事等が含まれている。
出典：西本（2010）を改変。

間を単位（モジュール）として、児童生徒の実態に即して教育効果を高めよう
とする学習形態である。後者は高等教育などで現代的な課題をもとにした科目
群をモジュールとして複数提供する。属している専門課程ではない異分野のモ
ジュールを選んで学習することによって、当該テーマについての多面的な観点
や考え方を修得する。

　ここでクラブ活動については、『小学校学習指導要領』には記述があるもの
の、中学校や高等学校では教育課程として記載されていない。しかしながら、
中等教育では、実質的に行われ奨励されている課外活動（extra-curricular
activities）となっている。新聞や雑誌でも話題になるように、担当教師の負担
ともいわれ社会問題となっている。

　シークエンスの観点

　平成29年度の『幼稚園及び特別支援学校幼稚部教育要領』や『小・中学校
及び特別支援学校指導要領』、平成30年度の『高等学校学習指導要領』におい
ても、これまでどおり「生きる力」の理念が引き継がれている。それらには各
学校段階でシークエンス（sequence：系列、順序）の観点で、資質・能力の三
つの柱、①知識及び技能、②思考力・判断力・表現力、③学びに向かう力・人
間性等があって、幼稚園教育から高等学校教育まで体系的に育んでいくことが
明記されている。例えば接続期の教育課程であるアプローチ・カリキュラムの
充実・改善を図り、質の高い学びを育んでいくこととなっている。これには小[*17]

学校教育ではスタート・カリキュラムの編成が呼応している。その後の学校間、つまり小学校と中学校、中学校と高等学校の教育課程の接続については、すでに義務教育学校[*18]や中等教育学校[*19]として一貫教育が実施されてきている。

5　教育課程・指導計画の課題と展望

　教育課程と指導計画は、いわば二重構造となっている。このような態勢となったのは1964（昭和39）年告示からである。それゆえ広義と狭義の教育課程が、実践現場である幼稚園、小学校、中学校、高等学校のあらゆる校種で混在し、しかも指導計画とも、意味が入り組んでいることがある。したがって、それらの編成作業の際には、用語使用にあたって前後の脈絡から推察しなければならなくなる。つまり用語の明確化と精査による混同の解消が必要である。教育課程に類似する用語が学校教育第一条項以外の保育施設等にも関わってくる。それらは保育内容と評価の観点からは、全体計画、指導計画、保育の計画の用語として学校教育の教育課程と共有化が図られているが、複数の管轄省庁も絡み学校教育でないところに、教育の質をいかに保証していくのかが課題となる。

　教育課程は、学校の基本的な方向性を示したものであって、指導計画は、教育課程を実践してゆくための具体的手立てという意味で用いられる傾向がある。しかも教育課程は、校長園長の責任において編成されるのに対して、指導計画はクラスを担任する教師・保育者の責任で作成される。教育保育は学習者との日々の生活の積み重ねであるし、それら学習者の実態を反映した指導計画は、教師や保育者にとってもっとも身近な計画となる。しかし教師や保育者は、あわただしい毎日の業務に追われるなかで、目先のことに左右され、却って学習者の実態を見失ってしまうことになるかもしれない。それゆえ教育課程が、教育保育を実践するうえでの羅針盤的存在となる。しかし教育課程の内容が良いものであったとしても、いつまでも同一のものを使用するわけにはいかない。なぜなら時代が推移すれば、社会からの要請にも学習者にも変化が生じるからである。それに常に対応し続けるには、教育課程や指導計画の持続的な改善が必要となる。

注
＊1　教育課程とカリキュラムは同義に扱われることもある。後者はラテン語の走路
　　（currere）から由来し、教育の道筋を意味する。
＊2　ただし 1951 年の改訂以前では「教科課程」の語が、依然として用いられていて、
　　自由研究、特別教育活動の名称の変遷を経て 1958 ～ 59 年改訂によって特別活動が
　　使用された。
＊3　一般的には、それぞれの国によって統一された教育課程をさす。しかしながらド
　　イツやアメリカ合衆国では州の教育委員会の独立性を重視していることから、州ご
　　とに教育課程が定められている。ただしこれら二国もナショナル・カリキュラムに
　　移行しつつある（二宮 2014）。
＊4　幼稚園教育要領の名称が使われる前には、『保育要領』の名称で使用されたこと
　　があった。しかしながら『保育所保育指針』が登場すると、保育所保育との区別の
　　ために、幼稚園教育が用いられるようになった。
＊5　実践書『ABC 読本（アーベーツェーとくほん）』は、アルファベットとそれに関
　　わる諸物・現象のカラー印刷による図絵を配置した初等教育用言語教科用図書。
＊6　恩物（Gabe）と名づけられた、教育玩具（Spielzeug 直訳で「遊具」とも）は、
　　彼の教育思想、万有在神論から神からの賜物として記されている。結晶鉱物学など
　　自然科学による物質や現象を契機として、素材や形態が、子どもにとって安全であ
　　ることを確認したうえで作られている。第一恩物（6 色の毛糸ボール）、第二恩物（形
　　の基本となる木製の球、円柱、立方体）、第三恩物～第六恩物（積木の原型）、その
　　他、板棒、色板、折り紙などがある。
＊7　ウィーンの第 5 回万国博覧会、そこで紹介されていた Kindergarten を童子園と
　　訳して紹介した（1875）。
＊8　明治期当時は、幼稚園、尋常小学校、中学校（旧制中学校、高等女学校など）、
　　高等学校（旧制高校、大学予科、専門学校、高等師範学校など）。1940（昭和 15）
　　年から尋常小学校は国民学校と改称している。
＊9　本来は、百科全書的な知識注入をなくすための系統的な学習を目指したカリキュ
　　ラムであったが、評価をする際に、学習者が理解したものを評価すべきところを、
　　記憶している知識の量や正確性の表出で評定してしまっていることから、このよう
　　な問題が生じている。
＊10　保育士、保育教諭も同等と見なす。
＊11　School Mathematics Study Group
＊12　Physical Science Study Committee：MIT が中心に開発した物理、原子物理な
　　どの観点を導入（1961）。
＊13　Chemical Bond Approach Project：化学結合を軸とした理論からなる化学教育。

日本では CBA 化学とも呼ばれる。

＊14　Biological Sciences Curriculum Study：高等学校の生物科学教育のカリキュラム改善からはじまり、教材開発などを行っている。

＊15　教育活動の主導権は、教科カリキュラムと同様に、教師側にある。つまり教師にとっては知的遺産の継承にあって、学習者にとっては、学習への興味よりも目標を達成していく知的能力の賦与にあるとすることを主張する人びとをさす。

＊16　各教科の特質に応じ、指導を行えるようになっている（『小学校学習指導要領、中学校学習指導要領』より）。

＊17　たとえば、兵庫県教育委員会による実践モデルがある（伊藤・西本・松田 2017）。

＊18　『小学校学習指導要領』と『中学校学習指導要領』を踏まえて、小学校の学習の成果が円滑に接続できるように9年間教育を見通した計画。中学校併設型小学校など、俗にいう小中一貫校が当たる。

＊19　『中学校学習指導要領』と『高等学校学習指導要領』とを踏まえた6年間を見通して接続された計画。高等学校連携型中学校や高等学校併設型中学校がある。俗にいう中高一貫校などがある。

参考文献

伊藤篤・西本望・松田和子他　2017『指導の手引き幼児期と児童期の学びをつなぐ——幼児期の終わりまでに育ってほしい姿』兵庫県教育委員会。

稲葉宏雄　1984『現代教育課程論』あゆみ出版。

小川正道　1966『世界の幼児教育』明治図書。

影山昇　1988『日本の教育の歩み——現代に生きる教師像を求めて』有斐閣。

貴島正秋　1992『コメニウス教育学』一の丸出版。

佐藤三郎・稲葉宏雄　1984『学校と教育課程』第一法規。

シャクリー、B.D.／N.バーバー／R.アンブローズ／S.ハンズフォード　2001『ポートフォリオをデザインする』田中耕治監訳、ミネルヴァ書房。

荘司雅子　1984『フレーベル研究』玉川大学出版部。

田中耕治編　2008『新しい学力テストを読み解く』日本標準。

西岡加名恵・石井秀真・田中耕治編　2015『新しい教育評価入門』有斐閣。

西本望　2014「保育の計画を作成する」田中まさ子編『保育原理』第3版、みらい、128-152頁。

西本望　2010a「保育・教育課程の構成」廣岡義之編『新しい教育課程論』ミネルヴァ書房、49-71頁。

西本望　2010b「小学校教育課程の構成」廣岡義之編『新しい教育課程論』ミネルヴァ

書房、73-100 頁。

二宮皓　2014『世界の学校——教育制度から日常の学校風景まで』学事出版。

橋本重治　1959『教育評価法総説』金子書房。

ペスタロッチ、J. H.　1943『隠者の夕暮・シュタンツだより』長田新訳、岩波書店。

水越敏行・西之園晴夫編　1984『授業の計画と指導』第一法規。

三井浩　1974『愛の場所』玉川大学出版部。

光成研一郎　2008「教育課程」武安宥他編『人間形成のイデア』改訂版、昭和堂、157-167 頁。

宮本健市郎　2005『アメリカ進歩主義教授理論の形成過程——教育における個性尊重は何を意味してきたか』東信堂。

厚生労働省　2017『保育所保育指針』http://www.mhlw.go.jp/file/06-Seisakujouhou-11900000-Koyoukintoujidoukateikyoku/0000160000.pdf（2017 年 4 月 19 日）。

文部科学省　2017a『小学校学習指導要領』http://www.mext.go.jp/component/a_menu/education/micro_detail/__icsFiles/afieldfile/2017/05/12/1384661_4_2.pdf（2017 年 4 月 19 日）。

文部科学省　2017b『幼稚園教育要領』http://www.mext.go.jp/component/a_menu/education/micro_detail/__icsFiles/afieldfile/2017/05/12/1384661_3_2.pdf（2017 年 4 月 19 日）。

第7章

教育行政

1　公教育と教育行政の誕生

　教育とは本来私的な営みであり、家庭から始まり、その最も私的な場を越えて、さまざまな人との関わりのなかで繰り広げられる。どこからどこまでを「教育」と呼ぶべきかは難しい問題で、その点で教育は必ずしも組織化されない面をもっている。しかし教育にはまた別の側面があり、それは国家の公権力のもとに組織的に行われる公教育である。この章で取り扱う「教育行政」とは、公教育の推進を支える公権力の作用である。

　教育行政の誕生は、古くは 19 世紀にさかのぼることができる。イギリスを例にとると、民衆教育はもともと私人または私的団体が中心的役割を担っていたのだが、1807 年の「教育区附属基礎教育学校法案」から国家関与が始まり、1833 年の国庫補助金制度によって国庫補助金の投入が開始された。そしてこの補助金の管理機構として 1839 年に「枢密院教育委員会」が創設され、これがイギリス史上初の中央教育行政機構だった（曽我 2015：17）。

　教育への国家関与の始まりについて総じていわれるところは、18 世紀末から 19 世紀にかけて、産業革命を背景に労働力の供給が求められ、そのため下層階級の民衆にあっても教育が必要であるとの認識が生まれ、また国家の治安維持という面からも教育の推進が国家に求められるようになったことである。教育行政は、こうした国家の教育への関与を背景に、さらには産業革命やそれに伴う労働力の供給の必要性といった社会の変容を背景に誕生した。

2　教育行政と法律主義

　ところで「行政」とは、公権力を背景に政府（国または地方公共団体）が国民や住民に対して及ぼす作用をいうものである。そして公権力の正当性を支えるのは、現在ではもちろんのこと法律である。公権力の及ぶ範囲は、法律により規定される。我々国民が選出する議員により組織される国会が制定する法律である。政府は、この民主的手続きを経て制定される法律にのっとり公権力を及ぼすほかなく、法律に基づかずして及ぼそうとする権力の作用は決して許されない。公権力の正当性は、この民主主義の理念により支えられるのである。それは、近代立憲主義（近代国家の権力を憲法によって制約する思想あるいは仕組み）というルールに従った結果であり、近代民主主義国家にあっては「人の支配」から「法の支配」へと転換が要請されるのである。

　大日本帝国憲法下の戦前は、法律のみならず天皇の命令である勅令（小学校令、中学校令、帝国大学令、師範学校令、高等学校令、高等女子学校令、実業学校令、専門学校令、大学令）に基づいて公教育が運営されていたため、民主的手続きを必ずしもとるものではなかった。これに対して日本国憲法下の戦後日本においては、教育行政はすべて法律主義にのっとり進められることとなった。

　なお、ここでいう教育行政とは、文部科学省や教育委員会の業務だけをいうのではなく、学校で行う教育もまたその一環として捉えられるものである。教育行政とは、政府（国または地方公共団体）が主体となって、客体たる国民や住民に対して教育などの提供を行うことをいうのである。したがって、学校や教員もまた行政の主体として位置づけられる存在なのである。

3　結果に求められる新たな正当性

　公教育は、法律によってその正当性[*1]が支えられ、教育行政がその推進を担っている。しかしながら昨今では、独り法律によってその正当性が支えられない現状がある。先に述べたように、法律が公権力に正当性を与えるのは、我々国民（社会）の意思を国家権力に反映できるという民主主義の理念があるため

ある。つまり国家＝社会という写像関係が認識の上で保持される限りは、その正当性は維持される。しかしいまやその関係は幻想と判明した。国家の単一の枠組みではすくいきれない「問題」の事案がいくつも出現したからである。国家が独占する教育の組織化の権限に限界が見られたのである。この結果、枠組みの成立過程（民主的手続き）にのみ正当性を求めるのではなく、枠組みの実効性（結果）においてその正当性が求められる時代、アカウンタビリティ（説明責任）の時代へと転換したのである。それが1990年代以降のことである。

　以下に見る地方分権は、この流れを汲むものである。国家が独占する仕組みを解体することによって、複数の枠組みが生まれる自由の契機が生まれた。地方はそれぞれ創意工夫を施し、新しい仕組みを作り出す企業的努力を強いられるようになったのである。以下、日本で1990年代以降進められてきた地方分権の、現在に至るまでの潮流について概説する。

　地方分権の全体的流れ

　地方分権の推進が我が国の政策課題として大きく取り上げられるようになったのは1990年代に入ってからのことである。「官から民へ」「国から地方へ」というスローガンのもと、規制緩和とともに地方分権の必要性が共通認識とされてきた。

　1996年12月20日に地方分権推進委員会から出された「第一次勧告」は、地方分権に関して数多くの見直しを提示した最初のものである。そこでは「機関委任事務制度」の廃止が提示されている。この制度は、地方公共団体の執行機関、特に都道府県知事及び市町村長を国の機関として、これに国の事務を委任して執行させる仕組みであり、中央集権型行政システムの中核的部分を形作ってきた制度である。

　勧告では、機関委任事務を、①自治事務と②法定受託事務に再編成することを提示した。②法定受託事務とは、国が本来果たすべき責務に係るものであって、国民の利便性又は事務処理の効率性の観点から地方公共団体が処理するものとして法律又はこれに基づく政令に特に定めるもので、①自治事務とは、地方公共団体の処理する事務のうち、②を除いたものである。

　文部省は、地方分権推進委員会の「第一次勧告」を受けて、1997年1月に「21

世紀に向けた地方教育行政の在り方に関する調査研究協力者会議」を発足させた。その審議の結果は同年9月に「論点整理」として発表された。そして同年9月末には、この「論点整理」と、同年7月に出された地方分権推進委員会「第二次勧告」を踏まえ、文部大臣から中央教育審議会に「今後の地方教育行政の在り方について」の諮問がなされた。翌年9月に答申「今後の地方教育行政の在り方について」が出され、さまざまな改革提言（国及び都道府県の行う指導、助言、援助等の在り方の見直し、教育長の任命承認制度廃止、民間人校長の導入、標準を下回る学級編制、年功序列にとらわれない校長・教頭の新たな評価方法や任用方法、研修休業制度の創設、適格性を欠く教員等への対応、職員会議の法的地位の明確化、学校評議員制度導入など）がなされた。

　政府は、1998年5月「地方分権推進計画」閣議決定、11月「地方分権推進委員会第5次勧告」を経て、翌年3月「地方分権一括法案」閣議決定、「第2次地方分権推進計画」閣議決定、「地方分権一括法案」国会提出となり、7月に法案は成立、2000年4月に施行された。教育関連のものに限ってみれば、地方分権一括法のなかで21本の文部省関係法律が改正された。

三位一体改革と義務教育費国庫負担制度の見直し

　地方分権一括法による改革は、機関委任事務をはじめ明治期以来形作られてきた中央集権体制の根幹部にメスを入れたということで、その歴史的重みは計り知れない。しかし教育行政に限ってみれば、近年の地方分権改革のなかで最も大きなインパクトを与えたものは「義務教育費国庫負担制度」の改革だったのではないだろうか。そのインパクトの大きさは、「義務教育の危機」と呼ばれるほどのものである（大桃 2005：44）。

　義務教育費国庫負担制度は、「義務教育無償の原則に則り、国民のすべてに対しその妥当な規模と内容とを保障するため、国が必要な経費を負担することにより、教育の機会均等とその水準の維持向上とを図ることを目的」（義務教育費国庫負担法第1条）として、義務教育諸学校の教職員の給与及び報酬等に要する経費の一部を国が負担する制度である（平成29年度予算では1兆5248億円で、文部科学省予算5兆3097億円の約3割を占める）。

　この制度の見直しの検討が始められたのは、2002年6月の「経済財政運営

表 2-7-1　地方分権改革の経緯

宮澤内閣 （H3. 11 ～ 5. 8）	1993. 6	地方分権の推進に関する決議（衆参両院）	第1次分権改革
細川内閣 （H5. 8 ～ 6. 4）	10 1994. 2	「臨時行政改革推進審議会（第三次行革審）」答申 「今後における行政改革の推進方策について」を閣議決定	
羽田内閣 （H6. 4 ～ 6. 6）	1994. 5	行政改革推進本部地方分権部会設置	
村山内閣 （H6. 6 ～ 8. 1）	1994. 12 1995. 5 1995. 7	「地方分権の推進に関する大綱方針」を閣議決定 地方分権推進法成立 地方分権推進法施行　地方分権推進委員会発足	
橋本内閣 （H8. 1 ～ 10. 7）	1996. 3 1996. 12 ～ 1997. 10	地方分権推進委員会中間報告 地方分権推進委員会第1次～第4次勧告 ※平成10年11月第5次勧告　平成13年6月最終報告	
小渕内閣 （H10. 7 ～ 12. 4）	1998. 5 1999. 3 1999. 7	「地方分権推進計画」を閣議決定 地方分権一括法国会提出 地方分権一括法成立	
森内閣 （H12. 4 ～ 13. 4）	2000. 4	地方分権一括法施行	三位一体改革
小泉内閣 （H13. 4 ～ 18. 9）	2001. 6 7 2002. 5 2001. 6 2001. 10 2003. 6 2004. 6 2001. 8 2001. 9 2001. 11 2005. 6 2001. 11 2006. 7	地方分権推進委員会最終報告「今後の経済財政運営及び経済社会の構造改革に関する基本方針」（基本方針2001）を閣議決定 地方分権改革推進会議発足 「地方財政の構造改革と税源移譲について」（片山試案）を発表 「経済財政運営と構造改革に関する基本方針2002」（基本方針2002）を閣議決定（三位一体で改革を進めることを初めて決定） 地方分権改革推進会議「事務・事業の在り方に関する意見」 「基本方針2003」を閣議決定（4兆円の補助負担金改革を決定） 「基本方針2004」を閣議決定（3兆円の税源移譲を目指し、地方に改革の具体案の取りまとめを要請） 地方六団体の改革案を政府に提出 三位一体の改革に関する国と地方の協議の場発足 「三位一体の改革について」の政府・与党合意 「基本方針2005」を閣議決定（2006年度までに三位一体の改革を確実に実現するための取り組みを決定） 「三位一体の改革について」の政府・与党合意⇒国庫補助負担金改革、税源移譲、地方交付税改革 「基本方針2006」を閣議決定	
安倍内閣 （H18. 9 ～ 19. 9） （第1次）	10 12 2007. 4 5	地方分権改革推進法国会提出 地方分権改革推進法成立 地方分権改革推進法施行　地方分権改革推進委員会発足 地方分権改革推進本部発足（本部長：内閣総理大臣）	第2次分権改革
福田内閣 （H19. 9 ～ 20. 9）	6 2008. 5	地方財政健全化法成立「基本方針2007」を閣議決定 第1次勧告（重点行政分野の見直し、基礎自治体への権限移譲　等）	
麻生内閣 （H20. 9 ～ 21. 9）	12 2009. 10	第2次勧告（出先機関改革、義務付け・枠付けの見直し　等） 第3次勧告（義務付け・枠付けの見直しの重点事項、国と地方の協議の場の法制化　等）	
鳩山内閣 （H21. 9 ～ 22. 6）	2009. 11 2009. 11 2009. 12	第4次勧告（地方税財政　等） 地域主権戦略会議設置（議長：内閣総理大臣） 地方分権改革推進計画（閣議決定）	
菅内閣 （H22. 6 ～ 23. 9）	2010. 6 2011. 4	地域主権戦略大綱（閣議決定） 第1次一括法、国と地方の協議の場法　等成立	
野田内閣 （H23. 9 ～ 24. 12）	2011. 8	第2次一括法成立	
安倍内閣 （H24. 12 ～） （第2次）	2013. 3 2013. 4 2013. 6 2014. 6 2015. 6 2016. 5 2017. 4	地方分権改革推進本部設置（本部長：内閣総理大臣） 地方分権改革有識者会議発足（座長：神野直彦） 第3次一括法成立 第4次一括法成立 第5次一括法成立 第6次一括法成立 第7次一括法成立	

出典）井川（2008）と第9回地方分権改革有識者会議（2013）をもとに筆者作成。

表 2-7-2　地方分権一括法のなかの教育行政関連事項

機関委任事務を自治事務に区分するもの	・学齢簿の編製・就学校の指定に関する事務 ・学級編制基準の設定・許可に関する事務（都道府県）
機関委任事務を法定受託事務に区分するもの	・学校法人の認可事務 ・私学助成法関係の監督上必要な措置を講ずる事務 ・産業教育振興法をはじめとする負担金・補助金関係事務 ・教科書の発行に関する臨時措置法の関連事務
関与の廃止・縮減	・教育長の任命承認制度廃止 ・文部大臣の教育委員会に対する指揮監督権廃止

出典）小川 2010：55。

と構造改革に関する基本方針 2002」にそって小泉首相が指示を出したことによってである。2002 年 12 月には「義務教育費国庫負担金の取り扱いについての総務・財務・文部科学 3 大臣合意」が成立し、見直しの基本方針が定められた。「国庫補助負担金、交付税、税源移譲を含む税源配分のあり方を三位一体で検討」する三位一体改革の枠のなかで、義務教育費国庫負担制度も見直しが迫られたのである。

　なお三位一体改革とは、補助金の縮減、国から地方への税源移譲、地方交付税改革を一体で行い、国と地方の税財政関係を抜本的に改革することをいう。すなわち、義務教育費国庫負担制度の見直しとは、義務教育費国庫負担制度のもと「義務教育諸学校の教職員の給与及び報酬等」にしか使用できない「ひもつき」のお金（補助金）を、地方が自由に使えるお金（一般財源）に変えようという自由化の改革ということである。

　これは一見すると是非もなく進めるべき改革のように思えるかもしれないが、どの改革にも問題はついて回るものである。もし義務教育費国庫負担制度を廃止し、全額をそれぞれの地方税（個人住民税）に税源移譲（国が集めたお金を各地方の必要の程度に応じて公平に分配するという仕組みをやめて、各地方の努力に委ねるという形に）したとすると、40 の道府県で財源不足が起こる（中央教育審議会初等中等教育分科会教育行財政部会 2004）。当然かもしれないが、都市部と地方とでは財政状況が異なり、改革によって潤う自治体とそうでない自治体との格差が生まれるのである。また税源移譲という極端な方策までいかずとも、義務教育費国庫負担金を地方交付税交付金として一般財源化する方策もありうる。地方交付税交付金とは、国が国税の一定割合を、各地方の財源不足に応じて、使途を制限しない財源として地方に移転する仕組みである。この仕組

みにより義務教育費国庫負担金を一般財源化すると、地方の自由度は圧倒的に増す。が、一方で本来教育に費やされるべきであったお金が他の使途に用いられ、結果として自治体間に教育格差が生まれる可能性があるのである。改革は、常に「自由」と「平等」という二つのベクトルのはざまで問われ続けなければならない。

　文部科学省は、2004年度に、国が負担すべき額の総額を確保し、使い方については地方の裁量に委ねることとする「総額裁量制」を導入するなど可能な努力を見せたものの、2004年8月に全国知事会等の地方六団体から、義務教育費国庫負担金の全額を廃止し税源移譲の対象とすることを前提として、まず中学校分8500億円に係る負担金を移譲対象補助金とすることが求められた。

　中央教育審議会では、2003年5月に文部科学大臣から「今後の初等中等教育改革の推進方策について」の諮問がなされたことを受けて議論がなされていた。2年以上の議論を経^{*2}、2005年10月26日に「新しい時代の義務教育を創造する（答申）」が出され、そのなかで「義務教育の構造改革を推進すると同時に、義務教育制度の根幹を維持し、国の責任を引き続き堅持するためには、国と地方の負担により義務教育の教職員給与費の全額が保障されるという意味で、現行の負担率2分の1の国庫負担制度は、教職員給与費の優れた保障方法であり、今後も維持されるべき」と述べられた。

　一連の経緯を踏まえ、2005年11月末の政府・与党合意において「義務教育制度については、その根幹を維持し、義務教育費国庫負担制度を堅持する。その方針の下、費用負担について、小中学校を通じて国庫負担の割合は3分の1とし、8500億円程度の削減及び税源移譲を確実に実施する」ことが決定された。これにより、国の負担割合が2分の1から3分の1に引き下げられるものの、義務教育費国庫負担制度は今後とも堅持されることが初めて明記された。その後、第164回国会において、国の負担率を3分の1に改める義務教育費国庫負担法の改正が行われた。

進行中の分権改革

　現在は「第二次分権改革期」にあり、地方分権改革はなおも継続中である。2011年から現在まで7度にわたって地方分権改革に係る一括法が成立に至っ

ている。都道府県教育委員会の認可を廃止して事前届出制にしたり、都道府県教育委員会との協議をなくしたり、国が定める基準をなくすことで、当事者に近い市町村の教育委員会等が、環境の変化に対して迅速かつ柔軟な対応ができるよう、改革が行われている。

　これら改革は、地方の自由度を増すことを意図したものである。しかし先にも触れたように、改革は常に結果の観点から「自由」と「平等」という相反する二つのベクトルのはざまで問われ続けなければならない。これらの改革を契機に、果たしていかなる事態が新たに創発するか、これを我々は注意深く観察し、予期し、そのうえでその結果を評価しなければならない。あるいはまた、解決すべき「問題」を措定し、その解決に向けて望まれる創発を促すために、今後いかなる改革が新たに求められるかも併せて考える努力をし続けなければならない。

注
＊1　2000 年頃までの動向については、平原（2002：57-92）を主に参照している。
＊2　2004 年 11 月の政府・与党合意「三位一体の改革」を受けて、義務教育の在り方について集中的な審議を行うため、2005 年 2 月に総会直属の部会として義務教育特別部会が設置され、2005 年 2 月 28 日の第 1 回以来 8 ヶ月の間に 41 回の会議が開催された。

参考文献
井川博　2008「日本の地方分権改革 15 年の歩み」http://www3.grips.ac.jp/~coslog/activity/01/03/file/up-to-date-4_jp.pdf（最終閲覧 2017 年 9 月 11 日）。
大桃敏行　2005「地方分権改革と義務教育——危機と多様性保障の前提」『教育学研究』72（4）：444-454 頁。
小川正人　2005「三位一体改革と義務教育財政制度の改革構想」『日本教育行政学会年報』31：20-34 頁。
小川正人　2010『現代の教育改革と教育行政』放送大学振興会。
曽我雅比児　2015『公教育と教育行政—教職のための教育行政入門』大学教育出版。
第 9 回地方分権改革有識者会議　2013「地方分権改革の総括と展望について（補足資料）」http://www.cao.go.jp/bunken-suishin/kaigi/kaigikaisai/kaigidai09/kaigi09gijishidai.html（最終閲覧 2017 年 9 月 11 日）。
高木浩子　2004「義務教育費国庫負担制度の歴史と見直しの動き」『レファレンス』平

成 16 年 6 月号、7-35 頁。

中央教育審議会初等中等教育分科会教育行財政部会　教育条件整備に関する作業部会 2004「義務教育費に係る経費負担の在り方について（中間報告）」http://www. mext.go.jp/b_menu/shingi/chukyo/chukyo3/gijiroku/04053101/002.htm（最終閲覧 2017 年 9 月 11 日）。

土居丈朗「三位一体改革をめぐる義務教育費国庫負担金のあり方」http://www.mext. go.jp/b_menu/shingi/chukyo/chukyo6/gijiroku/__icsFiles/afieldfi le/2014/07/10/1264144_003.pdf（最終閲覧 2017 年 9 月 11 日）。

平原春好　2002「教育における地方分権とその可能性」『帝京大学文学部紀要教育学』 27：57-92 頁。

第8章

社会教育・
生涯学習

1　生涯学習の理念

古典的生涯学習の理念

　生涯学習という言葉が日本で一般的に使われるようになったのは1980年代頃からである。それからわずか40年弱。今や、いたるところでそれを耳にするようになった。生涯学習講座、生涯学習センター、生涯学習都市などなど。教育の長い歴史を鑑みれば、生涯学習という言葉が社会にこれほどまで早く浸透したことには驚くばかりである。

　とはいえ、生涯学習をその字義通りに「生涯にわたって学ぶこと」としてのみ捉えるならば、その考え方は何も目新しいものではない。例えば、孔子は『論語』で「吾十有五にして学に志し、三十にして立ち、四十にして惑わず、五十にして天命を知る、六十にして耳順う、七十にして心の欲する所に従いて矩を踰えず」(孔子 1966：74) と述べ、生涯学び続けることの重要性を説いている。また、近代教育学の祖と呼ばれるコメニウス (Comenius, J. A. 1592-1670) は、あらゆる知識の系統的分類と体系化を目指す汎知学 (Pansophia) に基づき、「あらゆる人が、あらゆる事柄を、全面的に学んで人間形成をする」ための「汎教育 (Pampaedia)」を提唱し、誕生前から死に至るまでの各年齢段階における学校を構想し、体系的な生涯学習のあり方を示した。

　このように人が生涯にわたって学ぶという考え方は、洋の東西を問わず、古くから存在している。そして日本社会においてもそれは例外ではない。生涯学習という言葉が日本社会に早く浸透した理由の一つは、日本においても人が生

涯にわたって学ぶという考え方が比較的一般的であったことにある。

現代的生涯学習の理念

　しかし、1980年代以降の生涯学習という言葉の定着によってもたらされた生涯学習の理念は、人が生涯にわたって学ぶべきであるというそれまでの生涯学習理念に留まるだけではない。例えば、1981年の中央教育審議会答申「生涯教育について」では、生涯学習を「自己の充実・啓発や生活の向上のため、……各人が自発的意思に基づいて行うことを基本とするものであり、必要に応じ、自己に適した手段・方法……を自ら選んで、生涯を通じて行うものである」（中央教育審議会 1981）と定義づけ、そのための学習環境を整備・充実していくことが必要であるとした。また、2006年に改正された教育基本法では第3条に「生涯学習の理念」が新たに追加され、「国民一人一人が、自己の人格を磨き、豊かな人生を送ることができるよう、その生涯にわたって、あらゆる機会に、あらゆる場所において学習することができ、その成果を適切に生かすことのできる社会の実現が図られなければならない」と明記された。これらに共通するのは、生涯にわたって学習することを個人に求める視点だけでなく、個人が行う生涯学習を社会的に支援するべきであるという視点である。

　以上のように、古典的生涯学習理念は生涯にわたる学習の必要性のみを主張するのに対し、現代的生涯学習理念はそれに加えて生涯学習を支援する社会制度や組織をも求めることにその特徴がある。

2　生涯教育の提唱

フロントエンド型教育の限界

　前項では現代的生涯学習理念が、①あらゆる人が生涯にわたって学習すること（「個人への視点」）、②その学習を支援する社会を構築すること（「社会的支援への視点」）、これら2つの視点を内包していることを確認した。しかし、実は18世紀においてすでに両方の視点を含む生涯学習論を主張した人物がいる。それは教育の中立性・無償性など近代公教育の原理を示したフランスの政治家、コンドルセである。彼は自らが考える公教育の実現にむけて小学校、中学

校、学院、リセ、国立学士院の5段階からなる体系的な学校制度を提案しただけでなく、それぞれの機関に「公開講座」を義務づけ、大人も含めたすべての人が卒業後も必要に応じて各段階の学習ができる制度を提案した。彼の提案はフランス革命の混乱により審議されることはなかったが、そこには個人が学校卒業後も生涯にわたり学習する必要性とともに、その学習を国家が支援すべきであるという現代的生涯学習理念にも通じる2つの視点を確かに見て取ることができる。それでは近代公教育制度は実際にはどのようなものとして誕生したのであろうか。

　近代公教育制度が各国に確立するのはコンドルセが死去してしばらくたった19世紀以降ではあるが、一部を除いて、そのほとんどが彼の公教育原理に沿ったものであった。そしてその実現されなかった一部こそが彼の示した生涯学習の理念に他ならなかった。近代公教育制度の確立を急ぐ当時の国々に共通した課題は、資本主義体制が世界的に整備されるなか、世界市場の獲得競争にむけて大量生産を担う均質的な労働力をいかに素早く大量に確保するかであった。すなわち、近代公教育制度に求められていたのは効率的な人材養成システムだったのである。そこで各国が採用したのがフロントエンド（front-end）型の教育システムであった。

　フロントエンドという言葉が「初期段階」という意味をもつように、フロントエンド型の教育システムとは教育訓練期間と職業労働期間を明確に分離し、人生の初期段階である若年期に集中的な教育訓練を行った上で、その後は生産活動に専念するという教育システムを指す。したがって、人が生涯にわたって学ぶべきであるという考えは当然それとは合致するはずもなく、社会的要請のもと義務性・無償性・中立性を原則とする近代公教育制度は若年期に焦点化されていったのである。

　フロントエンド型の教育システムは経済成長期にはそれなりに有効であった。しかし、経済成長も一段落し産業構造の転換が図られると、それまで必要とされていた均質的な労働力にも多様性が求められるようになっていく。さらに、技術革新が進むにつれ、多様性だけでなくより質の高い労働力が求められることになる。すなわち、社会が変化するにつれフロントエンド型の教育システムに疑問の目が向けられるようになっていったのである。

生涯教育と社会変革

　こうしたなか、1965 年にパリのユネスコ本部で開催された第 3 回世界成人教育推進国際委員会で、当時ユネスコ成人教育課長であったポール・ラングランが「生涯教育」という概念をもって生涯にわたって学ぶという考え方を提唱した。彼は生涯教育の意義が「博識を獲得することではなく、自分の生活の種々の異なった経験を通じて、常によりいっそう自分自身になるという意味での存在の発展」（ラングラン 1971：49）にあると述べている。そしてその具体的目標として、①人間の一生を通じて教育機会を提供すること、②発達の統一性という視点から多様な教育機会を有機的に統合すること、③労働日を調整するとともに教育休暇・文化休暇などを整備すること、④各学校を地域文化センターとして活用すること、⑤従来の教育観を根本的に改め教育本来の姿にもどすこと、以上 5 つを掲げた。すなわち、ラングランにとって、生涯教育とは「自己実現」や「発達の統一性」をもたらし「教育本来の姿」を取り戻すための社会的挑戦であり、フロントエンド型の教育システムへのアンチテーゼであったのだ。そのため彼は生涯にわたって学ぶことが個人の意識改革によってのみ行われるものではなく、社会変革こそがもっとも重要であると考えた。

　ラングランによって提唱された生涯教育の概念は、後に生涯学習の概念へと発展し、現代的生涯学習理念の原型として位置づけられていく。現代的生涯学習理念が古典的生涯学習理念にはない社会的支援への視点を含むのはこのためであり、また生涯学習に対する社会的支援への視点には社会変革の意義が含まれていることに注意しなければならない。すなわち、既存の教育観や教育システムを前提として生涯にわたる学習をいかに社会が支援するのかではなく、新たな教育観や教育システムを構築するとともに生涯にわたる学習の可能性を個人に開いていくことこそが現代における生涯学習の理念の要となるのである。

3　生涯教育から生涯学習へ

生涯教育への批判とリカレント教育

　生涯教育という概念の登場は衝撃的なものであり、それはすぐさま世界中に広がり、討議・研究が進むなかで現在の生涯学習観へと発展していった。それ

ではその過程で生涯学習の理念はどのように変化したのだろうか。本節では生涯教育から生涯学習への変遷を考察することにより、現代的生涯学習理念が示す新たな教育の姿を明らかにしてみよう。

　まず気がつくのは、生涯「教育」から生涯「学習」への用語の変化である。この変化は生涯教育という言葉に対する批判によって始まった。教育の概念は学習の概念と比べて受動的・他律的意味合いが相対的に強い。したがって、生涯教育という言葉には「自分の意志とは異なる力によって学びをしている」という印象がつきまとい、個人の自発的な学びという生涯学習の理想的な姿と矛盾してしまうのではないか。こうした批判が1970年代からリカレント教育の立場に立つ人々によって巻き起こったのである。

　リカレント教育とは、OECD（経済協力開発機構）の機関である教育研究革新センター（CERI）が1970年代に提唱した教育改革構想である。それは、学校教育→労働という単線的なフロントエンド型の教育システムに代えて、就業後も必要に応じて学校で教育を受け直すことのできる教育システムの構築を目指すものであった。その特徴は教育と労働を交互に還流する（リカレント）ことにある。リカレント教育も当初は学習者に教育機会を提供するという受動的・他律的意味合いが強い政策的主張のようなものであったが、いつでも学習者が教育機会に戻ることができるという制度的性格から、リカレント教育の立場は次第に「教育」から個人の自発的な意志による「学習」へと重心が移っていったのである。先の生涯教育への批判はまさにこうした転換においてなされたものであった。

　こうしたリカレント教育の立場からの批判を受け、さらにはロバート・ハッチンスによる「学習社会論」等の理論的影響を受けることにより、1980年代頃からはユネスコでも生涯学習という言葉が主に使われることとなった。ところが、この転換はたんに用語の変化に留まるものではなかった。生涯教育から生涯学習への転換は、ラングランの生涯教育に関する理念を基本的には踏襲しつつも、生涯にわたる学びに関して社会変革よりも学習者の自発性を重視していこうとする本質的な立場の転換を呼び込むものでもあったのだ。

フォール・レポートとドロール・レポート

1980 年代の生涯教育から生涯学習への転換が、社会変革から学習者の自発
性へと向かう論点の転換でもあったことを前項では確認した。しかしその傾向
は、学習社会論の広まりのなかで、すでに 1970 年代のユネスコにも見ること
ができる。その最たる例が 1972 年の教育開発国際委員会から発表された『未
来の学習（Learning to Be）』、通称フォール・レポートである（ユネスコ教育開
発国際委員会 1972）。

フォール・レポートでは生涯教育が将来の教育政策の最も重要な考え方とし
て位置づけられ、学習者を教育される客体から自己教育の主体として捉え直す
ことが提唱されている。また、学習の目的を「持つための学習（learning to
have）」から①「存在のための学習（learning to be）」へと転換すること、さら
にその上で②「知るための学習（learning to know）」と③「為すための学習
（learning to do）」という目的も加味することというように生涯学習における
学習目的を整理し、その後の生涯学習の議論に大きな影響を与えている。ここ
に学習者へ視点を移して生涯教育を捉えようとする姿勢を見て取ることができ
る。

さらに 1996 年には、ユネスコの 21 世紀教育国際委員会が『学習——秘めら
れた宝』と題する報告書、通称ドロール・レポートを刊行している（ユネスコ・
21 世紀教育国際委員会 1997）。そこではフォール・レポートで示された学習の 3
つの目的に加え、「共に生きるための学習（learning to live together）」が掲げら
れ、学習者の自発性から行われる生涯学習が決して孤独なものではなく、社会
における多様な人々との共生を目指して行われるべきものであることが示され
た。ここでは生涯学習が「社会の鼓動」として理解され、生涯学習を通して人
が社会を変えていく可能性が見出されているのである。

以上のように、生涯教育から生涯学習への転換は、まず生涯にわたる学びに
関して社会変革よりも学習者の自発性を重視していこうとする本質的な立場の
転換を呼び込むものではあった。しかし、学習者の視点にたって生涯学習の姿
を新たに練り上げていくことにより、社会変革の可能性がラングランとは違っ
た形で見出されることになった。すなわち、ラングランは社会変革を通して生
涯にわたる学習の可能性を個人に開いていくことを目指すのに対し、学習者へ

と視点を移した現代の生涯学習理念は生涯にわたる学習を通して社会変革の可能性を開いていくのである。

4　岐路に立つ生涯学習と社会教育

生涯学習と社会教育の関係

　第2期教育振興基本計画において生涯学習社会の実現が目標とされるなど、生涯学習は今や日本の教育政策の主要な柱となっている。とはいえ、生涯学習という言葉が日本で一般的に使われるようになったのは1980年代以降であり、それまでは社会教育がその主な役割を担ってきた。1988年には文部省社会教育局が生涯学習局へと改組され、1990年には中教審社会教育審議会が廃止され生涯学習審議会が発足しているが、こうした社会教育の生涯学習化という流れはしばしば社会教育と生涯学習が混同される原因となってきた。しかし、両者は明確に異なる概念である。そこで本節では生涯学習と社会教育の関係を明らかにした上で、現代社会におけるそれぞれの課題と可能性について言及していきたい。

　社会教育法第2条には社会教育の定義として次のように書かれている。「この法律において『社会教育』とは、学校教育法又は就学前の子どもに関する教育、保育等の総合的な提供の推進に関する法律に基づき、学校の教育課程として行われる教育活動を除き、主として青少年及び成人に対して行われる組織的な教育活動（体育及びレクリエーションの活動を含む。）をいう」。この定義によれば、社会教育とは①青少年及び成人を対象とした、②学校の正規の教育活動以外の、③組織的な教育活動ということになる。

　社会教育と生涯学習の関係としてすぐさま指摘できるのは、両者ともに社会のあらゆる人を対象としているという共通点である。

　それでは両者の違いは何だろうか。このことを明らかにするために、クームスによる教育領域の3区分を参照してみよう（今西2011）。彼は系統性・継続性・組織性といった教育特性の強弱に応じて教育領域を、フォーマルエデュケーション（定形教育）、ノンフォーマルエデュケーション（非定形教育）、インフォーマルデュケーション（無意図的教育）の3つに分類している。この分類に従えば、

社会教育は学校教育を除く組織的な教育活動全般を指すため、ノンフォーマルエデュケーションに位置づけることができる。他方、生涯学習は学校教育であるか否か、意図的であるか否かを問わず、あらゆる機会にあらゆる場所で学習することを基本としている。したがって、生涯学習はクームスが区分した教育の3領域全てを包含するものとして位置づけることができるのである。

　以上から、生涯学習は社会教育を含めた包括的概念であることが明らかとなった。すなわち、生涯学習は社会教育の他に学校教育や家庭教育、さらには組織的に行わない学習までも含むきわめて広範囲な概念なのである。

生涯学習と社会教育の課題と可能性

　社会教育が生涯学習の概念に内包されることを前項で確認した。したがって、1980年代以降の社会教育の生涯学習化は、社会教育に限らず、人々の多様な学習活動を支援していこうとする動きとして理解することもできる。と同時に、社会教育終焉論に極論されるように、生涯学習の広まりのなかで社会教育の位置づけが次第に不明確になりつつある。

　他方で、生涯学習もまた現在、岐路に立たされている。国家財政の危機的状況により、国家の機能から教育を一定程度切り離し、民間・市場に開放する構造改革が近年進められている。その改革を正当化するために利用されるのは、学習者の「自発性」に他ならない。すなわち、やる気のある人（自己負担能力も相応に必要となる）には学習機会を提供するが、そうでない人には学習機会を提供しないということである。ここでは生涯学習の理念に掲げられていた「共生」の視点が完全に抜け落ちており、「自発性」の尊重という名の下で教育の格差構造が拡大していくことになる。あらゆる人が生涯にわたって学ぶことを支援する生涯学習社会は、やる気のある人だけでなく、学習に消極的な人にも働きかけなければならないのではなかったか。すなわち、学習意欲を引き起こし、社会のあらゆる人が生涯にわたって学習へと積極的に意欲をもつことこそが現代的生涯学習理念の根幹にある社会改革の意図だったはずである。

　であるならば、現代の生涯学習における課題とは、一方で個人の自発性を尊重しつつ、他方で社会的連帯を強め、教育の格差構造を是正することにあるはずである。そしてその解決の糸口が、他でもなく社会教育にあるように思われ

る。国家から教育の機能が切り離され、民間・市場に開放されつつある今、楽観的にいえば、それは市民社会に開放されつつあるということでもある。そうした教育の権利を市民が社会教育として自主的に行使し、さらに生涯学習の理念と結び合わせていくことができるならば、そこには個人の自発性の尊重と社会的連帯の強化というアポリアを解く可能性が開かれるはずである。

参考文献

今西幸蔵　2011『生涯学習論入門』法律文化社。

孔子　1966『世界の名著3 孔子 孟子』貝塚茂樹訳、中央公論社。

中央教育審議会　1981「生涯教育について（答申）」。

ユネスコ・21世紀教育国際委員会編　1997『学習——秘められた宝』天城勲監訳、ぎょうせい。

ユネスコ教育開発国際委員会　1972『未来の学習』国立教育研究所・フォール報告書検討委員会訳、第一法規。

ラングラン、P.　1971『生涯教育入門』波多野完治訳、全日本社会教育連合会。

教育の背景と
発達・評価

第1章

家庭教育と
親子の絆

　家庭教育は、学校教育、社会教育・生涯学習（生涯教育）とならぶ教育の営みであって、子どもが生まれ成長する場である家庭で行われる（山下 1965）。さらに家庭教育は、学校教育が教育課程などによってフォーマル（公的）に制度化組織化された教育活動である（第Ⅰ部および第Ⅱ部を参照）のに対して、私的なものであって、その営みは各家庭に任されている。

1　家庭教育とは

　家庭教育が法的に位置づけられたのは、2006（平成 18）年に改正された現行の教育基本法に第 10 条（家庭教育）が設けられたことによる。その条文第 1 項には「父母その他の保護者は、子の教育について第一義的責任を有するものであって、生活のために必要な習慣を身に付けさせるとともに、自立心を育成し、心身の調和のとれた発達を図るよう努めるものとする」とある。つまり子の教育についての責務は父母など保護者にあるとしている。かねてより民法（親族法）第 820 条「親権の効力（監護及び教育の権利義務）」においても「親権を行う者は、子の監護及び教育をする権利を有し、義務を負う[*1]」として明示されていたが、教育基本法によって、各学校や各家庭により広く周知されることとなったことに、その意義がある。

　それまで「家庭教育」は、教育や学術上の用語として使用されることはあっても、明確な定義がなかった。家庭教育に関わる意味内容については、その名

称は使われていないものの民事法民法編「第四編親族」法に依るところが大きい。一方で市井では、例えば新聞や雑誌では、これまで家庭、家庭教育や親子に関わる記事が膨大にあって、関心の高い事柄である。

　家庭教育が行われる家庭は、家族成員が集う生活の場であって、そこには家庭ごとの雰囲気がある。しかも家庭教育の目標は、先に示したように、生活のために必要な習慣などを、他者の手を借りずに一人で独立して行えるよう身につけることにある。それによって、家庭外での社会集団の生活において、課題を遂行し、他者との円滑な関係を構築できるようになる。他者との関係は、学びに向かう基礎や人間性を形成することとなる。さらに、安定した家庭環境のもとで子どもは自ら探索行動をする。それは思考などの認知的能力を伸ばす活動の基盤ともなる。

2　家庭の役割機能の推移

　教育の場としての家庭と地域社会の推移を、時間に沿って俯瞰してみると、生活環境の変容とともに、その時代特有の社会的背景や要請があることがわかる。例えば江戸時代より前には、一般庶民全てへの制度的な公教育は現代のように整っておらず、教育の権利は保証されていなかった。むしろ児童期以降の年齢段階にあっては、当時の成人たちと同等あるいはそれ以上の労働の担い手として扱われ、それに適さない子は遺棄されることもあった。江戸時代には、各年齢段階に応じて寺子屋、藩校や私塾など種々の教育機関が存在していて、後の近代学校教育制度の基盤となった。明治時代になって義務教育化が進められると、それに反対し一揆まで起こす人々もいた。それまで通り第一次産業が主たる各家庭においては、子どもは田植えや稲刈りなどの重要な労働者であった。そのために教育に時間を費やす意味を見出せず、理解されなかったのであろう。一時期、大正時代において自由主義教育が広まったが、昭和初期においては、国民は自由な個人ではなく全体主義国家の臣民として、全体に仕える一員とされ、地域社会も管理された。*2 ただし 1950 年代前半(昭和 20 年代)以前は、家庭は伝統的な家族形態を有し、地域社会には親族だけでなく地縁による繋がりが強く残っていた。つまり村落共同体的な、住民同士の相互作用のなかで養

育（子育て）が行われていた。各地域には江戸期から続く子供組（小供組、のちに少年団、こども会）や若衆組（若者組、のちに青年団、青年会）などの組織があった（兵庫県子ども連絡協議会 1983、住田 1985、田中 1999）。そこでは幼児、児童、青年、未婚の成人などの年齢ごとに地域活動を行うための教育が口承で受け継がれていた。そこで子どもたちは日常的に生活空間を成人と共有し、冠婚葬祭や田畑の作業などの家族や地域の行事に常に参加していた。共同体の成員としての役割を経験することによって子どもたちは自己を形成していた。

社会学者のパーソンズ（Parsons, T. 1902-1979）は、家族機能には子どもの基礎的社会化と成人のパーソナリティの安定化の2点があるとしている（パーソンズ 1970）。さらにオグバーン（Ogburn, W. F.）や山根常男（1963）の理論をもとにした大橋薫（1966）は、その機能について、性・愛情、生殖・養育、経済（生産、消費）、教育、保護、休息、娯楽、宗教（信仰）があるとしている。この機能論をもとにして、『国民生活白書』、『厚生労働白書（厚生白書含む）』、『子ども資料年鑑』や紙誌などを参考にして、上記の8機能のうち性・愛情、生殖・養育、教育についての課題を時代の変遷に沿って考究してみた（西本 2001）。

性・愛情の機能

性・愛情とは互いに慈しみ合うことで、まずは夫婦間の関係性を示す。当該関係は、古代から婚姻関係にあることを儀礼を通じて社会に周知し、行政への届けをもって、公的に承認を得るようにしている。伝統的に主流であった一夫一婦（妻）制を明治期より法的にも定め維持している（民法第732条（重婚の禁止））。フランスに見られるような届け出をしない事実婚が増加することも予想されたが、そのような事態には至っていない。しかも非婚を理由とする一人親家庭も少ない傾向がある。一方で明治期の離婚率については、諸外国と比較して突出して高率であった（森岡・望月 1987）が、啓蒙等により大正期から昭和期中期にかけて減少し両性とも最小値0.25％（厚生省 1965）になった。現在では、やや増加傾向が見られるものの世界的な水準としては低率を維持している。しかしながら、該当する家庭の子にとっては、愛着対象である親との別離による分離不安や剥奪がともなう。さらには親の新たな婚姻にともなう子と継父母との関係性、さらにその子らとの新たな関係性の構築期となる初期受容過

程で配慮が必要となる。

　親子関係の愛情つまり愛着関係についての課題としては、次のようなことがある（愛着についての詳細は第Ⅲ部第2章や第6章を参照）。乳児期から幼児期にかけて、子は養育者との縦の人間関係から仲間との横の関係へと移行し始める。この時期から児童期にかけて、指をしゃぶる、タオルケット[*5]を引きずる、ぬいぐるみや枕を持ち歩く、布団の端を触り続ける、などの行為が見られる（井原 1996）。さらに子は、母親から自立しなければならない状況で、自らを精神的に癒すために、温かさや柔らかさなど母親のイメージを有するもの[*6]に愛着を示す、という（井原 1996）。このような愛着の対象となるものを移行対象（transitional object）と呼ぶ。ほかにも、愛玩動物を同様に扱うこともある。愛着関係が安定すれば、移行対象への行為は消失していく。ただし日常の人間関係の緊張等を解消するために継続することもある。次の養育とも関連して、不適切な子育て（関わり、養育）（maltreatment）により愛着障がい（不全）が子に生じることがある。

生殖・養育（子育て）の機能

　性・愛情の機能とも密接に関連していて、子どもを産んで育てることと関わり、出生（産子）数、虐待（child-abuse）などの不適切な子育てについて課題がある。

　くわえて晩婚化や非婚によって、合計特殊出生率[*7]が、最低率 1.26（2005）からここ数年 1.40 を超え上向いているとはいえ、人口維持・増加の転換点といわれる 2.07 ～ 2.08（人口置換水準）には程遠い。しかも出産が可能な親世代となる年齢段階層の人口数も減少し続けている。2016（平成 28）年の出生数は 100 万人を下回り、当面は総人口が増加に転じる見込みはない。しかも団塊の世代が高齢期になったことにより、人口の年齢構成比における 15 歳未満の子ども数の割合が小さくなっている。一時期 DINKs[*8] がいわれ、過去の調査で母親に対する意識調査が実施されたが、産子数減少の要因は認めにくい。DINKsの傾向はあまり見られないし、産子数については一人の母親（有子配偶女子）が有する平均子ども数は約 2 人で、数十年約三世代にわたって大きな変化はない。これらのことから非婚傾向の増加に起因することが考えられる。

父親の養育（子育て）参加は見られるようになったが、育児休暇取得率は世界で桁違いの最低率となっている。[*9]かつての村落共同体が担っていた子育て支援は、現在では、幼稚園教諭や保育士が担っている。[*10]

　次に不適切な子育て環境で育った子には、器質的に問題がないにもかかわらず発育不全（vulnerable child syndrome）が見られることがある（クラウスとケネル 1985）。さらに愛着障がい（不全）としてパーソナリティが形成されることがある。愛着障がいとは、発達障がいでないにもかかわらず対人関係や自己表現に限定的な制約が生じることである（岡田 2011、サドックとサドック他 2003）。例えば、他者の言動の些細なことが気になり、避けられているなどと誤解をする。そのような対人関係のぎこちない行動は、発達障がいと類似することもあるが、症状が軽減されたり消失したりすることから区別することができる。それらの改善にあたっては、パートナーなど重要となる他者の存在が必要となる。

　したがって、生殖・養育機能における課題には、親子関係によって、後のパーソナリティ形成に関わる愛着障がいがあげられる。

教育の機能

　養育（子育て）の機能とも併せて家庭教育となる。ここで山下（1965）を援用すると、教育の機能として基本的生活習慣、安全教育、遊び、絵本・読み物[*11]およびマスメディアやインターネットなどの情報媒体とそれらの精選と情報セキュリティ、友だちとの関わりと社会生活[*12]、知的指導と家庭学習、金銭教育と家事の手伝い、道徳教育、性教育、非行対策がある。

　それらの機能は、半世紀以上前では、家庭や地域での伝承と体験および熟練的なものが主であった。しかしながら社会状況の変遷にともない知的指導と家庭学習については、学校教育での課題などとも併せて、専門的に分化・深化して、高度な知識や技術が必要となってきたので、学習塾、家庭教師、器楽演奏のような習い事や特定の運動種目についてのスポーツ少年団など家庭外機関やエージェントに役割を委譲してきている。さらに安全教育は、より重要視され、学校教育にも担われている。安全管理については警備保障会社や情報セキュリティソフトに、さらには有事のときには保険に委ねている。家事の手伝いにつ

いては、種々の電化製品の普及や家庭外部の専門業者に委託することで、それに費やす時間と労力は減じたり喪失したりする。これらにより親は、子の知的指導を外部機関に委ねながら、経済と時間を投資するようになった。

　これらのような事情などから、しばしば家庭の教育力が低下している、という見解も見られるが、むしろ親子間にかかる相互作用の量質ともに、前述のように、かつてより多く、密着の機会や時間が長く、度合いも高い。すなわち家庭の教育力は善きにせよ悪しきにせよ増大し高まった、と見なされる。もちろんそこにはそれに耐えられず子育てを放棄したり、子を遺棄したりするなど、不適切な子育てもありうる。

　家庭教育の中核となる基本的生活習慣の形成についての課題として AD/HD[13] や OD[14] によるものがある。前者は脳内伝達物質によるもの、後者は通常の血圧系では測定できない低血圧による症状のためではあるが、周囲からは両者とも怠け者、やる気がないなどと誤解される。

3　子育て家庭の傾向

　2000 年前後に、キレる子ども[15]については、種々の報告[16]がされている。要因もいくつかあげられていて、その例には、一人で食事をする子は家族と一緒に食事をする子よりもイライラする、など不定愁訴の頻度が高いとする報告[17]がある。それらの対策とともに、ひところのようなモンスター・ペアレンツ[18]とまで揶揄されるほど、強引な主張や無理な要求などで学校園を悩ました保護者たちは、教育基本法改正以降親など保護者の責務が強調されてからは、種々の方策が功を奏して影を潜めつつある。

　各家庭の保護者は、私的空間に集約するため、家庭外部と関わりを遮断し、濃密な親子関係のなかで、子育てのパーフェクトを目指している（例えば、廣田 2006、本田 2010）。一方で、自己欲求を充足するためにそれを拒絶したり、そこから解き放たれたい親[19]は、放任・虐待など不適切な子育てを深刻化させている。つまり前者では、甘やかしと子どもに服従する養育態度（子育て）などにより、子どものためと称して、自己欲求を充足する。後者は、遊興や仕事にあけくれ、子育てを顧みない自己愛の強いパーソナリティを有している傾向が

ある。つまり独善的なパーフェクトを目指す日本の親たちが、ほどよい（母）親 good enough mother[20]（ウィニコット 1979）となるのは難しいことかもしれない。

ここで保護者の子育てタイプと子どものパーソナリティについて本田（2010）は、母親による子育ての分析から二つのタイプを見出している。[21]「きっちり型」の母親は、高学歴の傾向があって、厳密なルールを親主導型で進め、子には、習い事など通塾率が高い傾向がある。子育てで、子に対して重視することは、個性、専門性、独自性、主体性、自由な発想、マナー、口の利き方である。その母親のもとで育った子どものパーソナリティは、ネガティヴ思考で、不安や消極的であるが、一方で気が強く自己主張をすることがある。あるいは繊細で神経質なところがあって、キレる傾向にあるという。

「のびのび型」の母親は、学習塾については「言ってもやらない」、「（親が）わからない」とする理由により、子に通わせることが少ない。子育てにおいて重視することは、友だち関係、環境適応など生活面であって、外遊びや種々の経験を奨励する。子どもの意思を尊重し、思いやりがあり他者を傷つけない態度や、自分の意思を言えることを期待する。その子どものパーソナリティの傾向は、ポジティヴ思考であって、コミュニケーション能力に優れ、物事に積極的に関わる。しかしながら親の意図に反し、自己主張はせず、おとなしく、周囲に流されやすい。

凶悪事件が起こるたびに、報道では、各容疑者の成育歴や家庭環境などから、乳幼児期の教育・保育の重要性が説かれるが、一過性で忘れ去られる。最後に残った家族の機能とオグバーンが称した愛情の絆も失われるのかもしれない。

4　家庭教育の課題と展望

経済格差が広がり、貧困で生活が成り立たなかったり、環境も整っていなかったりする家庭がある。かつて学校園を支えていた家庭や地域は、今や保育所や幼稚園、各学校、福祉機関などの専門家集団から支援がなくては成り立たない。不適切な子育てや DV[22] などの対策には、児童養護施設、乳児院、母子生活支援施設の充実とともに親育ちの支援も必要となってくる。

各家庭が単独で自主的な改善をすることは困難なので、かつて家庭を包含して共同体として機能していた地域の教育力復活のために、各地域の行政や住民によって、従来の施設・制度を活用することに加えて、次の取り組みが実施されている。こども会の再生、子育てサークル、ママ友クラブ、子育て広場、放課後保育・教室、保育臨床コーディネータ、特別支援員、家庭支援員、放課後児童クラブ（学童保育）と放課後児童支援委員、種々のコーディネータなどの活動、町内会の活性化である。そのなかの放課後児童支援事業では、小学校の校庭や校舎内を中心に自主的な遊びや学習を通して、子どもの居場所となる活動場所を設けている。それぞれの役割を互いに理解し、各家庭の子どもが、健全に、幸せに、成長・発達するよう支援したり、親育ちなどをも連携・協働したりして支援している。いずれの取り組みの目的も子どもの最善の利益を考慮し、子どもの福祉を重視し、未来の社会の形成者として子の人格の完成に資することにある。

　　注
＊1　民法第834条（親権喪失の審判）「父又は母による虐待又は悪意の遺棄があるときその他父又は母による親権の行使が著しく困難または不適当であることにより子の利益を著しく害するときは、……親権喪失の審判をすることができる……」とある。旧民法（平成22年度以前）では、これらを「親権を濫用」としていたが、改正によって明確に示すこととなった。
＊2「部落会町内会等整備要領（隣組強化法）」（内務省訓令第17号、1940（昭和15）年9月11日）によって制度化され、地域近隣の5〜10世帯を一つの組として、地域自治の振興を促進した。背後には思想統制を図ることや近隣住区による相互監視も担った。大東亜戦争（太平洋戦争）敗戦後の1947（昭和22）年にGHQにより解体された。
＊3　幼児期から児童期の子による、若衆組の前集団であって、地蔵盆で地域の寺院の僧侶のもとで経を唱え、菓子を、かつては青年団、現代では母親たちからもらうのが主たる活動である。
＊4　日本は、東アジア圏で一般的な夫婦別姓（両姓）ではなく、ヨーロッパ型の夫婦同姓（氏）の形式をとっているために、当該圏内では珍しい存在となっている。したがって前者の形態についての要請がある（民法750条（夫婦の氏）を参照）。
＊5　日本では綿製のタオルケットであるが、欧米では毛布となる。
＊6　それらを持ち歩いたり触り続けたりする。欧米では鏡や窓ガラスに映った自分の

姿を友達（imaginary companion 想像上の仲間）と称して話しかける行為もある（井原 1996）。シュルツ『ピーナッツ』に登場するライナスはその行為の代表ともいわれる。

* 7　一人の女性が生涯に産むと見込まれる子どもの数。その年の 15 歳から 49 歳までの女性が産んだ子どもの数を元に算出する（厚生労働省『人口動態統計』）。

* 8　Double Income No Kids　子を儲けず夫婦 2 人で収入を得て生活する。DEWKs（Double Employed With Kids）や Sahm'ers（stay at home moms）が対応語。

* 9　日本の男性の育児休暇取得率は、2009 年 1.72％、2012 年 2.30％、2015 年 2.65％となっている。ちなみに女性は、2009 年 85.6％、2012 年 83.6％、2015 年 81.5％である。しかし、女性の育児休暇取得率も欧州諸国の男性のそれの平均値を下回っている（厚生労働省 2016：9-11）。

* 10　石原久美・熊木香織・杉岡珠紀・寺西瑞樹・深堀清美・村上裕美・阪神電鉄経営企画室沿線活性化・西本望（2012）。熊木・杉岡・寺西（2013）に所収。

* 11　原著（山下 1965）では、日常生活の基本的習慣、となっていて、後に基本的生活習慣。その内容には、食事、睡眠、排泄、着脱衣、清潔の五領域とされている。現在ではより広い概念として基本的な生活習慣とされる傾向がある。

* 12　山下（1965）を改変。原著では「……絵本・読み物およびテレビ、……」となっている。

* 13　基本的生活習慣の獲得・形成の意義については次の 3 点がある。①社会からの要請による文化適応：社会集団の成員として行動様式を獲得し他者との関係を円滑に行ってゆく。②独立した身辺の生活行動：自律的な意思をもって、個人として自立した行動。③生命維持：生理的な生活を整え、健康を保ち、心身の調和的な成長・発達、がある（山下 1965、1971、西本 1965、西本 2001）。これらは社会生活で人間としての基礎（社会的人間）となり、道徳性などパーソナリティ形成や生活習慣病の予防や防疫など生命維持にも関わる。

* 14　Orthostatic Dysregulation：起立性調整障がい（田中 2010）。血圧の高くなる昼過ぎから夕方夜にかけては元気で活発となるために周囲、特に家族からの誤解を受けやすい。テレビゲームをしたり、本人からも「明日は学校に行く」との意思表示があったりするものの、翌朝は起床することができない。

* 15　激昂することを表す俗語。対人関係において昂ぶった怒りの感情が、我慢の限界を超えて一気に露わになる様子を表す。それも一見どこにでもいるような子で、AD/HD や自閉症スペクトラム障がいのような発達障がいに類するような器質的要因はなく、犯罪・非行の前歴もなく、前兆もないままに突如として他者に重大な加害行為を起こす。通常、特異な様子の見られない子で、快適な環境によって育っていることが共通している。このような子は、集団生活で、ルール、分配、待ち時間、

寒暖の差、他者への配慮、集団の移行など、自己中心的に欲求を充足できる環境と異なる場面に遭遇すると、その子にとって都合の良いシチュエーションでなくなったとき、些細な体験を理由づけにして一気に暴発して破局に向かう（西本 2001）。

＊16　例えば太田他（2005）。

＊17　「平成 17 年度児童生徒の食生活等実態調査」（独立行政法人日本スポーツ振興センター 2007）。

＊18　和製英語であって、原典には諸説ある。アメリカではニュアンスが若干異なるがヘリコプターペアレント（Helicopter Parent）といわれ、子に緊急事態があるとホバリング（空中停止）しているところから降下して、艱難から救出しようとする親をさす。

＊19　例えば「子どもがいると仕事ができない」や「子どもがいると部屋が汚れる」など（西本・本玉 2006）。

＊20　ウィニコットは、母親について言及しているが、ここでいう「ほどよい母親」については、母親に限定されるものではなく、父親であっても、祖父母であっても子育ての主体となる人物に程よさがあればよいのである。

＊21　父親と子との関係では、特徴が見出せなかった（本田 2010）という。

＊22　Domestic Violence：ジェンダーを含み、夫から妻への暴力行為をさすが、日本では夫婦間の暴力全てを意味する。これには Family Violence が夫婦間暴力をさす用語としてあるが、直訳で家族間暴力（家庭内暴力）としてしまうと、その邦訳が、日本では子から親への暴力と見なされてしまう。その誤解を避けるために上述の語がもちいられる。

＊23　家庭教育の支援については、教育基本法第 10 条第 2 項と教育基本法第 13 条（学校、家庭及び地域住民等の相互の連携協力）を参照。

参考文献

アメリカ精神医学会　2014『DSM-5 精神疾患の分類と診断の手引』高橋三郎・大野裕監訳、医学書院。

井原成男　1996『ぬいぐるみの心理学——子どもの発達と臨床心理学への招待』日本小児医事出版。

ウィニコット、D. W.　1979『遊ぶことと現実』橋本政雄訳、岩崎学術出版。

太田充・吉田恵子・深澤ひろむ　2005「児童生徒のキレやすさに関わる実態調査の分析——校種と性別に焦点をあてた調査研究」山梨県総合教育センター教育相談部。

大橋薫　1966『家族社会学』川島書店。

岡田尊司　2011『愛着障害——子ども時代を引きずる人々』光文社。

熊木香織・杉岡珠紀・寺西瑞樹　2013『子育てに関する人的・物的環境について——子

育てマップ制作過程で実施した阪神沿線の質問紙調査から』平成 24 年度武庫川女
子大学文学部教育学科卒業論文（未発表論文）。

クラウス、M. H. ／ J. H. ケネル　1985『親と子のきずな』竹内徹・柏木哲夫・横尾京
子訳、医学書院。

厚生労働省雇用均等・児童家庭局雇用均等政策課　2016「『平成 27 年度雇用均等基本調
査』の結果概要」http://www.mhlw.go.jp/toukei/list/dl/71-27-07.pdf（最終閲覧
2018 年 2 月 28 日）。

Sadock, B. J. ／ V. A. Sadock 他　2003『カプラン臨床精神医学テキスト——DSM- Ⅳ -TR
診断基準の臨床基準への展開（第 2 版）』井上令一・四宮滋子監訳、メディカル・
サイエンス・インターナショナル。

住田正樹　1985『子どもの仲間集団と地域社会』九州大学出版会。

田中治彦　1999『少年団運動の成立と展開——英国ボーイスカウトから学校少年団ま
で』九州大学出版会。

田中英高編　2010『起立性調節障害』中山書店。

西本望　2001「家庭における人間形成」武安宥他編『教育のプシュケーとビオス』福村
出版、47-69 頁。

西本望・本玉元　2006「世代間での子ども観および子育て意識の相違」武庫川女子大学
関西文化研究センター編『関西の子育て文化』関西文化研究叢書 5、50-63 頁、109-
144 頁。

廣田照幸編　2006『子育て・しつけ』リーディングス日本の教育と社会 3、日本図書セ
ンター。

兵庫県子ども連絡協議会　1983『子ども会の歴史——兵庫県子ども連絡協議会 30 年史』
兵庫県子ども連絡協議会。

パーソンズ、T.　1970『核家族と子どもの社会化（上）』橋詰貞雄他訳、黎明書房。

本田由紀　2010『家庭教育の隘路』勁草書房。

本村汎・磯田朋子・内田昌江　1985「育児不安の社会学的考察——援助システムの確立
に向けて」『大阪市立大学生活科学部紀要』33：11-12 頁。

山下俊郎　1965『家庭教育』光生館。

山下俊郎　1971『幼児心理学』朝倉書店

山根常男　1963「家族の本質」『社会学評論』13（4）：37-55 頁。

森岡清美・望月崇　1987『新しい家族社会学（改訂版）』培風館。

Whiting, B. B. & C. P. Edwards 1988. *Children of Different Worlds*. Harvard
University Press.

第2章

乳幼児期の発達教育

1 乳幼児期の身体と運動機能の発達

身体発育・運動機能の特徴

　乳幼児期は身体発育が著しく、乳幼児身体発育調査（厚生労働省）によれば、出生時の体重は約3000g、身長は約50cmであるが、体重は3ヶ月で約2倍、1歳で約3倍に、身長は1歳で約1.5倍になる。乳幼児期は、身体の発育を基礎として、運動機能、情緒、認知、社会性などさまざまな側面が相互に関連しながら発達する。

　乳幼児期における運動機能の発達は、神経系の成熟と関連している。出生直後は、大脳や神経機能が未熟なため、「原始反射」と呼ばれる多くの反射運動（口唇探索反射、吸啜反射、把握反射、モロー反射など）が見られる。脳や神経が発達すると反射運動は消失し、自分の意思による随意運動が見られるようになる。

　運動機能の発達は、「頭部から下肢へ」「体幹から末梢部へ」という一定の方向性がある。首のすわり、寝返り、座る、はう、立つ、つたい歩き、歩行の確立へと至るように、頭部から下部へと発達が進む。また、体幹（胴）から四肢（手足）に向かって運動が見られた後に、指先などの末端部分の運動が出現する。目と手の協応が可能になると、欲しい玩具に手を伸ばして指でつかみ、自分の近くにもってくるなど、目的をもった正確な運動が見られるようになる。運動機能の発達によって生活空間が広がり、探索活動が活発になることで経験の内容が深まっていく。養育者は、運動機能の発達の方向性、順序性を踏まえたうえで、発達の個人差にも配慮しながら、乳幼児一人ひとりと関わっていくこと

が大切である。

基本的生活習慣と心身の健康

　乳幼児期には、身体の発育や運動機能の発達と関連しながら、基本的生活習慣（食事、睡眠、排泄、着脱衣、清潔）が形成される。日常生活に必要な基本的習慣の形成は、生理的な安定をもたらし、心身の健康を保つうえで極めて重要である。一人ひとりの発育、発達の状況を考慮し、規則正しい生活のリズムが確立されるようにしなければならない。乳幼児期における基本的生活習慣の自立は、就学を含む社会への適応のためにも重要な課題となる。乳幼児自身のやりたいという意欲を育て、自立への自信や達成感を得ながら取り組むことができるよう援助していく必要がある。

2　乳幼児期における自我の育ち

自己意識の芽生え

　出生直後の乳児は、自己と他者の区別が未分化な状態である（柏木 2015）。乳児は生得的に備わっている快・不快の情動を表情や泣きで表出することによって、身近な他者（養育者）に自己の欲求を伝える。そして、欲求を満たしてもらえる相手との相互作用を通して自己意識、つまり、「自分は他者と異なった存在であるというなかで鮮明になっていく自分自身についての意識」（秋山 1991：116）が芽生えていく。また、自分の手をじっと見たり、手足をなめたりすることで自分の身体を認識するようになる。外界に対して活発に自己を表出できるような環境が乳幼児の自我の発達を促すうえで重要となる。

　柏木（2015）は、2〜3歳の子どもに見られる反抗現象は、自己の発達と深く関わりがあるとしている（柏木 2015：39）。2歳頃になると、他者に対して自己を主張し、指図されたことに「イヤ」「ダメ」といった言葉で拒否するようになり、自己の欲求を強く通そうとする。いわゆる第一反抗期と呼ばれる現象であり、自我の確立や母子分離において重要な意味をもつ。

自我の発達と発達課題

エリクソン（Erikson, E. H. 1902-1994）は、人生を乳児期から老年期に至る8つの段階に区分し、各段階における発達課題と心理社会的危機を2つの対の概念を用いて表した。

乳児期の発達課題は「基本的信頼対不信」であり、自我の健全な発達のためには、基本的信頼感が不信感を上回る状態で安定することが望まれる。養育者（特に母親）の養育態度に問題がある場合には、他者や自分自身への不信感を抱いてしまう結果となり、外的環境や他者との相互関係を築くことが難しくなる。幼児期前期は、「自律対恥と疑惑」が発達課題となる。基本的生活習慣の自立とともに第一反抗期を迎える時期であり、幼児の自尊心を守りつつ、自律性（自分の判断で自分の行動を律すること）を獲得できるように関わることが求められる。幼児期後期の発達課題は「自発性対罪悪感」であり、これまでに獲得した運動能力と知力を使って自発性を発揮することが望まれるが、うまくいかないと罪悪感を抱くことになる。乳幼児期の発達課題は、社会的存在としての人間形成の基盤となるものであり、養育者の望ましい関係性が特に重要な視点となる。

3　言葉の発達と教育

言葉の発達過程

出生後1ヶ月までは、主に生理的な欲求や不快（空腹や排泄など）による泣きによって声を発する。1ヶ月を過ぎた頃より、機嫌のよいときにクーイング（cooing）と呼ばれる喉をならすような穏やかな発声が生じ、2ヶ月頃には「アー」「ウー」といった母音を中心とした発声が見られる。3〜4ヶ月頃になると、口や舌など発声器官が発達することで発声量も増加する。このような乳児期に見られる特定の意味をもたない発声を喃語と呼ぶ（横山他 1986）。6ヶ月頃までに「ババババ」「マンマンマン」など反復喃語が見られるようになる。1歳前後には「マンマ」「ワンワン」「ブーブー」など意味のある初語が現れ、1歳半から2歳頃に語彙量が急激に増大し（語彙爆発）、「ママ ネンネ」「マンマ ナイ」「ワンワン イタ」といった二語文へと発達する。乳児は、泣く、笑

うなどの表情、身振り、喃語などで自分の意志や欲求を表現する。これに養育者が応答的に関わることで、情緒的な絆が形成され、言葉を介したコミュニケーションへとつながっていく。自分のまわりにある事物に対して「コレ ナニ？」と名前を尋ねる質問期を経て、3歳頃には多語文を用いた発話が見られ、4～5歳頃に話し言葉の充実期を迎える。

　言葉の獲得過程に見られる重要な行動として、共同注意や指さしがある。指さしは、乳児が指を媒体として自分の関心のあるものを他者に伝える行動であり、生後9～10ヶ月頃、初語の獲得時期に重なるかやや先だって発現する。これは乳児と他者が同じ事物に注意を向け、自分 - 事物 - 相手の三項関係（やまだ 1987）が成立することを意味する。子どもの言葉の発達を促すには、子どもの興味関心のあるものに大人が目を向け、子どもの思いを読み取り共有することが大切である。

書き言葉（文字）の獲得と教育

　話し言葉に比べて、書き言葉（文字）の獲得には時間を必要とする。書き言葉への移行期となる幼児期には、生活や遊びのなかで文字への興味関心を育てることが大切である。文字は、言葉の伝達手段であり、人と言葉を交わす楽しさを味わい、自分の気持ちを相手に伝えたいという思いをもつことで習得されていく。子どもは、身近な人から呼ばれる自分の名前が文字で表されることを知り、ひらがなを読んだり書いたりすることに関心をもつようになる。また、絵本を読んでもらうことで、そのなかに記された文字に関心をもったり、文字遊び（しりとりやカルタなど）やごっこ遊び（お店屋さんごっこ、郵便屋さんごっこなど）を通して、文字や標識に親しんだりすることで、書き言葉の必要性に気づくようになる。

　言葉の獲得は、象徴機能の発達が基盤となる。話し言葉と書き言葉の発達過程を考えずに文字を指導しても、言葉としての文字の獲得にはつながらない。2017 年 3 月に告示された『保育所保育指針』『幼稚園教育要領』『幼保連携型認定こども園教育・保育要領』には、「幼児期の終わりまでに育ってほしい姿」が共通して示され、そのなかに「数量や図形、標識や文字などへの関心・感覚」「言葉による伝え合い」が挙げられている。保幼小連携の充実が求められてい

るなか、遊びや生活を通した幼児期の保育内容が適切な指導方法で実践され、教科などの学習を中心とする学童期の教育内容へと連続性・一貫性をもって円滑につながっていくことが重要である。

4　思考の発達と教育

思考の発達過程

　ピアジェ（Piaget, J. 1896-1980）の発生的認識論によると、子どもの思考は感覚運動期、前操作期、具体的操作期、形式的操作期へと段階的に発達する。

　感覚運動期（0〜2歳頃）にあたる乳児期は、吸う、なめる、さわる、つかむなど感覚と運動を通して外界にあるものを認識していく。この時期の発達の主要なものとして、「対象物の永続性」の獲得があり、モノが見えなくなってもそれが存在し続けることを理解するようになる。

　前操作期（2歳から7〜8歳頃）にあたる幼児期は、表象や象徴機能が発達し、ある事物を他のものに置きかえて表現する見立て遊びやごっこ遊び（象徴遊び）が見られる。これらの遊びは以前に見たこと、やったことを真似る延滞模倣が前提となる。この時期の思考は、自己の視点からのみ外界を認知し（中心化）、主観と客観が未分化な状態である。すべての事物・事象に生命、意識、感情などが存在するというアニミズムや、夢・おとぎ話は実在するという実念論に説明される自己中心性は、この時期の思考の特徴である。

　具体的操作期（7〜8歳から11〜12歳頃）になると、自己中心的思考から脱し（脱中心化）、表象を操作しながら論理的な思考ができるようになってくる。そして、形式的操作期（11〜12歳頃から）において仮説的、抽象的な思考が可能となる（第Ⅲ部3章3節参照）。

数量概念の発達と教育

　前操作期の段階にいる幼児の思考は、知覚やイメージによる直観的思考であり、論理的な枠組のなかで物事を判断することが難しい。ピアジェの理論によると、この時期は保存性の概念が成立しておらず、例えば、一つの容器から形の異なる別の容器に液体を移すと、容器の形状によって液体の量は変化すると

考える（大伴 1970）。

　数量は抽象的なものであり、子どもは日常生活における具体的な場面を通して数量感覚を培っていく。山名（2013）は、数量感覚（number sense）とは、数量に関する直観であり、人が生得的にもっている数量に対する敏感さのようなものであるとし、乳幼児は、日常生活のなかで、自身の必要感に基づく体験を通して、数量に対するさまざまな感覚を獲得していると述べている。幼児期の教育は「遊びを通しての総合的な指導」がその基本にある。数量指導の方法については、思考の発達段階を理解し、モノを比べたり数を数えたりするなど、日常生活や遊びのなかで興味や関心を広げながら、数量の感覚が養われるようにすることが必要である。

5　乳幼児期における社会性の発達

乳幼児のコミュニケーション

　乳児は、一見すると受動的で無力な存在であると思われるが、近年の研究では、生まれて間もない新生児であっても多様な能力をもち、他者との社会的関係の基盤をすでに有していることが明らかになっている。生後間もない新生児に見られる生理的微笑（新生児微笑）は、反射的・生理的現象であるが、周りにいる大人は思わず微笑みを返したくなる。生後 3 ヶ月頃になると、社会的微笑へと変化し、特定の大人（養育者）に対する意図的・社会的な行動が見られるようになる。

　言葉の獲得過程にある乳児は、指さしや共同注意といった身振りによるコミュニケーションを通して他者に働きかける。9 〜 10 ヶ月頃には三項関係（本章第 3 節参照）の成立による著しい社会性の発達変化が見られ、他者との双方向的なやりとりを可能にする。乳児期は、人間関係の基礎を培う時期であり、特定の養育者（特に母親）との関係は、重要な意味をもつ。乳児の表情、身振り、喃語などに養育者が的確に応答することで相互的コミュニケーションを発展させ、安定した愛着関係を形成することが必要である。

表 3-2-1 　「誤った信念」課題

最初に、人形劇などによって、次のようなお話を子どもに聞かせる。

「マクシは、お母さんの買い物袋をあける手伝いをしています。マクシは、後で戻ってきて食べられるように、どこにチョコレートを置いたかをちゃんとおぼえています。その後、マクシは遊び場に出かけました。マクシのいない間に、お母さんはチョコレートが少し必要になりました。お母さんは〈緑〉の戸棚からチョコレートを取り出し、ケーキを作るために少し使いました。それから、お母さんはそれを〈緑〉の戸棚に戻さず、〈青〉の戸棚にしまいました。お母さんは卵を買うために出ていき、マクシはお腹をすかせて遊び場から戻ってきました。」

マクシという男の子を主人公とするこういうお話を聞かせた後、「マクシは、チョコレートがどこにあると思っているでしょうか？」という質問をする。

出典）子安（2000：96-97）より抜粋。

心の理論

　幼児の社会性の発達を理解するものとして「心の理論」がある。子安（2000）は、著書『心の理論――心を読む心の科学』のなかで、ハインツ・ヴィマーとジョゼフ・パーナーが 1983 年に発表した「誤った信念」課題と呼ばれる実験を取り上げている。

　表 3-2-1 のような「誤った信念」課題は、「心の理論」研究においてさまざまな例文で示されており、これらの問いへの正答率は、4 歳以降で上昇することが明らかになっている。一人遊びから他者との連合遊び、協同遊びへと発展する時期であり、幼児の遊びは社会性の発達と密接に関連している。幼児期の教育においては、ごっこ遊びやルールのあるゲーム遊びなどを通して、他者との相互作用を深め、社会性の発達が促される環境を意図的に作り出すことが必要である。

自己主張と自己抑制

　2 歳頃になると自我の芽生えとともに、強く自己主張する姿が見られる。これは、愛着の対象である養育者（特に母親）への依存状態から自分の意志で行動したいという自立への移行であり、母子分離や社会性の発達に重要な契機となる。また、幼児が友だちとの関係性のなかで、「入れて」「貸して」などと自分の欲求を言えることも自己主張の大切な側面となる。4 歳頃になると自分の欲求を少しずつ我慢し、他者の気持ちを理解して自己を制御できるようになっ

てくる。これが自己抑制（柏木 1988）であり、周囲の環境に自己を適応させるための行動規範を形成していく。他者との葛藤や協力を経験することで、自己主張と自己抑制を調整する力が育まれていく。この能力は、社会性の発達に関連し、児童期以降の自己形成にとって重要な一側面となる。

参考文献

秋山俊夫　1991「自己概念の発達」山本多喜司監修『発達心理学用語辞典』北大路書房　116-117 頁。

内田伸子　2008『幼児心理学への招待——子どもの世界づくり（改訂版）』サイエンス社。

エリクソン、E. H.　1977『幼児期と社会』仁科弥生訳、みすず書房。

大伴茂　1970『ピアジェ幼児心理学入門』同文書院。

柏木恵子　1988『幼児期における「自己」の発達』東京大学出版会。

柏木恵子　2015『新装版　子どもの「自己」の発達』東京大学出版会。

小林芳郎編　2001『心の発達と教育の心理学』保育出版社。

子安増生　2000『心の理論——心を読む心の科学』岩波書店。

榊原知美編著　2014『算数・理科を学ぶ子どもの発達心理学——文化・認知・学習』ミネルヴァ書房。

清水益治・森敏昭編著　2013『0 歳〜 12 歳児の発達と学び——保幼小の連携と接続に向けて』北大路書房。

ヴォークレール、J.　2012『乳幼児の発達——運動・知覚・認知』明和政子監訳、新曜社。

山名裕子　2013「幼児が遊びを通して学んでいること（2）——『遊び』の中で育まれる数量感覚に着目して」『秋田大学教育文化学部研究紀要教育科学部門』68：35-40 頁。

波多野完治編　1965『ピアジェの発達心理学』国土社。

波多野完治編　1966『ピアジェの児童心理学』国土社。

やまだようこ　1987『ことばの前のことば——ことばが生まれるすじみち 1』新曜社。

横山明・三神廣子・村上京子　1986『幼児の言語と思考』高文堂出版社。

第3章

児童期の発達教育

1　児童期の身体と運動機能の発達

身体発育と運動機能の特徴

　児童期は、身体発育に伴い、抵抗力や体力が増し、活動範囲も広がる。運動機能がめざましく向上する時期であるが、個人差が大きく、運動技能の得意不得意の意識が自己像の形成に影響する（小林 2001：40）ことから、教育的な配慮も必要となってくる。

　児童期には、幼児期に獲得した運動機能がさらに発達し、身体の異なった部位を協応させる複雑な運動が可能となる。幼児期に経験した「走る」「跳ねる」「登る」などの全身運動を基本として、ドッジボールや縄跳び、一輪車などの、敏捷性と平衡性を必要とする運動や、野球やバスケットボールなどの技巧性を必要とする運動を好むようになる。また、細かな字を書いたり、手芸やプラモデル製作をしたりするなど手指の巧緻性も高まる。遊びの種類も多様化し、ルールのある集団ゲームなど、仲間と協力したり競い合ったりする経験が、心身の健全な育ちに重要となる。児童期における身体発育と運動機能の発達は、自立性や社会性の発達の基盤となると考えられ、自発的に運動できる環境や屋外で活発に遊ぶ機会を充実させる必要があるだろう。また同時に、活発な身体活動を支えるため、バランス良く栄養を摂取し、体力増進を図ることが大切である。

生活習慣と心身の健康

　児童期になると、基本的な生活習慣が身につき、自分から主体的に行動でき

るようになる。一方で、養育環境が生活習慣の形成に与える影響は大きい。心身の健康を守るために、子どもへの適切な関わりが必要になる。

　生活習慣と体力の関連についての調査（スポーツ庁 2016）では、健康三原則といわれる「運動」「食事」「睡眠」を大切だと考えている児童は体力テストの得点が高く、「毎日朝食を食べる」「決まった時間に夕食を食べる」「8時間以上の睡眠」など規則正しい生活習慣が身についている児童においても得点が高いことが示されている。また、睡眠を中心とした生活習慣と子どもの自立や心身の不調などとの関係性についての調査（文部科学省 2014）では、就寝時刻と起床時刻が早い児童は朝食の摂取状況が良好であると同時に、「なんでもないのにイライラすることがあるか」という質問に「ない」と回答する割合が高いことが示されている。「ルールを守って行動するか」「自分のことが好きか」といった質問にも、就寝時刻と起床時刻が早い児童は、肯定的な回答の割合が高いことが示されている。近年では、情報機器（テレビ、ゲーム、携帯電話・スマホ、パソコンなど）の接触時間と体力、心身の健康との関連も指摘されている。家庭と学校教育がさらなる連携を図り、望ましい生活習慣を形成していくことが求められているといえる。

2　自我の発達と教育

自我の発達と発達課題

　児童期は、学校教育を基本として日常生活に必要な知識や技術を習得していく時期である。エリクソン（Erikson, E. H. 1902-1994）の心理社会的発達理論によると、児童期の発達課題は、「勤勉対劣等感」である。子どもは、自分が興味をもったことや与えられた課題に忍耐強く取り組み、努力をすればやり遂げることができる、という経験を通して、勤勉性を獲得する。一方で、課題や困難を解決できなかった場合は、自己受容が思うように果たせず、自尊感情の低下などにより劣等感をもたらす可能性がある時期でもある。養育者や教師からの適切な評価や励ましは、子どもの自己意識の形成にとって極めて重要であり、そのような機会を意図的に増やしていくことが、児童期の発達課題の達成につながるといえる。

児童期には、認知機能の発達を背景に、他者の視点から自分を位置づけられるようになる。同一視の対象は、親から教師や友人に広がり、なりたい自分を意識するようになる。さらに、外面的な内容だけでなく、自分の性格的特徴など内面的なものも自己意識のなかに取り入れられるようになる（速水他 2001：68）。これは、青年期におけるアイデンティティ確立のための準備として、重要な発達のプロセスとなる。

自己肯定感の育成

　近年、子どもの自己肯定感の低下が懸念されている。自己肯定感とは、「『自分のことが好き』『ありのままの自分を受け入れる』などという『自己の身体的な特徴や能力、性格などについて肯定的に考えたり、感じたりする感情』」（中島 2003：220）と定義される。例えば、2012（平成24）年に実施された小学4〜6年生、中学2年生、高校2年生を対象とした「青少年の体験活動等に関する実態調査」（国立青少年教育振興機構）では、自己肯定感に関する項目（「今の自分が好きだ」）について、学年が上がるほど肯定的な回答が減少していることが示されている。また、自己肯定感の低さは、学力や達成感・意欲などの低さとも関連していることが明らかになっている。

　児童期になると、自己の肯定的側面だけでなく否定的側面も意識できるようになり、多面的な自己理解が可能となる。自己肯定感を育てるためには、否定的側面も含めて自己を受け容れることが必要となってくるであろう。多様な活動を通して、成功と失敗の経験を促すことで、自己理解を深めていくことが大切である。

3　認知機能の発達と教育

論理的思考の発達

　児童期に入ると、子どもの認知的枠組みが大きく変化する。ピアジェ（Piaget, J. 1896-1980）の発生的認識論によると、児童期の思考は、具体的操作期の段階にあたる。この時期の子どもは、乳幼児期における感覚的・直観的思考から脱し、具体的な事象に対して論理的な思考ができるようになる。例えば、ピアジェ

の代表的な実験である「保存課題」に示されるように、子どもに同直径、同重量の2つの粘土のかたまりを見せた後、一方の形を細長く（ソーセージ型のようなものに）変えて示すと、7〜8歳頃から形が変わっても量は変化しないことを理解できるようになる（ピアジェ 1960：278）。

9〜10歳になると、空間認知の顕著な発達が見られる。例えば、「3つ山問題」の課題では、テーブル上に配置された3つの山の模型の位置関係を自己の視点からのみ認知していたものが、テーブルの反対側に座っている他者の視点からも認識できるようになる（波多野 1965b）。脱中心化の思考発達により、自己の視点に左右されずに事象を考えられるようになるのである。

11〜12歳になると、形式的操作期の思考段階に入る。前段階の具体的操作期では、思考は具体的な事物を手段とした場合に限定されていたが、形式的操作期では、抽象的な事象でも論理的に推論できるようになることが示されている。

児童期には、さまざまな事象に対する興味関心が広がり、注意力や集中力も高まる。思考の道具としての言語能力もめざましく発達し、小学校における学習を可能にする。一方で、学力の形成に関して、具体的思考から抽象的思考が必要となる小学校中学年（9〜10歳）頃に個人差が拡大し、学習上のつまずきが生じる「9歳の壁」が指摘されており、学校教育においては教育内容の工夫が求められている。

学校教育への移行と課題

2000年代以降、「小1プロブレム」という現象が日本の教育における課題として取り上げられてきた。それは、「小学校に入学したばかりの小学1年生で、集団行動がとれない、授業中に座っていられない、先生の話をきかないなどの状態が数ヶ月継続する状態」（清水・森 2013：116）をいう。児童期は、小学校への就学とともに、生活上の大きな変化を伴う。遊びと生活を中心とした幼児期の教育から教科を中心とした児童期の教育への移行において、環境に適応できず戸惑いを示す児童は少なくない。

このような背景のなか、2008年に改訂された小学校学習指導要領では、小1プロブレムなどの問題を解決するための取り組みが図られ、同時に改訂（定）

された幼稚園教育要領、保育所保育指針においても小学校、幼稚園、保育所の連携に関する内容が盛り込まれるようになった。さらに、翌2009（平成21）年には「保育所や幼稚園等と小学校における連携事例集」が文部科学省と厚生労働省の共同で作成されている。

2017（平成29）年告示の小学校学習指導要領では、学校段階等間の接続について明示された。総則編解説には「小学校の入学当初においては、幼児期の遊びを通じた総合的な指導を通じて育まれてきたことが、各教科等における学習に円滑に接続されるよう、スタートカリキュラムを児童や学校、地域の実情を踏まえて編成し、その中で、生活科を中心に、合科的・関連的な指導や弾力的な時間割の編成など、指導の工夫や指導計画の作成を行う」と述べられている。就学前教育と学校教育とのいわゆる段差をなくすためのさらなる取り組みが始まったといえる。

4　児童期における社会性の発達

仲間関係の形成

児童期になると、子どもは学校という規律ある集団生活を経験することになる。幼児期に見られた自己中心的思考から脱し、自己の欲求を制御し、他者と協力すること、ルールを守ること、我慢をすることなど、集団生活に必要な社会的スキル（対人関係能力）を身につける。小学校入学を契機に、子どもの生活空間は次第に広がり、養育者や家族を中心とした人間関係から仲間・友人を中心とした人間関係へと移行する。子どもは、自らの経験を通して周囲の環境に働きかけ、環境との相互作用によって発達していく存在であり、このような生活空間や人間関係の拡大は、子どもの社会性の発達に重要な意味をもつ。

小学校低学年（6～8歳）においては、「学校で同じ組である」「座席が近い」「家が近い」といった物理的な条件で仲間関係が築かれる。このような近接性の仲間関係から、徐々に、「趣味や興味が似ている」「性格や考え方が似ている」といった類似性の仲間関係へと移行していく。

中学年（9～10歳）は、ギャング・エイジ（gang age）と呼ばれ、この時期に4～8名程度の同年齢同性からなる仲間集団（ギャング・グループ）が形成

されるようになる。大人（親や教師）の監視下から離れて、子どもたちだけで自律的に行動し、排他性や閉鎖性を有していることが特徴である。仲間との強い団結力（凝集性）のなかで、役割分化や階層化が見られ、社会化が促進されると考えられている。

　高学年（11～12歳）になると、仲間関係はさらに固定化され、友人との親密な関係性が築かれるようになる。友人関係は個人の認知面にも影響を及ぼし、自己の性格や存在について考えるきっかけになる（榎本 2005：84-85）。友人関係の形成は、他者との共感による心理的安定や他者への自己開示の機会をもたらし、対人関係構築の重要な要素となる。

　社会性の発達には、さまざまな経験や人間関係が重要であり、児童期においてはその大部分が遊びによって培われるといえる。特に、先に述べた仲間集団の形成は、子どもの健全な発達にとって重要であるが、現代においては、都市化、核家族化、少子化などによる地域社会の変容や子どもの生活時間の変化などに伴い、仲間との群れ遊びの機会が衰退しているといわれている。学校、家庭、地域が連携し、児童の健全育成環境を充実させることが、児童期の社会性の発達において必要であるといえるだろう。

　道徳性の発達

　ピアジェによると、子どもの道徳判断には、「他律」によるものと「自律」によるものの二つの型がある。大伴（1970）は、ピアジェの道徳判断について「子どもの自己中心性が根源となり、それが子ども同士の相互の関係から生まれる協同の段階にはいって、本格的に子どもの道徳意識として発展するものである」（大伴 1970：213）と述べている。ピアジェの理論では、小学校低学年頃までの子どもは、大人に対する一方的尊敬による他律の道徳的判断が基準となり規則は拘束のうえに成り立っていると考えるが、小学校中学年頃になると仲間との相互的尊敬による自律の道徳的判断へと変化し、仲間との協同によって規則は変えられると考えるようになることが示されている。コールバーグ（Kohlberg, L. 1927-1987）は、ピアジェの理論を発展させ、子どもの道徳判断を「慣習的水準以前」「慣習的水準」「慣習的水準以降」の3水準6段階に分類した（表3-3-1）。道徳性の発達は、文化的に普遍的であり、一定の順序をもつ

ことが明らかにされており、三宅（2013：180-181）によると、10歳頃には第2水準への移行が見られ、小学5～6年生頃には社会の秩序や法に対する認識が獲得される。

表3-3-1　コールバーグによる道徳性の発達段階

水準Ⅰ：慣習的水準以前
第1段階：罪と服従への志向
第2段階：道具主義的な相対主義志向
水準Ⅱ：慣習的水準
第3段階：対人的同調、あるいは「よいこ」志向
第4段階：法と秩序志向
水準Ⅲ：慣習的水準以降、自律的、原理化された水準
第5段階：社会契約的な法律志向
第6段階：普遍的な倫理的原理の志向

出典）永野（1985：22-23）より作成。

　児童期においては、仲間や友人との相互作用によって道徳性の発達が促されるといえる。子どもを取り巻く環境の急激な変化を踏まえ、学校教育においても児童の道徳性の育成が求められるようになった。道徳の時間は、2015（平成27）年の小学校学習指導要領の一部改正により、「特別の教科　道徳」として新しく位置づけられ、2018（平成30）年度より全面実施された。「他者と共によりよく生きるための基盤となる道徳性を養う」ことがその目標であるが、学習指導要領解説に「特定の価値観を押し付けたり、主体性をもたず言われるままに行動するよう指導したりすることは、道徳教育が目指す方向の対極にあるものと言わなければならない」と示されているように、道徳的価値を児童自身の判断で理解できるよう、取り組むことが重要である。

参考文献

内田伸子・南博文編　1995『子ども時代を生きる——幼児から児童へ』金子書房。

榎本淳子　2005「児童の適応理解とその支援」中澤潤編著『教育心理学の基本理解』同文書院。

エリクソン、E. H.　1977『幼児期と社会』仁科弥生訳、みすず書房。

大伴茂　1970『ピアジェ幼児心理学入門』同文書院。

小嶋秀夫・森下正康　2014『児童心理学への招待——学童期の発達と生活』改訂版、サイエンス社。

小林芳郎編　2001『心の発達と教育の心理学』保育出版社。

清水益治・森敏昭編著　2013『0歳～12歳児の発達と学び——保幼小の連携と接続に向けて』北大路書房。

ピアジェ、J.　1960『知能の心理学』波多野完治・滝沢武久訳、みすず書房。

スポーツ庁　2016『平成28年度全国体力・運動能力、運動習慣等調査報告書』。

独立行政法人国立青少年教育振興機構　2014『青少年の体験活動等に関する実態調査報告書――平成 24 年度調査』。

中島紀子　2003「自己肯定感」山崎秀則・片上宗二編『教育用語辞典』ミネルヴァ書房、220 頁。

永野重史編　1985『道徳性の発達と教育――コールバーグ理論の展開』新曜社。

波多野完治編　1965a『ピアジェの発達心理学』国土社。

波多野完治編　1965b『ピアジェの認識心理学』国土社。

速水敏彦編　2013『教育と学びの心理学――基礎力ある教師になるために』名古屋大学出版会。

速水敏彦・吉田俊和・伊藤康児編　2001『生きる力をつける教育心理学』ナカニシヤ出版。

三宅幹子　2013「児童期の子どもの発達と学び――道徳」清水益治・森敏昭編『0 歳〜12 歳児の発達と学び――保幼小の連携と接続に向けて』北大路書房。

無藤隆・子安増生編　2011『発達心理学Ⅰ』東京大学出版。

文部科学省　2014『平成 26 年度家庭教育の総合的推進に関する調査研究――睡眠を中心とした生活習慣と子供の自立等との関係性に関する調査』。

第4章

青年期の発達教育

1　青年期とは

青年期

　今も昔も変わることなく、中学生や高校生の内的世界を表現した歌が次々と作られ、そうした年代の若者の心を捉えているように思える。悩み苦しむ姿、辛くて消えてしまいたい気持ち、反社会的行動などが表現され、この時期が不安定な側面をもっていることを示す一つの証拠といえるだろう。音楽だけではなく、小説においても青年の心を描いた作品は多い。

　青年期の始まりは、第二次性徴が生じ、初潮や精通など身体的な変化が生じたとき、つまり思春期に突入したときであるといわれている。また青年期の終わりは、完全に親からの自立を果たしたときに迎えるといわれている。当然のことながらこうした時期には個人差が伴い、青年期を明確に定義することは極めて難しい。エリクソン（Erikson, E. H. 1902-1994）は青年期を 12 歳から 20 歳頃までと考えた。一方、長尾・光富（2012）は長年の臨床経験や調査研究等に基づき、12 歳頃から 35 歳頃までを青年期として捉えている。現在の日本は高学歴化しており、高校卒業後、大学、大学院に進学する者が増えている。その間は何らかの形で親からの支援を受けている場合が多い。一方、就職してから結婚するまで親と同居している者も少なくない。さらに今は晩婚化の時代である。親と同居しながらも完全に自立しているケースはあるものの、社会人として働いていても親への依存状態が長期間続き、なかなか青年期が終わらない人も多いことだろう。

青年期は、「疾風怒濤の時期」や「心理・社会的モラトリアム」などと呼ばれる。疾風怒濤（Strum und Drang）とは激しい風と激しく打ち寄せる大波を意味し、もともとは18世紀後半に見られた文学革新運動のことを指していた言葉である。ホール（Hall, G. S. 1846-1924）は、青年期は不安と動揺が特徴的であり、「疾風怒濤の時期」であると表現した。青年期の感情は激しい風が吹いているときの大波のように振幅が極めて大きく、こうした特徴を的確に捉えた表現である。モラトリアムとは元々は支払い猶予期間を意味する言葉であった。それをエリクソンが社会的責任を一時的に猶予されている期間という意味で使用し、青年期を「心理・社会的モラトリアム」と定義した。この時期にさまざまな経験をし、悩んだり模索したりしながらアイデンティティ（後述）を確立していくと考えたわけである。

同一性（アイデンティティ）

　エリクソンは、各発達段階に発達課題があると考え、青年期における発達課題は、同一性対同一性拡散とした。青年期の間に同一性（アイデンティティ）の感覚を発達させ、「私はだれか？」という問いに対する答えを見つけることが青年期においては大切な課題であると考えたわけである。さらに、この答えは「私はこうした特徴をもった人物です」と答えられるような具体的なものではなく、感覚的なものであるとされていることも重要なポイントである。こうした同一性の達成がうまくいかないときは同一性拡散という状態に陥る。同一性拡散に陥ると自分が何者かわからなくなってしまい、日常生活にも支障が出てくる場合がある。

　青年期に同一性を達成すれば、天寿を全うするまで、その同一性で生きていくことができるというわけではない。その後の人生においてさまざまなライフイベントと遭遇することになる。なかでも、その個人が大きく揺さぶられるようなライフイベントと遭遇する場合は、再び自らの同一性について検討し、修正を加えたりして再構築する必要がある。

2 仲間関係

仲間関係

　小学生後半ぐらいになると、子どもたちは集団を形成し、その集団（徒党集団（ギャング・グループ）と呼ばれる）で同じ遊びを行う。青年期に突入するとチャム・グループが出現してくる。チャム・グループでは、お互いの共通点を言葉で確認することが特徴的である。仲間内での秘密を大切にし、誰かを仲間外れにすることで他のメンバーとの一体感を強めようとする傾向も見られるため、いじめが発生しやすい。その次に出現するのが、ピア・グループであり、ここではお互いの異質性を踏まえた上でのコミュニケーションが可能となり、自分の価値観や考え方を表現した上での人間関係を構築していくことができる。こうした点が同質性を重んじるチャム・グループとは大きく異なる点である。

いじめ

　我が国でいじめは、校内暴力が峠を越え収束に向かった1980年代に社会問題として取り上げられるようになった（善明 2013）。それまでは、校内暴力が社会問題として注目されていた。1980年代に放送された「スクール☆ウォーズ～泣き虫先生の7年戦争～」は実話をもとにして作成された学園ドラマである。そのドラマでは、校内暴力等のさまざまな問題が生じている高校が舞台となり、教師や生徒がともに成長していく姿が描かれている。主人公の教師は、しっかりとしたコミュニケーション、信頼関係のもと指導を行おうと努力していた。しかし現実世界では、当時の対教師暴力を含む校内暴力は権威・服従関係の強化によって鎮静化に向かったとされている（善明 2013）。したがって、それまで校内暴力の形で表現されていた攻撃性が力によって抑え込まれ、抑え込まれた攻撃性がいじめという行動へ変化したものと解釈することができる。いじめ問題は、その後現在まで続いているが、その間に携帯電話やスマートフォンが登場したことにより、またさまざまなSNSが登場したことにより、いじめの手法も多種多様になってきたといえる。

文部科学省は 2008（平成 20）年に「『ネット上のいじめ』に関する対応マニュアル・事例集（学校・教員向け）」という冊子を作成し、「ネット上のいじめ」の特徴、「ネット上のいじめ」の類型、そして事例とその対応について説明している。しかし、その後、スマートフォンが急速に普及したこと、LINE 等のSNS がかなり普及していることなどの大きな変化があったため、特徴や類型においてすでに現状を反映していないと思われる箇所も存在する。

　我が国におけるいじめの定義も変化してきた。昭和 61 年度からの定義では「学校としてその事実（関係児童生徒、いじめの内容等）を確認しているもの」という文言が含まれていたが、平成 6 年度からの定義では削除された。2013（平成 25）年には「いじめ防止対策推進法」が成立、施行された。このときに定められたいじめの定義では、「児童生徒に対して、当該児童生徒が在籍する学校に在籍している等当該児童生徒と一定の人的関係のある他の児童生徒が行う心理的又は物理的な影響を与える行為（インターネットを通じて行われるものも含む）であって、当該行為の対象となった児童生徒が心身の苦痛を感じているもの」とされている。この定義は、いじめを客観的に捉えるというよりも、被害者の主観に目を向けることによって、いじめを受けた児童生徒を救うことを意図したものである（粕谷 2017）。

　岡安・高山（2000）は、いじめ被害者はもちろんのこと、加害者側も比較的高いストレス状態にあると報告している。加害者側のストレス状態に関してはいじめが原因なのか、それとも元々高いストレス状態にある生徒が加害者側になっているのか。その辺りはわからないとしているが、仮に元々ストレス状態が高い生徒が加害者になっているのであれば、生徒のストレス・マネジメントがいじめ予防に繋がる可能性がある。事実、近年ではストレス・マネジメントを取り入れたいじめ防止教育プログラム（門野・冨永 2003）などが実施され、その効果が報告されている。

3　親子関係

反抗期

人間が生まれてから最初の反抗期は、2 〜 3 歳頃の第一反抗期である。そし

て、その次は思春期に訪れる第二反抗期である。双方ともに自我の発達と大きく関係している。第二反抗期は、大人へと成長するために自我がさらに発達してくることが背景にある。親や教師といった大人が威圧的なセリフを言おうものならば、それに対して猛反発を示す。その反発は、言葉を用いるものであったり、手・足を使った行動を伴うものであったり、あるいは逆に無視をしたりと、その方法はさまざまである。しかし、大人となり親からの完全な自立を果たしたわけではないため、一方で依存心を示すこともある。

　後年、大人になってから自分の第二反抗期を振り返ると、当時は何だったのだろうと自分でも思う場合があるかもしれない。青年期にいるときは当然だと思った自分の思考や感情も、後日振り返り、自分を客体化して眺めるとき、青年期の反抗行動を改めて理解できるだろう。そうした自らの振り返りを大切にし、青年期にある子どもたちと関わるようにしたいものである。

青年期のアタッチメント

　アタッチメント理論は、ボウルビー（Bowlby, J. 1907-1990）が提唱したもので、世間ではとりわけ乳幼児期が注目されがちである。しかし、それ以降の時期におけるアタッチメント関係の形成も極めて重要である。

　エインズワース（Ainsworth, M. D. S. 1913-1999）は、ストレンジ・シチュエーション法により、アタッチメントの発達とその類型（安定型、回避型、アンビバレント型）を明らかにした。なお、当初は３つに分類されていたが、それではすべてのケースを分類することができなかったため、後に無秩序・無方向型が加えられ、現在では４つの類型となっている。

　乳幼児期のアタッチメントが、その後どのように変化していくか。また、どのようなことに影響を及ぼしていくか。児童期までは主要なアタッチメント対象は養育者であるが、児童期後期以降は養育者よりも友人や恋人などがアタッチメント対象として重視されるようになる。

　乳幼児期において安定したアタッチメントを形成した者は青年期となった際に全般的に周囲に適応するといわれている。また、青年期となった際にさまざまな人物から好まれる傾向があり、恋愛関係も良好だといわれている。このように乳幼児期のアタッチメント形成が乳幼児期だけではなく、その後の人生に

おいてもさまざまな影響を及ぼすことは看過できない事実である。養育者との間でうまくアタッチメントを形成できていない場合は、別の大人（例えば保育者や小学校教師）との間でアタッチメントを形成し、その後の人生をよりよいものにしていくことも可能である。

4　適　　応

学校適応

学校生活で適応していくことは、その時期の子どもたちにとって大切な課題の一つである。学校適応に関係する課題として、具体的にはいじめ、不登校、校内暴力などが挙げられる。しかし、こうした課題だけではなく、学業も含めたさまざまな問題が関連していると思われる。

大対ら（2007）が指摘しているように、学校適応という概念においては研究者間の統一見解がない。また従来の研究では、例えば対人関係など、学校適応の一側面を捉えているものが多い。学校適応を捉える際には各生徒を多面的に捉えていく必要があるが、その際に問題になるのは単一の要因のみが大きく影響している場合、複数の要因が絡んでいる場合など、さまざまなケースが想定されることである。

さまざまな学校不適応の問題に教師として遭遇した際に、こうした観点をもっておれば、複雑な問題であったとしても絡んだ糸を解きほぐしていくように徐々に解決していくことができるだろう。なお、その際には教師が一人で解きほぐすのではなく、校内の先生をはじめ、さまざまな人と連携をとりながら一緒に行っていきたいものである。

過剰適応

過剰適応とは、外的適応が過剰なために、内的適応が困難に陥っている状態である（桑山 2003）。外的適応とは、社会的・文化的環境における適応を意味しており、内的適応とは、幸福感や満足感を経験し、内面が安定していることを意味している。本当に適応している状態とは、外的適応、内的適応ともに良好な場合をいう。

この過剰適応はいわゆる「よい子」と同義であるとの指摘もある（桑山2003）。また、いわゆる「よい子」として成長してきた子どもが、児童期から青年期への移行過程のなかで過剰適応の問題を表面化しやすいことも指摘されている（鈴木2007）。

　石津・安保（2008）は、過剰適応は個人の性格特性からなる内的側面と、他者志向的で適応方略と見なせる外的側面で構成されると指摘し、外的側面は学校適応感を支えており、必ずしも過剰適応的であることが非適応的と見なすことができないと示唆している。しかし、外的適応を果たすために内的適応を犠牲にすることがはたして真の適応と言えるか、疑問が残る。

5　自傷行為と自殺

自傷行為

　教育に携わっているとリストカットをしている児童、生徒、学生と出会うことが少なくない。世間では、リストカットをする者は死にたいとは思っていないので大丈夫だとか、自分の方に注目してほしいからやっているのだなどの誤解もあり、しっかりとした知識をもっていなければ、教員として適切な対応をすることは難しい。

　自傷の定義は「自傷とは、自殺以外の意図から、非致死性の予測をもって、故意に、そして直接的に、自らの身体に対して非致死的な損傷を加えること」（松本2014：22）とされている。自傷行為は自殺をするためのものではなく、自らの身体を傷つけることにより、時折自らを襲う精神的苦痛を一時的にしのぎ、何とか生き延びるための手法である。自傷行為がこうしたプロセスで行われている限りは、自殺をすることはない。しかし、いつ自殺を意図するようになるか分からないため、「自傷行為であれば深刻に考える必要はない」と考えてはいけないのである。また自傷行為の目的として自分に注目してほしいからという理由を掲げるものは、まったくいないわけではないが、いたとしても極めて少ない。ほとんどの者が別の理由による。筆者の臨床経験においても自傷行為の傷をその場で直接見せてきたり、写真等を利用して間接的に見せたりする事例は少なかったように思う。

自傷行為を行う者は、その自傷行為によって不安定な自分をかろうじて安定させている。仮にその行為が強制的に禁じられ、できないようになった場合、自分を安定させる方法がなくなってしまう。周囲の人間としては、危険であるため止めてほしいという気持ちが強いだろう。それ故に厳しく叱責して、無理やり止めさせようとするかもしれないが、自傷行為の背景にある精神的苦痛の要因が解決しないうちに、また自傷行為に代わる対処方法を身につけないうちに自傷行為のみを強制的に止めさせても何の解決にもならない。自傷の話をしてきたり、傷を見せてきたりといったことがあれば、自傷を止めさせるような発言ではなく、自分に話をしてくれたことを支持するような発言や接し方をしていくのが基本と考える。

　　自　　殺

　青年期の若者のなかに、さまざまな理由で自殺をするものがいる。1986年にアイドル歌手が自殺した後の報道に端を発し、若者が相次いで自殺したこともあった。このような自殺に関する報道が、その後の自殺行動を惹起する現象は、「ウェルテル効果」として知られている（坂本・影山 2005）。いじめが原因と思われる自殺もあった。

　「自殺とは、自殺の意図から、致死的な手段・方法を用いて、致死性の予測のもとに、自らの身体を傷つける行動」といえる（松本 2014：19）。自傷行為の場合と異なり、自殺の場合は確実に死をもたらす方法を選択する。自傷行為の場合は、自らを何とか安定させ、生きるための行為であったが、自殺は、当事者にとって真っ暗な闇が続くような苦しい状態から抜け出すことができる唯一の方法なのである。

　文部科学省（2009）によれば、我が国の中・高校生の自殺者数は毎年300人前後で推移してきたが、自殺率に関しては少子化が影響して上昇傾向にある。また自殺の心理として①ひどい孤独感、②無価値感、③強い怒り、④苦しみが永遠に続くという思い込み、⑤心理的視野狭窄の5つを列挙している。

　津川・影山（2005）は、1993年から2004年に文部（科学）省による検定教科書として日本全国の中学校、高等学校で用いられた教科書に自殺に関する話題がどの程度記載されているか調査した。その結果、希死念慮や自殺念慮につ

いてふれた検定教科書が乏しく、学校教育のなかで自殺予防教育を推進していくためにも、今後はどの検定教科書においても自殺予防の観点を盛り込むべきだと主張した。近年、例えば阪中（2008）が報告しているように、自殺予防教育は、さまざまな学校で実施され、方法や効果について報告されている。「われわれはこの世に生まれた瞬間から、常に死の可能性をはらんで生きている。『生』は『死』に向かって進行しているのであり、生きることとは、すなわち、死につつあることである。生に対して常にその反対方向の死という裏づけをもってこそ、われわれの生がダイナミックな弾力性をもつのであろう。そして、われわれが自分の生をより十全に生きようとするならば、同時に『死につつある体験』をそこにあわせもつことが必要であろう」と河合（1987：271）は述べている。教育の場において、大人がしっかりと「死」に関する教育を行うことにより、自分の人生と向き合い、しっかりと生きるための教育が達成できるものと思われる。

参考文献

石津憲一郎・安保英勇　2008「中学生の過剰適応傾向が学校適応感とストレス反応に与える影響」『教育心理学研究』56：23-31 頁。

大対香奈子・大竹恵子・松見淳子　2007「学校適応アセスメントのための三水準モデル構築の試み」『教育心理学研究』55：135-151 頁。

岡安孝弘・高山巌　2000「中学校におけるいじめ被害者および加害者の心理的ストレス」『教育心理学研究』48：410-421 頁。

粕谷貴志　2017「いじめの定義の理解と求められる教育実践」『奈良教育大学教職大学院研究紀要　学校教育実践研究』9：109-114 頁。

門野明子・冨永良喜　2003「小学校におけるストレスマネジメントを活用したいじめ防止教育」『日本教育心理学会　第 45 回総会発表論文集』S59。

河合隼雄　1987『影の現象学』講談社。

桑山久仁子　2003「外界への過剰適応に関する一考察——欲求不満場面における感情表現の仕方を手がかりにして」『京都大学大学院教育学研究科紀要』49：491-493 頁。

阪中順子　2008「学校における自殺予防教育——自殺予防プログラム」『広島大学大学院心理臨床教育研究センター紀要』7：27-29 頁。

坂本真士・影山隆之　2005「報道が自殺行動に及ぼす影響——その展望と考察」『こころの健康』20（2）：62-72 頁。

鈴木優美子　2007「青年期における過剰適応の研究——いわゆる『よい子』とアイデン

　　ティティの関連について」『山梨英和大学心理臨床センター紀要』3：72-81 頁。

善明宣夫　2013「適応」善明宣夫他『学校教育心理学』福村出版、81-101 頁。

津川律子・影山隆之　2005「日本の中学校・高等学校の検定教科書における自殺関連記
　　述の検討――学校教育場面における自殺予防教育の今後の課題を探るために」『こ
　　ころの健康』20（2）：88-96 頁。

長尾博・光富隆　2012『パースペクティブ青年心理学』金子書房。

松本俊彦　2014『自傷・自殺する子どもたち』合同出版。

文部科学省　2008「『ネット上のいじめ』に関する対応マニュアル・事例集（学校・教
　　員向け）」http://www.mext.go.jp/b_menu/houdou/20/11/08111701/001.pdf（最終
　　閲覧 2017 年 7 月 23 日）。

文部科学省　2009「教師が知っておきたい子どもの自殺予防」http://www.mext.go.jp/
　　b_menu/shingi/chousa/shotou/046/gaiyou/1259186.htm（最終閲覧 2017 年 7 月 23
　　日）。

文部科学省　2013「いじめの問題に対する施策」http://www.mext.go.jp/a_menu/
　　shotou/seitoshidou/1302904.htm（最終閲覧 2017 年 7 月 23 日）。

第5章

発達と学習の
つまずき

1　発達と学習について

発達について

　発達は、受精から死に至るまでの時間的経過のなかで、比較的持続性をもち、心身の構造や機能が量的にも質的にも変化することをいう。この変化は、乳幼児期から青年期に向けての上昇的変化だけでなく、心身の能力が衰退を迎える成人期や老年期の下降的変化を含む。

　また、発達を意味する英語（development）やドイツ語（Entwicklung）の語源には、時間の経過につれて潜在している本質が次々に開示されるという意味がある。しかし、本質が開示されるには、心身の成熟に要する時間を待つだけではなく、それを促す環境的刺激などの外発的作用を要する。発達に影響を与える要因として、かつては遺伝か環境かという論争があった。

　しかし、近年は「遺伝か環境か」といった二者択一的な考え方ではなく、シュテルンの輻輳説のように遺伝と環境の双方の要因の影響を受けるとみる相互作用説が主流である。

学習理論から見た発達――①古典的条件づけとオペラント条件づけ

　学習は、経験の反復により生じる持続的な行動変容の過程であり、スキルの習得や知識の獲得、事物に対する感情の形成や人格の形成などは、学習に依るものである。また、学習のもとになる経験をどのように体験し、その結果をどう意味づけるかは、個体の成熟度によって異なる。この点から、学習は、それ

を進める動機づけや学習を支える記憶の成熟の影響を受けるといえよう。

　人の学習メカニズムに関する代表的な理論には、パブロフの条件反射の実験が基になった古典的条件づけとスキナーによるスキナー箱の実験で知られるオペラント条件づけがある。これらは、特定の刺激（stimulus）と特定の反応（response）の連合により成立する連合学習である。連合学習では、経験が蓄積されることで生じる行動変容を学習と見なしている。しかし、古典的条件づけから生じる行動は、反射の行動であるのに対し、オペラント条件づけの場合は、特定の刺激によって個体が自発的にとる行動である点が異なる。オペラント条件づけが成立するには、自発行動の直後に報酬が与えられる必要がある。個体が行動と報酬の間に随伴性があることを理解することにより、行動の頻度が変化するのである。つまり、オペラント条件づけには、「行動に先行する弁別刺激—行動—行動に随伴する強化刺激」に対する個体の意味づけが関係する。

学習理論から見た発達——②応用行動分析学

　応用行動分析学（ABA：Applied Behavior Analysis）とは、オペラント条件づけによる学習の考え方を応用し、特別支援教育の対象児の課題とされる行動を減らし、適切な行動を伸ばす支援方法である。子どもに活動内容を伝え、まず大人が見本を示し、スモールステップに分けて手順・段取りを提示する。そして指示に従い、どの段階までできるようになったか、日常生活の反復・繰り返しのなかでその都度子どもの到達度合を評価する。子どもの言動が望ましいときは、「強化」としてしっかり褒めたり、ご褒美を与えたりする。こうしたフィードバックを介して、場面に適した言動がとれたか否かを子どもなりに自覚させながら適応行動へと導くアプローチである。

2　発達と学習を促進する動機づけ

動機づけとは何か

　動機づけは、行動を触発し、目標へと行動を方向づけ、目標が達成された場合はその行動を維持しようとする心的過程であり、学習効果を左右する要因にもなる（宮本1991）。動機づけと欲求は、同義的に用いられることが多く、こ

の欲求は生理的欲求と社会的欲求に分類される。生理的欲求は、食欲、のどの渇き、性欲、排泄、睡眠など先天的で生命を維持する上で不可欠な基本的な動機づけである。一方、社会的欲求は、心理的、社会的満足感をもたらす達成、支配、親和など社会との関わりのなかで後天的に獲得される人間特有の動機づけである。

　また、動機づけは、外発的動機づけと内発的動機づけにも大別される。外発的動機づけは、外界から与えられる要因によって行動を起こすことを指す。例えば、「テストで1番になったら、○○○を買ってもらえる」や反対に「成績が落ちたら、テレビは見せない」といった賞罰が挙げられる。つまり、外発的に動機づけられた行動は、何らかの報酬を得たり、あるいは罰から逃れたりするための方便ともいえる。いずれにしても外発的動機づけは、他者からの評価により高まったり低下したりする点に注意が必要である。

　これに対し、内発的動機づけは、行動することそのものが目的になるような動機を意味する。つまり、内発的に動機づけられた行動は、その行動をすること自体が目的であることから、人に行動を起こさせる要因が、自分のなかの好奇心や探求心、向上心といったものに端を発する。発達を促進する学びには、この内発的動機づけの高まりが大切であり、教師が子どもの行動をいかに捉え、意味づけるかがポイントになる。

動機づけの発達と形成過程

　発達の初期から個人の意志による行動は見られる。例えば、生後9ヶ月頃の乳児には、新奇刺激を積極的に求め主体的にさかんに遊ぶ姿が見られる。その背景には、姿勢・運動、情緒、認知、社会性の発達に伴う好奇心の高まりとともに、乳児自身が働きかけた結果として生じる「できた！もっとやりたい」という自己の効力感と自己決定に裏づけされた内発的動機の高まりがある。このような内発の動機づけは、動機の源である。そして、発達の過程で自分にとり効果的な変化を環境に生じさせる能力や効果的に環境と関わる際に感じる効力感（feeling of efficacy）を獲得し、追求するようになる。効力感の追求と内発的動機づけが結びつき、やがて自信や自尊感情とも関連するようになる。このような効力感をコンピテンス、そしてコンピテンスの側面にウェイトが置かれ

た動機づけをイフェクタンス動機づけという（White 1959）。

　内発的動機づけの分化課程は、環境要因の影響を受ける。この点をデシ（1975）は、ピアジェ（Piaget, J. 1896-1980）の同化と調節の過程と類似すると見ている。つまり、環境からの情報入力が、既存のシェマと一致する場合、乳幼児は自身の興味の対象に欲求の充足を求める。これが同化としての遊びにつながる。一方、既存のシェマと適度に異なるときは、好奇心や探求心につながり、乳幼児は試行錯誤をしながら既存のシェマを調節し、新奇刺激との相互作用を通して認知を発展させる。このように、乳幼児は自ら主体的かつ意欲的に環境と関わり、相互作用のなかで、動機づけは認識、支配、達成などの社会的なものに分化する（White 1959）。

　より豊かに環境と関われる動機づけを育むには、暖かい雰囲気のなかで乳幼児が対象への興味・関心を覚え、自らの行動を自己決定し、自己の効力感を感じられるような周囲の関わりが求められる。しかし、実生活では、自己の効力感を感じられることばかりではない。ときには、環境の求めに応じて幼児自らが自分の欲求や行動を抑える体験をすることも求められる。例えば、躾を通して幼児は自分の文化社会で生きてゆくために必要な習慣・スキルや、なすべきこと、なすべきでないことを身につける。まだ十分自分で判断したり実行したりできない年齢の子どもは、賞罰などの外発的動機づけにより行動の判断基準を身につける。そして、やがては自分で判断し、自分の「行動」を自分でコントロールすることによって、自分自身の社会的「行為」として行えるようになる。ここに内発的動機づけに基づく行動としての自立・自律が見られるのである。

3　学習を支える記憶

記憶のメカニズム

　記憶の過程は、外界から情報を取り込む「記名」、取り込んだ情報が消滅したり減衰したりしないようにする「保持」、そして利用したい情報を正確に抽出する「想起」の3ステップからなると考えられている。そして、外界から情報を取り込む過程において、情報を置き換えて覚える符号化がなされる。符号化の仕方が、記憶を想起するときの正確さに影響する。また、学びを支える記

憶は、スキルのように体験の積み重ねにより習得・獲得される非陳述的／潜在的な非陳述記憶と、知識のように習得・獲得される陳述的／顕在的な陳述記憶に大別される。

ワーキングメモリと学習

　人間は、そのとき、その場の状況に注意を集中し必要情報を汲み取り、汲み取った情報と既存のスキル、経験や知識とを照合し、自分なりの仮説（予想）から問題を解決する。この際、注意や理解・推理・判断の中核的メカニズムとして目的の遂行に向け能動的に作動するのがワーキングメモリである（Baddeley & Logie 1999、苧阪 2000）。ワーキングメモリは、乳児の表象作用や人・物・ことについて永続性を獲得する初期段階からすでに作動している。さらに、情動、意欲からの動機づけや注意と絡み複雑に機能し、文化を育む人間として人を特徴づける心の働きでもある。

"knowing how" とワーキングメモリ

　手続き記憶は、"knowing how" といわれるように、ある動作や操作をどのような手順や手続きで行うかという体で覚えた記憶である。日常生活で必要な動作が反復・繰り返されることにより、感覚系と運動系間の情報伝達が強化され、動作での無駄は減り、合目的で整合性のあるまとまった動きが、動作や操作として具体化され、無意識的に自動化される。そして乳幼児期では、社会スキルとして生活行動の基礎を支えており、自転車で遊ぶ、トイレの自立などの全身運動や箸が使えるなどの巧緻運動に反映される。その獲得様式は、毎日の生活や遊びの反復・繰り返しのなかで、いつの間にか自然と身につくのである（Goldman-Rakic 1992, 1996、船橋 2001）。このように手続き記憶として体で憶えた社会スキルは、獲得までに時間がかかるが、いったん形成されると、その構造は崩れにくい。この点、人間行動の基盤として生存そのものにも関係しているといえる。

"knowing what" とワーキングメモリ

　"knowing what" といわれる意味記憶は、児童期になると、読み・書き・計

算の教科学習を中心に、より主体的、能動的な学習から新たな経験や知識が次々に蓄積され、陳述的（言語化できる）／顕在的（意識化しうる）な長期記憶（知識）として体制化される。そして、教科学習により体制化された知識（金田・苧阪2004）と体で憶えた動作やスキル（Goldman-Rakic 1992, 1996）が相俟ってワーキングメモリの作動を下支えするようになる。こうした学習過程をへて、成人では専門的議論、高度な数理や画像解析、繊細な芸術やスポーツの卓越した技術やスキルなどにワーキングメモリの特性があらわになる。

4　発達障害に見る発達の偏り

発達障害について

　発達障害という言葉は、1971 年アメリカ連邦公法（発達障害サービス法）で精神発達遅滞（MR）、脳性マヒ、てんかんの援助を目的として初めて使われた。行政援助サービスの対象者は、生活での 7 つの主要領域（身辺処理、学習、移動、自己決定能力、経済的自立、言語、自立（社会参加；就労、就学））のうち、少なくとも 3 つの領域で必要なスキルや能力に永続的で重大な制約が予想される。よって、こうした課題を有する子どもは、生涯を通じて個別に計画的援助サービスを必要とすると見なされていた。つまり、当初、発達障害は、機能的な制約はあるが、一人ひとりがつつがなく暮らすことを目指した言葉であった。また、近年の脳科学の発展に伴い、脳神経システムの働きと子ども自身の能動的なエネルギーによりスキルや知識の獲得が進むことも明らかになってきた。そこで、発達に課題をもつ子どもが自主的に外界と関わる力を支援するという意味で援助に替えて支援という言葉が用いられ、日本では 2007 年 4 月から開始された特別支援教育の対象として発達障害が再び注目されだした。

学習障害の子どもに見る発達の偏り

　学習障害は知的レベル、少なくとも IQ 的にはほぼ標準的である。そして、その本質的問題は、脳機能不全のためか、動作・操作・スキル、および経験・知識を獲得、習得する学習能力における部分的な問題である点が特異である。
　学習障害は、本格的な教科学習が始まる就学後に顕在化するが、言葉の遅れ

から幼児期に学習障害が疑われる子もいる。その背後には非言語性能力の拙さがある。それは、人が自分の周囲を認識する能力「オリエンテーション」の拙さと、その反応行動としての「不器用さ」である。そして、5歳前後になると、子どもが周りの状況を自分なりに何とか受け止め、現状を感知し（社会的認知）、適合していく（社会的適応）ための身のこなし方である社会的行動での課題が顕在化する子もいる。

　　自閉性スペクトラムの子どもに見る発達の偏り
　自閉症スペクトラム障害（ASD：Autistic Spectrum Disorder）は、常同的な行動や限局された興味を共通特徴とし、対人的相互関係やコミュニケーションに難しさを見る。これら基本特性の背後には、中枢神経系の情報処理における課題がある。非言語性課題には、相手の表情、声の調子、身振り手振りなどコミュニケーションに関わる動作のわかりにくさがある。また、共同注視の困難さに起因すると見られるコミュニケーションとしての指さしや表情の用い方も特徴的である。言語性課題では、言葉の意味理解（とくに代名詞や暗黙の了承）の独特さと言葉の社会的運用としての無神経な言葉遣いが目立つ。その他、感覚刺激に対する過敏さあるいは鈍さ、不器用さなど感覚情報処理の拙さに起因する常同行動やパニックの生じやすさがある。

　　AD/HD の子どもに見る発達の偏り
　AD/HD（Attention-Deficit Hyperactivity-Disorder（注意欠如多動性障害））は、注意力不足、落ち着きのなさ、衝動性のコントロールの難しさを主な行動特性とする発達障害である。原因には、実行機能に関わる前頭葉の血流量の低下や、スムースな体の動きなど行動の調節に関わる尾状核が小さいなどの中枢神経系の部位における特徴や、ドーパミンやノルアドレナリンといった神経伝達物質の不具合があると見られる。また、その発症要因として家族性はあるが、育て方や躾はAD/HDの原因ではないとされる。しかし、周囲の大人の養育態度は、症状を悪化させる要因になりえ、周囲から理解されず、適切なサポートが受けられなかった子は劣等感や自尊感情の低下を生み、抑うつ傾向や反社会的行動といった二次的障害が危惧される。

参考文献

苧阪直行編 2000『脳とワーキングメモリ』京都大学学術出版協会。

金田みずき・苧阪直行 2004「長期記憶情報の利用における中央実行系の役割」『基礎心理学研究』23 (1)：20-29 頁。

デシ、E. L. 1975『内発的動機づけ』安藤延男・石田梅男訳、誠信書房。

船橋新太郎 2001「作業記憶の神経機構と前頭連合野」『心理学評論』41：96-117 頁。

宮本美沙子 1991「情緒と動機づけの発達」宮本美沙子編『新・児童心理学講座 7』金子書房、1-47 頁。

Baddeley, A. D. & R. H. Logie 1999. Working Memory: The Multiple Component Model. In A. Miyak & P. Sara (eds.), *Models of Working Memory: Mechanisms of Active maintenance and Executive Control*. New York: Cambridge University Press, pp. 28-61.

Goldman-Rakic, P. S. 1992. Working Memory and the Mind. *Scientific American*, Sept, 267 (3)：111-117.

Goldman-Rakic, P. S. 1996. The Prefrontal Landscape: Implications of Functional Architecture for Understanding Human Mentation and the Central Executive. *Philosophical Transactions of the Royal Society of London: B. Biol. Sci.* Oct. 29; 351: 1445-1453.

White, R. W. 1959. Motivation Reconsidered: The Concept of Competence. *Psychological Review* 66: 297-333.

第6章

教育評価の
理論と方法

　今日、あらゆる教育活動場面においてさまざまな観点を包括した教育評価活動が求められている。また、2018 年（小学校は 2020 年、中学校は 2021 年全面実施）からの新学習指導要領において「アクティブ・ラーニング」や「カリキュラム・マネジメント」の実施が提唱されているが、これらの視点を含めた評価方法は今後の重要な課題になってくる。本章では、このような新学習指導要領の目標を踏まえながら教育評価の理論、方法について説明する。

1　教育評価活動とは

　多くの人は「教育の評価」という場合、テストの結果等による、教師による児童生徒への評価が思い浮かぶのではないだろうか。もちろん、教師による相対的な順位づけも教育評価の一つに含まれるが、この理解は教育評価の一側面にすぎない。平成 22 年度中教審の『児童生徒の学習評価の在り方について（報告）』において教育評価は、学習指導要領の目標の実現状況を把握し指導の改善に生かすものとあり、評価の中心的な意義として教育目標の実現のための状況把握と指導改善のための活動が含まれることを提唱しており、この理念は平成 30 年度からの新学習指導要領においても踏襲される（道徳科においては観点別ではなく、個人内評価・記述式）。また梶田叡一は、教育評価の中核的機能を「教育活動の目標に照らして実態を判断し、それによって直接的な指導のあり方、場と環境の設定のあり方などを検討し、必要な改善を加えていくこと」として

いる（梶田 1991：187）。つまり、①子どもたちの先行経験や学習レディネスの状況把握、②展開される単元の節目ふしめでの教育活動の有効・適切さの確認・フィードバック、③終了段階での一定期間の到達度等の総括的確認という、教育目標に近づくための一連の諸活動と考えられる。

　例えば、中学社会科地理的分野の授業に臨む場合、まずクラスの子どもたちの地理分野に対する興味や関心、また小学校での到達度を確認し、その状態を勘案しながらさまざまな教材や教授方法が適切であるかどうかを見極め、最後に一定期間の区切りをつけ到達度をチェックするといった活動になる。つまり最終段階でのテスト得点等の到達度評価だけを意味するものではなくて、評価活動は子どもたちの一人ひとりの学習改善（教材や指導方法また動機づけなど）につながる活動であるということが最も重要なポイントとなる。

2　史的経緯から見た今日の教育評価

教育測定運動

　近年になって教育の評価活動が脚光を浴びるようになったが、教育評価論の史的変遷からも評価活動の本質について理解を深めることができる。それは、教育評価の在り方や方法が時代や社会の変遷により、少しずつ変化しているからである。この変化が教育評価実践の難しさになるが、同時に時代時代の変化を理解することにより教育評価の本質が見えてくる。

　教育評価論の教育科学としての発展は心理学者のアプローチから始まったといえる。それはソーンダイク（Thorndike, E. L. 1874-1949）の教育測定運動や、相対テスト法（norm-referenced test）の開発に貢献したゴルトン（Galton, F. 1822-1911）らにその起源をもつからである。それ以前の評価・テストが客観的信頼を欠き、それぞれの学校単位や教師の主観で評価されていた現状を考えると、教育測定運動はテストの客観性と信頼性の確立という点で歴史的意義をもつ。ただ一方で、測定中心主義の教育の在り方に対して、1930 年頃から進歩主義教育協会の識者を中心に批判が起こってきた。そこでは評価と教育目標との関係や、知的側面だけではなく多面的な学力観の重要性が指摘された。その後、教育測定運動はここで提唱されたテストの客観性や信頼性の重要性を受け

表 3-6-1　指導要録の変遷と主たる評価法

年代	評価方法	特記事項
1948 年～ 1961 年	相対評価が主流	・学籍簿から指導要録へ名称変更（1948 年） ・評定は 5 段階、観点別は○か×（1955 年）
1961 年～ 2001 年	絶対評価を 加味した相対評価	・評定において機械的に比率を決めない（1971 年） ・観点別は ABC で、中学は必修 5 段階、選択 3 段階で 　評定（1991 年）
2001 年 ～新学習指導要領 （2018 年）	目標に準拠した 絶対評価	・評定も絶対評価（2001 年） ・目標に準拠した評価（絶対評価）の充実（2010 年）

入れられながらも、さらなる教育観、人間観が加味された教育学的視点からの
「教育評価論」として発展的に収斂されていくことになる。

指導要録に見る日本における教育評価の変遷

　日本の教育評価の在り方、方法についても、今日の「目標に準拠した絶対評
価」に至るまでにはさまざまな紆余曲折があった。

　近年になってようやく子どもやその保護者において、観点別評価や、到達度
評価、絶対評価に対する認識が定着してきたようだが、まだまだ学習評価は学
力テストの得点の相対的位置づけで決まるという誤解が多い。それは、表
3-6-1 の変遷で見られるように、戦後の教育評価・評定は相対評価を中心にな
されてきた経緯があるからである。この「相対評価」と「絶対評価」の綱引き
の歴史を知ることが、教育評価の在り方の理解につながる。社会的選抜機能の
ための評価なのか、また個々の学習到達支援としての評価なのかといった問題
も浮上する。また、目標に準拠した絶対評価を考えていくと、到達目標の適正
さという課題も意識せざるを得ない。この到達目標の適正さの議論が今日のあ
るべき「学力」論に発展する。

さまざまな教育評価方法

　評価の方法は評価の目的により、さまざまな種類がある。以下、今日の主要
な評価方法や概念について説明する。

①　評定　　一定の基準に従って子どもの学習状況にさまざまな観点から等
　　級などを決め（5, 4, 3, 2, 1　a, b, c など）、総括的な優劣の値をつけたものを

評定と呼ぶ。今日の指導要録は、評定も目標に準拠した絶対評価を基軸として決められる。評価の一方法として評定がある。

② 絶対評価　集団や他者との相対的な優劣で評価するのではなく、到達目標に準拠して行われる評価。この場合、到達・獲得すべき目標（内容）が実態的に明示され、妥当性をもつことが必要になる。個人の努力などが評価として反映でき、その意味で教育的な要素が多い。

③ 相対評価　評価の基準を集団内での相対的な優劣に置き、集団内での児童生徒の位置・順位を客観的に判断できるものである。代表的な手法としては、Z得点（標準得点）やこの数値を10倍して50を加えた偏差値、またパーセンタイル値がある。全体のなかでの位置を客観的に把握できるという長所がある一方で、競争的要素だけが前面に出ると非教育的な評価になる。

④ 個人内評価　指導以前の学習状態と指導後の学習状態を比べてその進捗状態でその優劣を決める。個々の特性や進捗の状況に合わせた学習指導が可能で、その意味で学習者が主体的に学習意欲を向上させる有効な評価方法になる。

⑤ 診断的評価　教育活動が始まる以前に実施されるもので、知識の習得程度や理解能力、また意欲や関心がどの程度のものなのかを測る評価法。これにより最近接領域（教育的働きが必要とされる領域）も予想できる。

⑥ 形成的評価　教育評価活動において最も重要と考えられる活動で、子ども達の学習状況（成果）に合わせて指導方法や内容を再吟味し、それらを適宜学習活動にフィードバックすることを目標とする評価活動。

⑦ 総括的評価　各単元や学期、学年の終了時に実施されるもので、指導要録で記載される最終的な評定（単位の認定や外部証明的なもの）などは総括的評価の一つである。

⑧ 指導要録と通知表　指導要録は学校教育法施行規則に定められた法的表簿。文部科学省は、「児童生徒の学籍並びに指導の過程及び結果の要約を記録し、その後の指導及び外部に対する証明等に役立たせるための原簿となるもの」と定義している。一方、いわゆる通知表（通信簿、あゆみ等）と呼ばれるものには法的な根拠はなく、あくまでも学校裁量で内容や名称

を決定できる。

⑨　PDCA サイクルと教育評価　　PDCA サイクルとは元来経営学・生産管理論で用いられている概念で、P は「Plan（計画）」、D は「Do（実行）」、C は「Check（評価）」、A は「Action（改善）」を意味する。「P」→「D」→「C」→「A」の 4 段階を経て目標に向けて活動するという、目的達成のための方法理論である。このプロセスを評価活動に援用したものが文部科学省の提唱する PDCA サイクルに拠った教育評価活動である。ただ教育評価論としては、到達目標に達すればそこで終結（総括的評価）するのではなく、新たな診断的評価を実施し（新たな「P（プラン）」を立案）、継続的、螺旋的に次の教育目標に向けて教育活動を実践していく活動になる。

⑩　パフォーマンス評価　　獲得した知識の活用の仕方や応用の程度の評価をパフォーマンス評価と呼ぶ。レポートや展示作品物、課題のプレゼンテーション、グループでの行動、実験等の実演などもパフォーマンス評価の対象になる。

⑪　ポートフォリオ評価　　英語のポートフォリオ（portfolio）には「書類挟み」や「携帯用書類入れ」などの訳語があてられるが、児童生徒の学習の過程や成果などの記録や作品（画集、作文、レポート、筆記テストなど）を計画的にファイリング（逐次蓄積）して、児童生徒自らが学習状況の把握や改善策、学習可能性を探る個人内評価法。もちろん教員も評価活動に関わる。

⑫　ルーブリック　　学習の達成度を示す場合、思考力や判断力といったパフォーマンス関連の評価は簡単なものではない。そこで、達成度の基準内容の特徴を段階に分けて示すことにより評価活動はスムーズになる。この評価基準の特徴・内容を示した一覧表をルーブリック（Rubric）と呼ぶ。

3　教育評価の実際

「観点別」「学力の要素」といった多面的視点からの評価

今日の教育評価の中心にあるのが観点別評価と呼ばれる評価方法である。この評価方法は学習評価を単純な知識の到達度合といった一つの観点、視点だけ

で評価するのではなくて、学習内容への「興味、関心度合」や、「理解の深さ」、獲得した「内容を表現する力」といったさまざまな視点、観点から学習評価を試みようとするものである。これを授業構造分析という視点から説明すると、授業はさまざまな要素から成り立っており、大きく分けると4つの中心的な要素、観点から構成されているということである。この4つの要素、観点から構成されて、初めて「授業」と呼べるということになる。したがって、児童生徒の学習活動も、当然4つの要素・観点から評価しなければならない。

　1991年以降指導要領の改訂で観点別評価を軸とした評価がもとめられてきたが、新学習指導要領でも各教科に設定された「観点」ごとの評価と評定を行う「目標に準拠した評価」が軸となる。現行は「関心・意欲・態度」、「思考・判断・表現」、「技能」、「知識・理解」の4観点からの評価だが、平成30年度からの新学習指導要領では「学力の3要素」という表現に変わり、大きく3つの観点、要素からの評価となる。ただ、表現は変わるものの、学習の到達度をさまざまな観点、視点から測る、評価するという理念は変わらず、現行の4観点からの評価が教育評価活動での基軸であることにはかわりない。以下その観点、要素の内容について記す。

①「知識、技能」

　ここでいう「知識」の観点とは、各教科特有の用語や概念・公式・法則等を記憶、習得し、それらの知識を説明（多くは再生法や再認法テストでの評価になる）できるかということになる。修得すべき最も基本的な学力の要素となる。また「技能」といった要素も「知識」同様最も基本的な学力要素になり、数学であれば、数値のグラフへの書き換え、理科であれば実験や観察の方法の習得、また国語や外国語での辞書の引き方も「技能」といった学力の要素と考える。もちろん情報収集のための情報機器の操作やデータ収集の方法も技能の観点になる。

②「思考、判断、表現」

　この思考、判断、表現という要素、観点は「知識、技能」を活用・応用して、課題を解決・分析する力、また理解した内容を表現する力で、高次の精神活動、

深い学びと呼べる学力要素である。現行、また新しい学習指導要領においても重視される要素、観点で、アクティブ・ラーニングはまさしくこの要素を高める学習活動である。

③「関心、意欲、態度（主体的に学習に取り組む態度）」
　児童生徒が学習内容に対して興味や関心をもてているか、また学習内容を受容し積極的反応を示しているか、そしてやりがいを感じているかどうかといった要素、観点になる。つまり、学習内容に主体的、積極的に取り組もうとする児童生徒の内面的、情意的態度である。情意面の評価は容易ではないが、学習意欲の形成は、確かな学力につながる。

カリキュラム・マネジメント、アクティブ・ラーニングと教育評価
　新学習指導要領では、「カリキュラム・マネジメント」「アクティブ・ラーニング」が重要なキーワードになるが、これらの活動も教育評価と密接に関連してくる。この二つの活動をより確かなものにするためには、教育評価論の形成的評価や、PDCAサイクル評価の考えを強く意識することが必要である。以下教育評価の考え方がどのように、それぞれの諸活動と関連するかを記す。

① カリキュラム・マネジメントと教育評価
　カリキュラム・マネジメントの実施ポイントは、子どもの実態や地域の実情を踏まえ教育目標を実現することや、学年や教科の枠組みを超えて横断的な視点から教育課程を編成し適宜実施、改善していくことにある。この活動過程の実施においても、診断、実行、評価、改善の流れを重視する「PDCAサイクル教育評価」や「形成的」といったブルームの教育評価理論の考え方を根底にもつ必要がある。つまり学習過程での、「C：チェック、評価」、「形成的評価」や「A：アクション、改善」の時点で、柔軟な横断的視点、また地域との関連等をも視野に入れた学習内容を再構成できるかということがポイントになる。横断的な視点や地域の実情という側面には、教科内容の幅の広さや、地域の流動性といった不確定要因が含まれる。その意味で適宜改善と評価を加えていくという、形成的評価の視点が重要になる。

② アクティブ・ラーニングと教育評価

　新学習指導要領では学習過程において適宜アクティブ・ラーニングを盛り込むことになるが、この活動が観点別評価、学力の一要素という視点からすれば、児童生徒の思考力や判断力、表現力を身に着けるための方途になることには間違いない。ただ、この活動を実施するだけで、思考力等の観点別評価活動に寄与するかといえば、そう簡単なものではない。話し合う内容の課題の適切さや、発表にあたっての工夫、また話し合うなかで出てきた話題に対応できる、教授者（教員）の臨機応変な指導力、対応力が問われる。カリキュラム・マネジメントの理念を意識し、教科の枠を超えて話題を広げる必要もある。教員の学習指導の幅の広さや臨機応変で柔軟な対応力があって初めて、質の高いアクティブ・ラーニングの学習活動が可能になる。

参考文献

天野正樹編　2002『教育評価論の歴史と現代的課題』晃洋書房。

梶田叡一　1991『教育方法学』学芸図書株式会社、187頁。

梶田叡一　1994『教育における評価の理論』金子書房。

梶田叡一・加藤明監修　2010『実践教育評価事典』文渓堂。

鈴木清・奥田真丈・青木孝頼・堀久編　1981『教育評価辞典』第一法規。

田中耕治　2002『新しい教育評価の理論と方法』日本標準。

中内敏夫　1983『学力とは何か』岩波書店。

ブルーム、B編　1971『教育評価ハンドブック・学習評価ハンドブック（上・下）』梶田叡一他訳、第一法規。

細谷俊夫・奥田真丈・河野重男・今野喜清編　1990『新教育学大辞典』第一法規。

文部科学省　2017『幼稚園教育要領、小中学校学習指導要領の改訂のポイント』http://www.mext.go.jp/a_menu/shotou/new-cs/__icsFiles/afieldfile/2017/05/26/1384662_2_1.pdf（最終閲覧2017年6月1日）。

第7章

教育相談の
理論と方法

　本章では、教員や保育教諭が学校や園で行う教育相談業務について、その方法、目的、学校での位置づけを説明する。教育相談は幼児、児童生徒への指導、関わり方の一方法であり、教員（教諭）という専門的職能を目指す者として今後修得しておかなければならない必修のスキルである。とりわけ、近年の子どもの社会的状況を考えると「カウンセリング・マインド」という心理技法を援用しての関わりが重要になる。本章ではカウンセリング・マインドの修得を課題としながら、教員や保育教諭が行う教育相談の目的や留意点について理解を深めたい。

1　カウンセリング・マインドを用いた教育相談の必要性

子どもをとりまく社会的状況

　ここ十数年、子どもを取り巻く生活環境は劇的に変化した。雇用形態の変化や急激な成果主義への移行など、社会経済状況の激変から大人が心的緊張を強く強いられ、社会全体が子どもに十分な心のケアを注げない状況にある。その結果、不登校をはじめとして、リストカット等の自傷行為、被虐待児の増加など、幼児、児童生徒がおかれている環境は大変厳しい状況にある。また近年の特徴は非行といった目に見える反社会的行動というよりも、周囲からのストレスを自分のなかに溜め込み非社会的行動をとる子どもの増加である。このような状況を踏まえ、教員がどのように子ども達やその保護者と向き合っていくか

は、幼児、児童生徒への指導上の重要な課題となってくる。発達障がいから心理的な二次障害を引き起こし、学校や園への不適応を起こしている幼児や児童生徒も少なくはなく、つまずきの理由は非常に複雑になってきている。このように、さまざまなストレスを抱えた子どもの増加は教員の指導や関わりが一筋縄ではいかないということを意味する。つまり「指示」「説諭」「命令」「叱責」などの従来の指導法だけでは子どもの行動を変えることは大変難しくなった。子どもの内面深く、感情レベルに寄り添う等の細やかな子どもや保護者との関わり、コミュニケーションがますます必要となる。その具体的方法がカウンセリング・マインドを用いた教育相談になる。カウンセリング・マインドの基本は相手に寄り添うことで、通常の指導（指示や説諭等）に「カウンセリング・マインド」を意識したものを加えることであり、さまざまな教育的可能性が出てくる。

幼児、児童、生徒が保育士、保育教諭、教員に求めているもの

　さて、このような状況にあって幼児や児童生徒、保護者が求めている支援はどのようなものなのか。上述したように今日の子どもは親世代のストレスが子ども世代に伝播される状況に置かれている。学習方法や教育環境の整備といった学習保障に関しては、さまざまな施策、ICT の開発など飛躍的な進歩が認められるが、人間形成の基盤である心身の健康に関しては、人間を通じてしか解消することはできない。教員には適宜保護者に代わって子どもの辛さや、苦しさ、不安をしっかり傾聴することや、未来や夢を語れる場を用意するといった、地道な日常的な関わり、寄り添いが求められる。この「傾聴」や「寄り添い」の計画的な教育活動がカウンセリング・マインドを用いた教育相談ということになる。

　また発達障がいや、幼少期における虐待やいじめなどからトラウマ（心的外傷）をもつと考えられる児童生徒に対しては、言語中心の従来の指導や関わりではどうにもならないことが多い。この場合にも「寄り添い」と「個別」を軸に十分な時間をかけ、子ども達や保護者の話に耳を傾けるといったカウンセリング・マインドを用いた個別相談が有効なツールになってくる。

2　教員が行う教育相談の具体的方法

教育相談の基本的な形態

①教育相談の具体的な実施方法

　教育相談の目的は、幼児や児童生徒の人間形成全般について望ましい在り方を支援することであるが、この目標を達成するために一般的には以下のような形態で実施される。

　　ア）基本形態は個別指導である（ただし必ずしも教員と生徒といった1対1にこだわらない）。

　　イ）児童生徒に対して教育活動のあらゆる場面において実施されるが、保護者も対象となる。

　　ウ）「相談」の字義からもわかるように、教員と児童生徒の双方向で実践されるもので、教員からの一方通行的なものではなく、対話的形態で実践される。

　このア）からウ）を基本として、主として受容、共感を軸としたカウンセリング・マインドを活用した形態と、指示や説諭、評価、解釈、叱責といった言語・専門的助言を中心とした形態に分かれる。後者に関しては、児童・生徒、保護者が具体的な質問内容をもって教員側に来談したときや、言語レベルで交流ができて、効果があると見立てた場合には、この相談方法をとればよい。また反社会的行動や非社会的行動においても、自分の行動が客観的に吟味できている児童生徒の場合は、言語中心の相談形態で実施すればよい。

②教育相談の場

　基本的には、相談場所にとらわれず、適宜性（いつでも、どこでも、誰にでも、状況に応じて）をもって対応することが原則である。ただ、呼び出し相談や、定期相談はしかるべき場でなされることが好ましい。しかるべき場とは、秘密が保持され、幼児や児童生徒、保護者が安心、安全と感じる空間ということになる。今日では多くの学校や園で相談室が設置されているので相談室を使用することになる。そこでは防音や遮見性が保持されているので、児童生徒、保護

者にとって安心して心の内を吐露できる場になる。ただ、そういった場が設置されていない園や学校では、できるかぎり幼児、児童生徒、保護者が話をしやすい空間を選んで実施する必要がある。どれだけ上手に聴こうとしても相談の場が適切でないと、なかなか本音で話してくれない。話をしやすい場を設定するということは教育相談において重要な要因になる。

③教育相談の対象

　児童や生徒指導の対象がすべての児童生徒であることから、当然ながら教育相談の対象も全ての幼児、児童生徒になる。加えて保護者も対象となることが多い。通常、対象幼児、児童生徒については、三つのグループに分けて、相談業務を遂行していくことが重要と考える。第一グループは、心身とも健康で、学校不適応状態ではない児童生徒であり、対人関係能力の開発や自己への気づきの促進等、開発的な教育相談になる。第二グループは、病的水準に至りはしないものの、その前段階的な登園・登校しぶりや軽い身体症状等、園や学校への不適応サインを出している幼児、児童生徒である。そして第三グループは、完全な不登校・園状態にあったり、頻繁な自傷行為、触法・犯罪行為等、非・反社会的行動をとったりして、医療や福祉等の他機関との治療、連携も必要と考えられる児童生徒となる。教員が行う教育相談はすべてのグループを想定すべきであるが、第二、第三グループの幼児、児童生徒については、スクールカウンセラーなどの専門家との連携のなかで支援していくことが肝要である。

④保護者への対応

　教育相談の対象には保護者も含まれ、この保護者相談はきわめて重要な教育活動になる。幼児や児童や生徒の指導は、保護者の協力、理解なくしてはありえない。教員と保護者との子どもへの関わり方についての共通認識があって初めて、効果的な指導や関わりが可能になる。その意味で保護者と膝を交えて児童生徒の人間形成について語り合う場をもつことは重要な教育活動となる。子育ての方法で悩む保護者にとっては、教員との語りが、幼児、児童生徒への人間形成上の寄与のみならず、教員との信頼関係を築くきっかけとなる。

　このような意味からも、教員による保護者への子育てについての助言や支

援、また子育ての大変さや苦労への共感は、間接的ではあるが児童生徒への人間形成上の大きな支援につながる。保護者相談をするときは表3-7-1に示されたことに留意して実施しなければならない。

表3-7-1　保護者面談の留意点

① まずは、保護者が来校してくれたことを労う。

② 普段の子育ての苦労、大変さ、難しさを労い、共感する。

③ 問題を指摘する時は保護者に「……で困っている」と伝えるのではなく「……で児童生徒のことを心配している」とあくまでも児童生徒の問題解決が目的である旨を伝える。

④ 保護者に精神的な問題を感じたときは、まずは安心感を感じてもらい、保護者以外のキーパーソン（影響力のある人）を探すことも重要。

⑤ 児童生徒の良い面も保護者に提供する。

表3-7-2　カウンセリング・マインドとは

態度および技法	内　容
受容的態度	幼児、児童生徒がどのような状況にあろうと、またどのようなことを訴えても、先入観や偏見なく幼児、児童生徒を受け入れるという態度。
共感的態度	幼児、児童生徒の気持ち、感情、感じていること（内的世界）をあたかも自分自身（教員）のもののように感じ、幼児、児童生徒を理解すること。
傾聴技法	幼児、児童生徒の話を単純に聞くだけではなく、子どもの感情も含めて聴くこと。子どもの目をみて、話しやすい環境を整え、うなずき、あいづちを入れながら、まずは聴くことに徹すること。適宜、支持や激励を入れる。

表3-7-3　カウンセリング・マインドを用いた教育相談の具体的な関わり方

主訴・来談経緯	→		受容・傾聴・共感		→	支持・激励
		カウンセリングモードに気持ちを入れ換える。	① 主訴や行動に関係なく無条件に子どもを受け入れる。	② 主訴や行動の理由等をしっかり聴く。	③ 行動、気持ちに共感する。	行動や気持ちにしっかり共感した後、激励・支持の言葉や、こう考えていく旨を伝える旨を伝える（自傷・他害は良くない旨を伝える）。
・学校、園に行きたくない。 ・友人関係でトラブル。 ・何となくリストカットしたい。 ・万引きなどの触法行為をしてしまった。	→				→	

カウンセリング・マインドを用いた教育相談

カウンセリング・マインドとは表3-7-2の内容のような「受容」「共感」「傾聴」といった態度、技法を中心に人との交流を進めるカウンセリングのコミュニケーション技法である。

このようなカウンセリング・マインドを用いた教育相談の方法は、一般的には表3-7-3のような方法、プロセスで実践される。ここで重要なことは、まずはカウンセリング・マインドモードに気持ちを切り替えるということである。次に、①非社会的行動を訴える子どもだけではなく、反社会的行動をとる児童生徒にも受容的態度で接する。そして、②児童生徒のとった行動やその気持ちに至った経緯について時間をかけて傾聴（うなずき、あいづち、事実や感情の要約等）する。ここで、③ある感情や行為の是非は別にして、共感的にその気持ちや行為を理解することに努める。時間が許す限りこれらの一連の態度・行動を繰り返し、生徒の行為や気持ちの深い理解をはかる。最後に、激励（「期待してるよ」、「上手くいくよ」等）や支持（「間違ってないよ」「そのままでいいよ」）などの言語的な関わりで児童生徒に寄り添い、支援する。他害、自傷行為についても、それが良くないこと、好ましくないことは告げるが、寄り添う感覚で、言葉を慎重に選びながら対応する。

3　教育相談の実施上の留意点

今日の児童生徒が置かれている状況を鑑みると、今後ますます生徒指導の一方法として教育相談のニーズは高まるが、これらの活動を進めるにあたって教員が留意しておかなければならないことを次に述べる。

見立ての重要性

あらゆる児童生徒の指導場面で、指導方法の見立て（アセスメント）を間違えないことが重要になる。例えば、反社会的な行動を起こした児童生徒に対して、言語中心の叱責や説論で対処するのか、カウンセリング・マインド中心の面談で進めるべきなのかの判断を間違えないということである。また、教員の専門性を超えた、心理的課題や発達障がいの疑いがあると見立てた場合は、適

宜スクールカウンセラーなどの専門的スタッフにリファー（refer：繋げる）するといった判断も重要である。

教員（担任など）による教育相談の限界

教員は心理カウンセラーでは決してなく、あくまでも人間形成全般の専門的援助者である。教師は人間の内面形成に強く関与する役割をもつが、基本的には、言語刺激を用いて人間形成に関わるものであって、心理カウンセラーではない。このことは肝に銘じておかなければならない。カウンセリング・マインドをもって子どもの内面を支えることは適宜必要なことであるが、教員・担任が支えることのできる程度には限度があるということを承知しておく必要がある。この限度を超えて児童生徒のストレスを抱えると、必ず教員にも心身に症状が出たり、対人関係全般において不調を来したりするようになる。児童生徒のストレスを受け止めることは教育相談において欠かせない作業であるが、引き受けられる限度を各自で承知し、限度を超えていると感じた（慢性的なイライラ、ムカムカ感が起こる）ときは、速やかにスクールカウンセラーなどの他の専門的スタッフや教員仲間に支援を求め、リファーする必要性を自覚することが重要である。

チーム学校としての対応——スクールカウンセラーや他機関との連携

教師が児童生徒の心理的負荷を引き受けることには限界があるということを述べたが、その意味においてもこれからの教員は、相談業務において顕在化してきた問題を自分だけで抱えるのではなく、いかに周囲のスタッフと連携して相談業務を進めるかといったことが重要になる。まさしく「チーム学校」という理念のなかで相談業務を適切に進められるかどうかということである。つまりスクールカウンセラー、スクールソーシャルワーカーや地域の精神科、また児童虐待の専門員である主任児童委員等さまざまな学校を支える周囲のスタッフとの連携が重要になる。教育相談は通常の指導と違って相談内容が深まれば深まるほど児童生徒や保護者の個人的問題に直面することが出てくる。ときには、保護者が担任に依存してくることもある。教職が人的援助職である限り、このようなことも職務の一つかもしれないが、担任は他の児童生徒の支援、指

導もあるわけで、公平性という観点からも、「チーム学校」という認識を念頭
に相談業務に携わることが重要である。

参考文献

西川隆蔵　2013「教育相談──学校での心理臨床活動」善明宣夫編『学校教育心理学（改
　　訂版）』福村出版。

日本学校保健会編　2008『保健室利用状況に関する調査報告書（平成18年度調査結果）』
　　日本学校保健会。

文部科学省編　2010『生徒指導提要』教育図書。

文部科学省初等中等教育編　2016「平成27年度児童生徒の問題行動等生徒指導上の諸
　　問題に関する調査」www.mext.go.jp/b_menu/.../28/.../27/1378692_001.pdf（最終閲
　　覧2017年5月7日）。

終　章

学校教育の現状と今日的課題

1　学校教育の現状と教育制度改革の試み

　学校教育の現状を捉えるにあたって、まずは近年の政権と教育制度改革の動
向を確認したい。小泉純一郎内閣は、教育改革国民会議の提言を受けて2002
年より教育特区を設けることを認可した。それにより中高一貫校構想、すなわ
ち、中等教育学校構想が実現され、また株式会社立学校の設置がなされた。小
泉内閣に続く第一次安倍晋三内閣の下では、教育再生会議が設けられ、教育基
本法が改正された（愛国心教育、教育振興計画の導入）。その後、貧困問題の中
でも特に子どもの貧困への注目が高まった。自民党に替わった民主党政権は、
貧困問題と高等学校の授業料無償化を政治問題にした。自民党の政権復帰後、
経済再生とそれにともなう教育改革が第二次安倍内閣により推進された。安倍
総理大臣は、教育の強靭化政策をとり、教育再生実行会議を設け教育改革を推
進した。
　教育基本法第6条第1項で「法律に定める学校は、公の性質を有するもので
あって、国、地方公共団体および法律に定める法人のみがこれを設置すること
ができる」と規定されるように、小・中学校は公の性質を有する。そのために、
小・中学校においては全国一定の教育水準が確保されなければならない。そこ
で、国は一定の教育基準を設定する必要がある。他方、教育は、地域社会や学
校の実態および児童生徒の心身の発達段階や特性に応じることで効果的に実施
されるため、さらに学校や教員の創意工夫が求められる。よって、教育制度改
革には全国一律の改革（教育基本法の改正、後期中等教育の無償化など）がなさ

219

れる一方で、地域や学校の裁量によって選択される制度改革（教育特区、義務教育学校など）も広がっている。

2　学校教育の現状と学習指導要領の改訂

　学力に関する問題は、公教育の根本課題である。2008年改訂の学習指導要領で「脱ゆとり教育」が進められたとされる。2020年度から小・中学校に導入される、新たな学習指導要領の特徴としては、「社会に開かれた教育課程」が示され、子どもの学びを構造的に示す点が挙げられる。もう一つの特徴である「カリキュラム・マネジメント」は、教育課程編成の主体が学校にあり、校長はじめ全教諭が自律的に取り組むことを強調する。この観点により、これからの教諭にはマネジメント力が求められる。

　さらに、「カリキュラム・マネジメント」構想によって、各学校では児童生徒の実態を踏まえた教育内容、時間配分、人的・物的資源の確保などが求められる。また「10分から15分程度の短い時間の活用」も認められ、年間授業時数に換算される。教員には、児童生徒が主体的に対話を重ね、深く学べる授業の推進が求められる。

　小学校ではプログラミング体験を通し、論理的思考力を育てることを目指す。英語は、これまで高学年ではじまった外国語活動を3年生から実施する一方、5・6年生では教科化し、教科書を使って成績評価をする。総合的な学習の時間では、探究的考えを働かせる。特別活動は、キャリア形成と自己実現を図る。そして学習の過程を自分で記すことで、学びを振り返るための「キャリア・パスポート（仮称）」を活用する。

　中学校では、話し合いなどを通して課題を発見し、重点的に解決力や思考力を育む。小学校からの接続、高校への接続がスムーズになるよう、教育課程編成の工夫が求められた。また、特別活動を中心にキャリア教育の充実が図られる。

　一方、不登校の生徒や学齢期を過ぎた人を、障害のある生徒や海外からの帰国生らと同じ「特別な配慮を必要とする生徒」に位置づけて対策を強化することも盛り込まれている。

部活動については、地域の協力や団体との連携など運営体制の整備が求められている。

　外国語は、原則、外国語のみで授業する。国語では「読解力」「語彙力」を高めることが目指される。数学は日常生活から数学的課題を見出し、主体的に解決する力の育成を目標にする。社会科は、地理、歴史、公民の全分野で領土問題を扱い、18歳選挙権の導入に伴い、出前授業や国会議員との討論などの主権者教育を充実させる。歴史では近代以前の世界史の内容を充実させる。理科は、災害の仕組みの理解などを、全学年を通して学ぶ。道徳は、多様な考えを、議論を通して養う。保健体育は、武道の選択を増やす。技術・家庭は、ネット発信の責任などを学ぶ。美術では、文化面の理解を深める。

　幼稚園教育要領には、「健康な心と体」「自立心」など、卒園時までに達成すべき10項目が明記されている。そこには、「思考力の芽生え」「言葉による伝え合い」なども含まれており、課題解決学習型で学力が重視されるようになった、小学校教育への円滑な接続が図られる。幼稚園と保育所が一体化した「認定こども園」でも、3歳児以上の指導においては、ほぼ同じ内容の指針がつくられる。

　次期学習指導要領では、「特別の教科」として道徳の教科化がなされるとともに、「考え、議論する道徳」への転換が求められる。2018年度から使用される小学校の道徳の教科書検定の結果が2017年3月下旬に公表されたが、検定に合格した8社の教科書すべてで「いじめ」が題材として採り上げられているという。

3　学校の病理と今日的課題

　2013年のいじめ防止対策推進法の成立・施行後、いじめと自殺の調査が実施され、情報共有の不足が指摘された。ある県の小中高調査（文部科学省2015年度の問題行動調査結果）によると、いじめの認知件数と不登校者数、暴力行為のいずれも過去最多に達した。

　いじめの内容は、「冷やかしやからかい、悪口や脅し文句、嫌なことを言われる」が多く、「パソコンや携帯電話等で、誹謗中傷やいやなことをされる」

が過去最高だった。小学生のいじめは過去最多（2013 年度）で、小学校では暴力行為も増えており、問題行動の低年齢化や生徒指導体制に問題があるという面もある。いじめ対策は文部科学省有識者会議などで検討され、教員の業務の中で「自殺予防、いじめへの対応を最優先の事項に位置付ける」などの提案がされている。教職員は学校内での情報共有を重視し、「いじめ対策組織」の常設義務を周知し、いじめへの対応を最優先とする。校長をはじめ管理者には情報共有しやすい環境づくりが求められる。いじめ防止に関しては 2018 年度に「特別の教科」として教科化される道徳を活用することで、取り組みの強化が期待される。さらに、作成された教師向けの実践事例集や補助教材では、原因や防止・解決策を子どもたちが考え、議論するための授業実践例が紹介される。また補助教材では児童生徒が授業で議論したことを書き留める形式を採用する。

　福島第一原発事故で福島県から横浜市に自主避難した同市立中学 1 年生へのいじめ事件が起きたことが 2016 年に明らかになった。男子生徒は市内に転居した小学 2 年時からいじめにあった。その後、彼は不登校にも陥った。金銭授受がいじめと認定されるまであまりにも長い時間を要したと言わざるをえない。市教委の対応は常に後手に回り、多くの課題が残った。その後、横浜市では、いじめ再発防止検討委員会（市教委の教育次長、市教委事務局の部課長等級 10 人のほか、市の担当者が参加）が設けられた。また、「総合教育会議」を開催して再発防止策がまとめられた。

　2011 年、大津市でのいじめ自殺をきっかけとして、教育委員会の「密室」「隠蔽体質」も問題化した。教育行政への「民意反映」のため、首長に自治体の教育方針「大綱」の策定権を与える改正地方教育行政法が成立した。教育行政に対する首長の権限を強化する（教育委員長と教育長の一本化で新責任者［新教育長］を置く）（13 条関係）ほか、自治体の教育方針を首長と教育委員会が協議する「総合教育会議」の設置が義務づけられた。ここでは、大綱策定や重点的な教育施策、いじめ自殺などの緊急事態への対応を協議する。首長の権限強化は、教育改革が進む可能性がある反面、「暴走」の懸念もある、そのため「政治的中立性、安定性、継続性のため、教科書採択、教職員人事など」の重要な権限は教育委員会に残された。2017 年 4 月に新制度は施行されているが、その運

用には教育長や教育委員の資質・能力向上が不可欠である。

　また不登校者数は、一部の県でじわじわ増え続けている。ある県の小中学生調査（2015年）では、2万9292人、その半数が90日以上欠席で長期化している。また年間出席日数が0日の子どもも3％いる。その対策として、小学校から中学校まで同じスクールカウンセラーが継続して相談にのることができるよう、体制の整備が図られている。その他フリースクールの活用や保健室・図書館登校等を認めるなど、教育機会確保法が規定する措置に従いつつ、支援強化をしている。

　体罰によって子どもが傷害を受ける事件も後を絶たない。2014年には大阪市立桜宮高等学校のバスケットボール部員が、部活顧問による体罰を苦にして自殺する事件が起こった。文科省は学校現場での体罰厳禁の徹底を繰り返し指導している。その一方で教師間では体罰禁止を過度に意識するあまり、生徒の粗暴な行動を制止することに際しても身体的接触を躊躇する状況が生まれ、問題行動を起こす生徒たちがそれを悪用する構図も見られるという。学校教育法第35条では、校内暴力などに対して、教育委員会が加害生徒の出席停止を命ずることができるとされる。だが命令には、保護者への意見聴取や、出席停止期間中に家庭訪問をして、学習指導などを行う必要がある。これも、教員に過重労働を強いることになる。

　近年、教員の働き方がにわかに問題になっている。文部科学省は2016年度公立小中学校教員の勤務実態調査を公表した。中学教諭の約6割が週60時間以上勤務しており、過労死の目安である水準をはるかに超えている。また、全職種で勤務時間が増加した。同省は、「学校が教員の長時間勤務に支えられている状況は限界がある」とした。

　子どもの貧困としては、18歳未満の子どもが貧困状態にある状況が注目され、日本でも激増傾向にあることが知られる。平均的な所得の半分を下回る世帯を「相対的貧困」と称するが、子どもの相対的貧困率はほぼ6人に1人の割合にまで及んでいる。また「奨学金貧乏」も社会問題である。教育の機会均等を保障する奨学金制度改革が進められている。

　本来、学校給食法では、給食費は子どもの保護者が支払う責任がある。姫路市では、もともと弁当持参だった中学校で、家庭の貧困のために弁当を持参で

きない生徒のため、市が給食制度の導入を決定した事例がある。一方、給食費未納問題では、貧困とは関わりなく、給食費の支払いが可能な家庭が未払いにある場合がマスコミで取り上げられ、注目されたが、近年では給食費を負担する自治体が現れてきた。

　安心・安全教育（危機管理）、防災教育は、学校教育の大きな課題である。子どもをはじめ教員や地域社会にとっても安全であるよう、災害に対する取り組みを充実していかなければならない。子どもたちや教職員の安全のために全国の校舎が震度6に耐えるよう補強が実施されている。校舎は、子どもたちを育む場だけでなく地域社会の防災拠点である。安心・安全教育（危機管理）は、通学の安全（安全確保のため、安全指導、通学路の環境改善は欠かせない。学校と一体となり取り組む必要がある）、不審者の侵入防止（死角の解消、避難誘導、情報管理など）、危機管理徹底（いじめ防止も含む）、個人情報の管理などが含まれる。

　これまで見てきたように、日本の学校教育の現状にはさまざまな課題がある。そのため、課題への対応や、対策となる改革が行政、各学校、各教員によって検討され、実施・実践されている。時代によって移り変わるそれぞれの教育課題を熟知し、個々の課題に真摯に向き合うことは、教員にとって極めて重要なことであろう。だがその一方で、学校教育をめぐる多様な問題事象の解決に奔走するなかで、次々と提示される改革や対応に追われ、教育の本来の目的や理念を見失うこともありうる。本書とともに思索することで、教育課題の「結論」を求める歩みの速度を緩め、一度、教育目的や教育理念といった本質への問いに立ち返って、みずからの教育のイデア（観念）を彫琢する機会となれば幸いである。

索　引

■監修者紹介

　武安　宥（たけやす たもつ）　関西学院大学名誉教授

■編著・執筆者紹介（執筆順、＊編者）

＊光成研一郎（みつなり けんいちろう）　神戸常盤大学教育学部教授　　　　　　　第Ⅰ部1章

　大森雅人（おおもり まさと）　神戸常盤大学教育学部教授　　　　　　　　　　　第Ⅰ部2章

　猪田裕子（いのだ ゆうこ）　　神戸親和大学教育学部教授　　　　　　　　　　　第Ⅰ部3章

　山下敦子（やました あつこ）　神戸常盤大学教育学部教授　　　　　　　　　　　第Ⅰ部4章

　池上　徹（いけがみ とおる）　関西福祉科学大学健康福祉学部教授　　　　　　　第Ⅰ部5章

　尾場友和（おば ともかず）　　大阪商業大学公共学部准教授　　　　　　　　　　第Ⅰ部6章

　佐久間裕之（さくま ひろゆき）　玉川大学教育学部教授　　　　　　　　　　　　第Ⅰ部7章

　猪熊弘子（いのくま ひろこ）　駒沢女子短期大学保育科教授、ジャーナリスト　第Ⅰ部8章

＊成山文夫（なりやま ふみお）　神戸常盤大学保健科学部特任教授　　　　　　　　第Ⅱ部1章

　津田　徹（つだ とおる）　　　神戸芸術工科大学芸術工学教育センター教授　　　第Ⅱ部2章

＊塩見剛一（しおみ こういち）　大阪産業大学全学教育機構教職教育センター准教授　第Ⅱ部3章

　嶋口裕基（しまぐち ひろき）　名城大学教職センター准教授　　　　　　　　　　第Ⅱ部4章

　芝田圭一郎（しばた けいいちろう）　大阪城南女子短期大学総合保育学科准教授　第Ⅱ部5章

＊西本　望（にしもと のぞむ）　武庫川女子大学教育学部教授　　　第Ⅱ部6章、第Ⅲ部1章

　桐村豪文（きりむら たかふみ）　弘前大学大学院教育学研究科准教授　　　　　　第Ⅱ部7章

　國崎大恩（くにさき たいおん）　福井県立大学学術教養センター准教授　　　　　第Ⅱ部8章

　森　知子（もり ともこ）　　　聖和短期大学保育科准教授　　　　　　第Ⅲ部2章、3章

　荻田純久（おぎた よしひさ）　関西学院大学教職教育研究センター准教授、同大学大学院
　　　　　　　　　　　　　　　　文学研究科准教授、放送大学滋賀学習センター客員准教授
　　　　　　　　　　　　　　　　　　　　　　　　　　　　　　　　　　　　　第Ⅲ部4章

　隠岐厚美（おき あつみ）　　　神戸女子大学文学部准教授　　　　　　　　　　　第Ⅲ部5章

　佐野　茂（さの しげる）　　　大阪商業大学経済学部教授　　　　　　　第Ⅲ部6章、7章

　上寺常和（かみてら つねかず）姫路獨協大学医療保健学部特別教授　　　　　　　　　終章

教育のイデア──教職・保育士を志す人のために［改訂版］

2018 年 4 月 25 日　初　版第 1 刷発行
2020 年 1 月 31 日　改訂版第 1 刷発行
2024 年 3 月 1 日　改訂版第 4 刷発行

監　修　武　安　　宥

編　者　塩　見　剛　一
　　　　成　山　文　夫
　　　　西　本　　望
　　　　光　成　研　一　郎

発 行 者　杉　田　啓　三

〒 607-8494　京都市山科区日ノ岡堤谷町 3-1
発行所　株式会社　昭和堂
振替口座　01060-5-9347
TEL（075）502-7500／FAX（075）502-7501
ホームページ　http://www.showado-kyoto.jp

印刷　亜細亜印刷

ISBN978-4-8122-1908-9

＊乱丁・落丁本はお取り替えいたします。

Printed in Japan

著者	書名	定価
小林和美 著	早期留学の社会学 国境を越える韓国の子どもたち	定価3300円
北野真帆 内藤直樹 編	コロナ禍を生きる大学生 留学中のパンデミック経験を語り合う	定価2750円
倉石一郎 著	映像と旅する教育学 歴史・経験のトビラをひらく	定価3080円
阿内春生 編	基礎から学ぶ 教育行政学・教育制度論	定価2750円
開沼太郎 著	「教育の情報化」政策 ICT教育の整備・普及・活用	定価3960円
高見茂 開沼太郎 宮村裕子 編	教育法規スタートアップ・ネクスト ver.2.0 Crossmedia Edition	定価2530円

──昭和堂──
（表示価格は税込）